Philosophische Lebenskunst Band 1

Lutz von Werder

Philosophie für Verliebte

Schibri-Verlag   Berlin • Milow

Die Deutsche Bibliothek - CIP-Einheitsaufnahme
Werder, Lutz von:
Philosophie für Verliebte
Lutz von Werder. - Berlin; Milow: Schibri-Verl., 2002
  ISBN 3-928878-12-3

Bestellungen über
  den Buchhandel
  oder direkt beim Verlag

© 2002 by Schibri-Verlag
Dorfstraße 60
17337 Milow

Umschlaggestaltung: Anne-Kathrin Burr, Rostock
Druck: Hoffmann-Druck, Wolgast

Alle Rechte vorbehalten
Printed in Germany

ISBN 3-928878-12-3

Inhaltsverzeichnis

Vorwort:
1. Die zwei Wege in die philosophische Lebenskunst 7
2. Wie man/frau mit diesem Buch arbeiten kann 11

Hauptteil: Philosophische Lebenskunst für Verliebte 17

1. **Aristipp** (435-350 v.Chr.): Die hedonistische Liebe 18
2. **Platon** (427-347 v.Chr.): Die platonische Liebe 25
3. **Ovid** (43 v.Chr. – 17 n.Chr.): Die verspielte Liebe 33
4. **Augustinus** (354–430 n.Chr.): Die asketische Liebe 47
5. **Yoginen** (8.-12. Jahrh.): Die tantrische Liebe 56
6. **Thomas von Aquin** (1225-1274): Die zeugende Liebe 62
7. **La Rochefoucauld** (1613-1680): Die narzisstische Liebe 71
8. **Christian Hofmann von Hofmannswaldau** (1617-1679):
   Die wollüstige Liebe 79
9. **Julien Offray de la Mettrie** (1709-1751): Die große Liebe 90
10. **Marquis de Sade** (1740-1814): Die sadistische Liebe 102
11. **Novalis** (1772-1801): Die romantische Liebe 113
12. **Arthur Schopenhauer** (1788-1860):
    Die entfremdete Liebe 124
13. **Friedrich Nietzsche** (1844-1900): Die verhasste Liebe 133
14. **Sigmund Freud** (1856-1939): Die ambivalente Liebe 146
15. **Wilhelm Reich** (1897-1957): Die orgastische Liebe 158
16. **Julius Evola** (1898-1974): Die metaphysische Liebe 168
17. **Erich Fromm** (1900-1980): Die widerständige Liebe 175
18. **Simone de Beauvoir** (1908-1986):
    Die kontingentierte Liebe 187

19. **Alice Schwarzer** (*1942): Die patriarchalische Liebe 198

20. **Margot Anand** (*1950): Die ekstatische Liebe 207

Nachwort: Erkenntnisse für Verliebte **222**

Anhang:

1. Allgemeines Literaturverzeichnis 234
2. Lese-Kurs: Philosophie der Liebe und Sexualität 236
3. Die schönsten Übungen in der Geschichte der Liebesphilosophie des Abendlandes 238
4. Glossar der wichtigsten Begriffe der Liebes- und Sexualphilosophie 240

Vorwort

1. Die zwei Wege in die philosophische Lebenskunst

Es gibt zwei Hauptwege in die philosophische Lebenskunst: den mystischen und den körperlichen Weg. Der <u>mystische Weg</u> geht über den Kopf. Die Stufen des mystischen Weges umfassen die Selbstprüfung, die Auseinandersetzung mit Grenzsituationen, die metaphysische Vergewisserung und die mystische Versenkung.

Nach diesem mystischen Aufstieg gibt es den Abstieg: Dabei kommt es darauf an, die philosophisch gewonnenen Einsichten in die eigene Lebensphilosophie und ihre Erweiterung im Alltag umzusetzen.

Der zweite Weg ist in Europa eher ungebräuchlich. Er ist der <u>körperliche Weg</u>. Er umfasst Körper und Geist. Er ist für die Verliebten in ihrer Liebe am einleuchtendsten. Er ist ein Weg der Liebe, der Vereinigung, der Verschmelzung des Körpers mit dem Geist. Die Stufen dieses Weges umfassen die verliebten Blicke, das reizende Gespräch, die Berührungen, die Küsse und den Liebesakt. Dieser Weg führt im Liebesakt auch zur mystischen Versenkung, aber als ganzheitliche Erfahrung mit allen Sinnen des Körpers und des Geistes. Der Abstieg nach der Gipfelerfahrung umfasst das Nachspiel und die kreative Umsetzung neuer gewonnener Energien in den Alltag.

Dieser zweite körperliche Weg der Liebe wird in Europa stark umkämpft. Eine Gruppe von pessimistischen Vertretern der philosophischen Lebenskunst werten diesen Weg der Liebe ab. Sie betrachten die Liebe als notwendiges Übel der Fortpflanzung, als Versuchung und als Regression und sehen in der Liebe den drohenden Verlust des Bewusstseins. Sie raten Askese und Zähmung der körperlichen Liebe an.

Eine andere Gruppe von optimistischen philosophischen Lebenskünstlern werten auch in Europa den Weg der körperlichen Liebe auf. Sie sehen in ihm in neuester Zeit, nach dem Scheitern vieler Versuche der geistigen Vergewisserung des Absoluten, den verbliebenen Königsweg zum Sein im Zeitalter des Nihilismus.

Unser Buch stellt den zweiten Weg, den körperlichen Liebesweg für Verliebte in der philosophischen Lebenskunst vor. Dabei wird aber auch der

Kampf um diesen Weg im Abendland deutlich zur Sprache kommen. Unser Buch wird auf die vielfältigen Methoden zur Zivilisierung und Kultivierung der körperlichen Liebe eingehen, die die philosophische Lebenskunst erarbeitet hat. Dabei werden auch die Spekulationen über Ursprung und Ziel der körperlichen Liebe in ihrer europäischen Kontroversität vorgestellt. Die philosophische Lebenskunst für Verliebte besteht dabei darin, aus den vielen Liebesformen im Abendland die geeignete Methode auszusuchen, zu variieren und zu wechseln, so dass alle Spielarten der Liebe und ihre metaphysischen Hinterwelten erfahren werden können. Dabei kann jeder Verliebte und jede Verliebte wählen zwischen der hedonistischen, platonischen, verspielten, zurückgehaltenen, zeugenden, narzisstischen, wollüstigen, ganz großen, sadistischen, masochistischen, romantischen, entfremdeten, ängstlichen, brutalen, ambivalenten, widerständigen, metaphysischen, kontingentierten, patriarchalischen oder ekstatischen Liebe. Obwohl diese Liebesmethoden durchaus unter unterschiedlichen historischen Umständen entwickelt worden sind, eröffnet unsere postmoderne liberale Gesellschaft die Umsetzung dieser historischen Erfahrungen in unsere lebendige Gegenwart. Philosophische Lebenskunst für Verliebte stellt das historische Arsenal aller philosophischen Liebestechniken für die erfüllte Gegenwart zur Verfügung. Damit diese Variabilität zum Zuge kommt, sollten sich Verliebte oft über die Methoden der Liebe unterhalten. Die in diesem Buch vorgestellten Liebesarten und Liebesgeschichten geben für solche Gespräche eine breite Anregung.

Das Buch geht nicht davon aus, dass jeder Koitus ein metaphysisches Erlebnis sein wird. Oft ist er nur ein kleiner Nervenkitzel. Das Buch will aber sensibilisieren für Gipfel-Erfahrungen in der Liebe, auch wenn es die vielen Niederlagen und Frustrationen in der Liebe nicht beseitigen kann.

Die Liebe trifft in dieser Welt immer auf Widerstände. Einer dieser Widerstände sind die Geschlechtskrankheiten, die beim Geschlechtsverkehr übertragen werden und nicht nur die Geschlechtsorgane befallen. Geschlechtskrankheiten werden durch Viren, Bakterien und Mikroben verursacht. Die hauptsächlichen Geschlechtskrankheiten sind die Gonorrhöe (Tripper), Syphilis, ulcus molle (Schanker), Aids, Candidose, Trichomoniasis, Teigwarzen, Herpes, Filzläuse und Krätze.

Eine tiefgreifende Wirkung auf das Liebesleben hatte besonders die Syphilis, die am 19. Januar 1496 zum ersten Mal beschrieben wurde. Der Ursprung dieser „Lustseuche" ist bis heute ungeklärt. Diese Seuche überschwemmte die Welt. Allein in England gab es im 18. Jahrhundert 5 Millionen Syphilitiker. Um einer Ansteckung zu entgehen, verbreiteten sich bei vielen Liebespaaren die Fellatio (Küssen des Penis) und Cunnilingus (Küssen des weiblichen Geschlechtsorgans). Aber auch erste Formen von Präservativen wurden erfunden, um Infektionen beim Liebesverkehr zu verhindern. 1909 hat der deutsche Chemiker Paul Ehrlich das Salvarsan erfunden, mit dem die Syphilis geheilt werden kann.

1980 trat dann in San Francisco zum ersten Mal die tödliche Geschlechtskrankheit Aids auf, die heute auf allen Kontinenten verbreitet ist und schon Millionen Menschen getötet hat. Auch sie hat weitreichende Auswirkungen auf das Liebesleben, weil bisher eine wirksame Therapie fehlt. Um das Risiko einer Aids-Ansteckung zu umgehen, sollte man jeden Oral-Verkehr meiden und bei Vaginal- oder Anal-Verkehr ein Kondom benutzen. Risikofreie Sexualität umfasst folgende Praktiken: trockene Küsse auf Wangen und Mund, Streicheln, Massage, Umarmung, äußerlicher Genitalkontakt, gegenseitige Masturbationen und möglichst keinen Wechsel des Liebespartners. Risikoreich sind ungeschützter analer und vaginaler Kontakt sowie Blutkontakt bei sadomasochistischen Praktiken. Auch der häufige Wechsel des Liebespartners erhöht die Gefahr der Aids-Infektion.

Zu den Geschlechtskrankheiten als Begleiterscheinungen der Liebe lässt sich zusammenfassend feststellen:
- Diese Krankheiten, besonders Syphilis und Aids, sind immer gefährlich.
- Sie können auch ohne jedes Symptom auftreten.
- Eine frühzeitige Behandlung ist in jedem Falle angezeigt.
- Die Selbstbehandlung ist wirkungslos und auch verboten.
- Jede Behandlung von Geschlechtskrankheiten unterliegt der ärztlichen Schweigepflicht.
- Geschlechtskrankheiten kann man immer wieder bekommen.

(Vgl. E.J. Haeberle: Die Sexualität des Menschen. Hamburg 1985, S. 125-135)

Das Auftreten dieser Krankheiten bewirkt auch in der Philosophie eine tiefe Unsicherheit im Umgang mit der Liebe. Die philosophische Liebeskunst besteht deshalb auch darin, risikoarme Wege zur Luststeigerung zu eröffnen und ideologische Vorurteile gegen den Erkenntnisweg der Liebe abzubauen. Die im Buch vorgestellen Übungen sollte jede/r nach gründlicher Selbstprüfung und in eigener Verantwortung unter Rücksprache mit seinem Partner/seiner Partnerin praktizieren.

Das Buch wendet sich an alle Liebhaber und Verächter der Liebe. Es fordert sie heraus, ihre Wahl bezüglich ihres Liebesweges zu überprüfen und neu zu bestimmen. Dieses Buch geht über die heute verbreiteten sexualwissenschaftlichen Lebenshilfen hinaus. Es nimmt die wichtigste Sache der Welt – die Liebe – philosophisch.

In den philosophischen Cafés des Verfassers wurden alle Übungen evaluiert. Das Buch ist den TeilnehmerInnen dieser Cafés gewidmet.

Berlin, Sommer 2002   Lutz von Werder

2. Wie man/frau mit diesem Buch arbeiten kann

Dieses Buch will den spielerischen und kreativen Charakter der philosophischen Liebe fördern. Deshalb gibt es zum Anfang viele kreative Anregungen, wie man mit diesem Buch selber umgehen kann.

Journal-Schreiben:

In einem Notizbuch bzw. Tagebuch schreibt man alle Texte auf, die durch die Übungen dieses Buches angeregt worden sind. So entsteht die erste eigene Philosophie der Liebe in Form von Kurztexten, Sätzen und Gedichten. Dieses Material kann man/frau dann weiterentwickeln. Dabei sollte man die eigenen Grundideen herausfinden und diese Ideen vielleicht in kleinen Essays über die Liebe umsetzen. Solche Grundideen könnten zu folgenden Aspekten der Liebe aus dem eigenen Journal herausgefiltert werden:

- Das Verhältnis von Mann und Frau
- der Wert der Liebe
- die Praxis der Liebe
- die Metaphysik der Liebe
- Liebe und Leid
- Liebe und das Böse
- Liebe und Lust
- Das Nein in der Liebe
- Liebe und Einsamkeit
- Liebe und Partnersuche
- Liebe und Angst

Zu solchen Ideen lassen sich aber nicht nur Essays verfassen, sondern auch Lieder, Liebesbriefe, Geständnisse und Reden.

Workshop veranstalten:

Über die Liebesautoren dieses Buches, die man am interessantesten fand, kann man mit den Übungen dieses Buches Workshops veranstalten. In diesen Workshops werden die Übungen vorgestellt und die schriftlichen Ergebnisse diskutiert.

Schulunterricht:

Zum Thema Liebe wird in der Schule in Sexualkunde unterrichtet. Philosophische Aspekte kommen dabei immer zu kurz. Die Übungen dieses Buches können natürlich den Schulunterricht in Sexualkunde philosophisch gut ergänzen.

Selbstanalyse:

Die Liebe bestimmt unser Leben. Wie wir an unserem Liebesschicksal selbst mitarbeiten, bleibt oft unklar. Die Übungen dieses Buches helfen bei der sexuellen Selbstanalyse, decken Angst und Schuld auf, die unsere Potenz schwächen und machen Mut, die Freuden der Liebe zu steigern.

Tabus abbauen:

Bisher hat der philosophische Diskurs sich eher an den rechtlichen Folgeproblemen der Liebe orientiert, z.b. Klonen, Alimente, Aufzuchtsrechte, Abtreibung usw. Dieses Buch bricht diese Perspektiven. Die philosophischen Leistungen bei der Steigerung der Liebe, der Zivilisierung des Genusses werden in diesem Buch Thema und können in das Gespräch mit den Liebesbezugspersonen Eingang finden. Zu diesem Zweck sollten viele der Übungen als Paar-Übungen praktiziert und auch im Paar-Tagebuch dokumentiert werden.

Liebesgeschichten:

Liebesphilosophie kann auch zu Liebesgeschichten anregen. Mit dem Abfassen dieser Geschichten kann man die eigenen Liebeserfahrungen weiter erforschen. Die beste Liebesgeschichte schreibt man mit einem „Mind-Map" mit dem Kernwort „Die Reise des Helden/der Heldin". Josef Champbell hat die Reise des Helden bzw. der Heldin als Grundmuster außeralltäglicher Erfahrungen in fünf Stationen festgelegt:

1. Station: Alltag
2. Station: Ausbruch
3. Station: Reise in die Liebeswelt
4. Station: Erfahrungen in der Liebeswelt
5. Station: Rückkehr und Umsetzung der Erfahrung in den Alltag
(Vgl. J. Champbell: Der Heros in tausend Gestalten. Frankfurt 1976)

Aus diesen Stationen entsteht folgendes Mind-Map der Liebesreise der Heldin/des Helden:

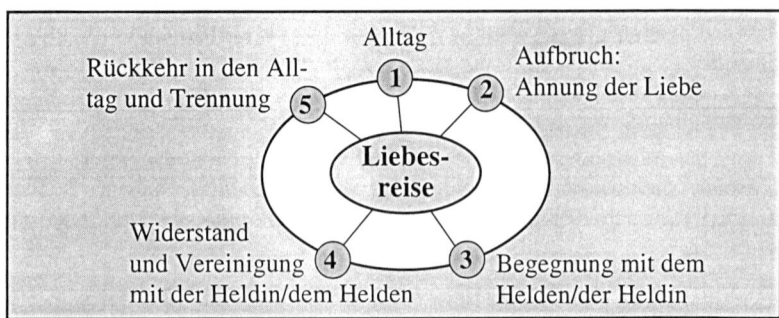

Schreiben Sie zu jeder Station spontan 10 Einfälle aus Ihren philosophischen Lesefrüchten aus diesem Buch. Schreiben Sie dann eine heroische Liebesgeschichte.

Orgasmus:

Das Zentrum der Liebe ist der kleine Tod, die Aufgabe des Ichs und die Verschmelzung mit dem Du, dem Anderen. Die Befreiung vom Ich erweckt große Lust und macht für kurze Zeit der Last des Gewissens und der Lebensnot ein Ende. Über den Orgasmus gibt es die meisten Liebesphilosophien: als Aufgabe der Lebenstriebe, als Verschmelzung mit dem Lebenswillen, als Begegnung mit dem Göttlichen, als mechanische Spannungsabfuhr, als Vergeudung der Lebenskraft, als Wiederholung des Sündenfalls, als Erlebnis der Phantasie jenseits des Maschinenmenschen, als Zerstörung des unerreichbaren Objektes usw. Der Orgasmus scheint das Geheimnis des Lebens erfahrbar zu machen.

Untersuchen Sie Ihre Orgasmuserfahrungen und stellen Sie sie in den genannten unterschiedlichen Modellen dar, damit Sie nun Ihre Orgasmusphilosophie schreiben können. Ergänzen Sie deshalb den seriellen Satzanfang: „Mein Liebeshöhepunkt ist wie ..." Wiederholen Sie diesen Satzanfang, bis Sie alle Ihre Metaphern über Ihre Orgasmuserfahrungen ausgeschrieben haben. Ziehen Sie dann ein Schlussresümee mit dem zu erweiternden Satz: „Mein Liebeshöhepunkt ist wie ..." Benennen Sie nun den Philosophen, dessen Orgasmustheorie Sie teilen.

Die Ambivalenz der Liebe:

Der sexuelle Weg zum Absoluten ist durchaus ambivalent. Es gibt von Seiten der Philosophie der Liebe negative und positive Wertungen. Sehen wir uns die negativen und positiven Wertungen an:

Positive Wertungen der Liebe	Negative Wertungen der Liebe
Aristipp	Augustinus
Platon	Thomas von Aquin
Ovid	Arthur Schopenhauer
La Mettrie	Alice Schwarzer
Novalis	Simone de Beauvoir
Erich Fromm	
Wilhelm Reich	
Margot Anand	

Neben diesen Extremen gibt es Philosophen, die eine **Mittelposition** einnehmen. Dazu gehören der Marquis de Sade und Sigmund Freud.

Blicken Sie auf Ihre Sexualbiographie zurück und stellen Sie fest, wann Sie positiv, negativ oder ambivalent zur Liebe standen. Stellen Sie auch die Gründe für positive und negative Einschätzungen der Liebe fest. Entwickeln Sie dann einige Ideen zur Liebe. Vergleichen Sie diese Thesen mit Ihren Thesen zum geistigen Weg zum Absoluten. Wenn Sie beide Thesenreihen vergleichen, werden Sie feststellen, dass sich Ihr geistiger und Ihr sexueller Weg zum Absoluten gleichen. Stellen Sie sich deshalb eine weitere Frage, z.b.: Warum spricht die Mystik in sexuellen und die Sexualität in mystischen Bildern?

Liebeskummer:

Liebeskummer begleitet immer den sexuellen Weg zur Erfahrung der absoluten Lust. Der Partner auf diesem Weg kann jederzeit verlustig gehen. Krankheiten können den körperlichen Weg behindern. Altern kann die Potenz stören. Die Liste der Liebeskümmernisse lässt sich endlos erweitern: Missverständnisse, unterschiedliche Bedürfnisse usw.

Das alles zeigt: Jeder sollte aus den Liebesphilosophien Hilfen für Liebeskummer ziehen. Legen Sie eine Liste der Hilfen bei Liebeskummer an, die Sie in diesem Buch gefunden haben. Schreiben Sie Ihre Erfahrungen mit der Wirkung dieser Hilfen gegen Liebeskummer auf. Stellen Sie fest, wie Ihnen der geistige Weg zum Absoluten bei Liebeskummer auf dem sexuellen Weg helfen kann.

Liebe und Todesangst:

Jeder Mensch gerät immer wieder in panische Todesangst. Er erlebt, dass alles, was sein Leben ausmacht, ausgelöscht wird. Im „Vorlauf zum Tode" wird die Auslöschung zur Erfahrung. Durch ein häufiges Vorstellen der eigenen Auslöschung im Tod gewinnt das Leben einen Schein von Absurdität. „Aber je mehr man stirbt, bevor man stirbt, umso weniger stirbt man, wenn man stirbt", sagt der Volksmund. Dieses Sterben vor dem Tod stellen am schönsten die Liebe und der Orgasmus dar. Je mehr man im Orgasmus stirbt, umso weniger stirbt man, wenn man stirbt. Orgasmen sind die lustvolle Alternative zum Vorlauf zum Tode. Sie enthüllen, dass die Lust an der Lust das Beste an der Welt offenbaren.

Was haben Sie über den Tod durch orgastische Liebe erfahren? Wie hat der Orgasmus Ihr Todesbild verändert? Welcher Philosoph hat für Ihre Erfahrungen die besten Interpretationen der Aufhebung des Todes durch den Orgasmus gegeben? Wie heißen diese Interpretationen? Geben Sie sie mit eigenen Worten jetzt wieder.

Die Arten der Liebe im Lebenslauf:

Listen Sie alle Liebesbeziehungen Ihres Lebenslaufes auf. Stellen Sie dann fest, welche Arten von Liebe, im Blick auf dieses Buch (Vgl. S. 221-224), Sie erlebt haben.

Die Entwicklung der Sexualität in der Philosophie des Abendlandes:

Verschaffen Sie sich einen Überblick über die Entwicklung der Bewertung der Sexualität in der Philosophie des Abendlandes. Sie werden verschiedene Auf- und Abwertungen der Sexualität erkennen. Diese Auf- und Abwertung erfolgt in der Gegenwart in schneller Folge. Stellen Sie fest, welche die Gründe für das schwankende Urteil der Philosophen über die Liebe sind.

Partner-Schreiben:

Lesen Sie dieses Buch gemeinsam mit Ihrem Partner bzw. mit Ihrer Partnerin. Legen Sie ein gemeinsames Journal Ihrer Liebe an. Machen Sie wechselseitige Eintragungen über Ihre Liebe und die Entwicklung Ihrer Liebeserfahrungen. Nehmen Sie dabei wechselseitig Bezug auf die Typen der Liebe. Benutzen Sie die Schreibmethoden und Anregungen zur gemeinsamen Produktion von philosophischen Liebestexten.

Liebeskurse:

Wählen Sie als Kursleiter die Liebestypen aus, die Sie und Ihre Kunden besonders reizen könnten. So können Sie an einem Wochenendseminar drei Liebesformen durcharbeiten am Leitfaden der entsprechenden Kapitel. Sie können als Rundfunkmoderator aber auch 10 Sendungen zur Liebe im Abendland aus dem Material dieses Buches entwickeln und als „Philosophisches Radio" über den Sender gehen lassen. Auch als Grundlage für einen Liebesworkshop in der Volkshochschule können Sie dieses Buch benutzen. In 20 Sitzungen sollten Sie dann, wie in einem philosophischen Café, alle Liebestypen durchschreiben und durchdiskutieren.

Die ehemalige Geliebte bzw. der ehemalige Geliebte:

Schenken Sie dieses Buch Ihrer bzw. Ihrem ehemaligen Geliebten. Bitten Sie ihn bzw. sie mit Hilfe dieses Buches einige aufarbeitende Liebestexte zu Ihrer gemeinsamen vergangenen Liebesgeschichte zu schreiben. Sollte dieser Vorschlag auf Gegenliebe stoßen, schreiben Sie dann abschiedliche Liebestexte zurück.

Zärtliche Gespräche über Liebe:

Viele Menschen sind wortkarg und ausdrucksgehemmt, wenn sie über ihre Liebe reden sollen. Unser Buch entwickelt ein breites Repertoire an Liebesgeschichten, Liebestheorien und Methoden, um Liebe auf verschiedenen Ebenen thematisieren zu können. Wählen Sie also einen Liebestyp aus, von dem Sie annehmen, dass Ihr Partner sich gerne über diesen Typ unterhalten möchte und führen Sie dann ein zärtliches Gespräch.

Überwindung der Langeweile in der Liebe:

Viele Liebesbeziehungen enden bald in Routine und Langeweile. Um Langeweile in der Liebe zu überwinden, werden heute oft Rollentausch, Stellungsvariationen, Aufschub der Ejakulation, Entdeckung des ganzen Körpers usw. empfohlen. Unser Buch macht dagegen den Vorschlag, gleich verschiedene Typen von Liebe auszuprobieren. Das kann im Phantasie-Rollenspiel passieren. Sprechen Sie sich mit Ihrem Partner/Ihrer Partnerin über die Inszenierung verschiedener Liebestypen ab und versuchen Sie in Erfahrung zu bringen, ob Sie nun den gemeinsamen Weg zur höchsten Lust besser finden können.

Hauptteil

Philosophische Lebenskunst für Verliebte

Der Kampf um die sexuelle Liebe zeigt im Abendland eine dramatische Geschichte. Schon in der heidnischen Antike brach eine vertiefte Angst vor der Sexualität aus. Diese Angst vermehrte und verbreitete sich mit dem Christentum. Die sexuelle Liebe geriet unter „die Verschwörung des Schweigens". Der Kampf gegen die Sexualität, die in der Hexenverbrennung des Mittelalters ihren Höhepunkt erlebte, wurde mit allen Mitteln geführt. Erst in der Neuzeit erkannte man, dass der Preis für die sexuellen Verfolgungen groß war: unglückliche Ehen, unerwünschte Kinder, frustrierte Lebensläufe, Pornografie und Prostitution. Denn neben der Verfolgung der sexuellen Liebe, blieben die Menschen von der Sexualität besessen. Durch die Unterdrückung der Sexualität wurden sie aber „nervös, depressiv und körperlich krank". (E.J. Haeberle: Die Sexualität des Menschen. Hamburg 1985, S. 523)

Seit der sexuellen Revolution der 60er Jahre des 20. Jahrhunderts ist eine Wende eingetreten. Sexualität wird nun als wichtiges Lebenselixier und höchste Lust verstanden und öffentlich mehr und mehr akzeptiert. Allerdings wird unter Liebe meist ein sehr verkürzter Begriff verstanden, der sich rein auf den materialistischen Aspekt der Liebe bezieht. Deshalb ist es an der Zeit, die philosophische Geschichte der sexuellen Liebe in vielen Liebesgeschichten zu erzählen. Außerdem ist es für die eigene Liebesfähigkeit äußerst bereichernd, die vielen Formen philosophischer Liebe kennen zu lernen und auszuprobieren. Treten wir also eine Liebesreise mit vielen Übungen von der Antike bis zur Gegenwart an.

1. Aristipp (435-350 v.Chr.):
Die hedonistische Liebe

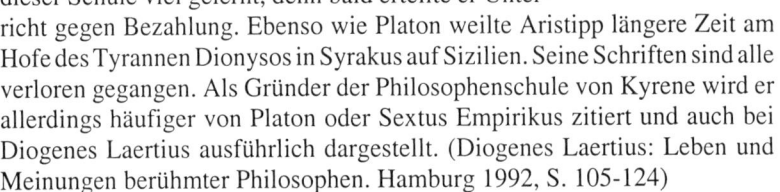

In Kyrene, im Osten der großen Syrte in Nordafrika, hat Aristipp gelebt. Er wurde bei einem Besuch Olympias auf den Philosophen Sokrates verwiesen, begab sich sogleich nach Athen und wurde Mitglied der Schule des Sokrates. Aristipp hat in dieser Schule viel gelernt, denn bald erteilte er Unterricht gegen Bezahlung. Ebenso wie Platon weilte Aristipp längere Zeit am Hofe des Tyrannen Dionysos in Syrakus auf Sizilien. Seine Schriften sind alle verloren gegangen. Als Gründer der Philosophenschule von Kyrene wird er allerdings häufiger von Platon oder Sextus Empirikus zitiert und auch bei Diogenes Laertius ausführlich dargestellt. (Diogenes Laertius: Leben und Meinungen berühmter Philosophen. Hamburg 1992, S. 105-124)

Aristipp galt in der Antike als „Virtuose der Lebenskunst und der Kunst der Menschenbehandlung" (T. Gomperz: Griechische Denker. Frankfurt 1999, Band II, S. 167) Seine Lebenshaltung prägte als Vertreter der hedonistischen Liebe ein Zug von Heiterkeit, weil er sich weder um Zukünftiges sorgte, noch um Vergangenes grämte. Aristipp übertrug am Ende seines Lebens die Leitung der Philosophenschule von Kyrene auf seine Tochter Arete, die wieder ihren Sohn als Nachfolger einsetzte. (Vgl. Diogenes Laertius, a.a.O., S. 115)

<u>Aristipps Theorie der Liebe basiert auf folgenden Grundlagen:</u>
Die primäre Erkenntnis geschieht nach Aristipp nur durch die Sinne. Aber auch die Sinne sind trügerisch. „Die Affektionen allein sind erkennbar." Sicher ist also nur die Erkenntnis von Lust und Unlust. Das höchste Gut „ist die einzelne gegenwärtige Lustempfindung". (M. Hossenfelder: Antike Glückslehren. Stuttgart 1996, S. 40) Zukunft und Vergangenheit sind für die Lust ganz gleichgültig. Nur die Gegenwart hat überzeugende Realität. „Es genügt, wenn man jede Lust einzeln, wie sie sich bietet, genießt." (M. Hossenfelder, a.a.O., S. 50) Schon die Kinder, erkennt Aristipp, erstreben wie die Tiere, mit instinktivem Drang die Lust und fliehen die Unlust. (Vgl. Diogenes Laertius, a.a.O., S. 116) Das Luststreben ist ein Urphänomen, das nicht hinterfragbar ist. Die Lust muss als höchstes Gut anerkannt, jede Lustvermeidung sollte mit triftigen Argumenten begründet werden. Die Lust ist für Aristipp ein Gut, selbst wenn die Quelle noch so schmutzig ist.

1. Aristipp

Übung:
Mit welchen Argumenten verbieten Sie sich sexuelle Lust?

Die Liebespriesterin Lais
Gemälde v. Hans Holbein d.J.

Aristipp lehrt: Lust mag Unlust hervorrufen oder um Lust zu erlangen, muss Unlust in Kauf genommen werden, aber angesichts des Umstandes, dass im Menschenleben die Unlust die Lust überwiegt, sollte ein Maximum erreichbarer Lust unter allen Umständen erstrebt werden.

Bekannt ist seine intensive Lustbeziehung zu der Liebespriesterin „Lais". Über diese Beziehung sagte Aristipp: „Ich besitze, werde aber nicht besessen. Denn die Lüste beherrschen und ihnen nicht erliegen, ist das Beste, nicht das Enthaltsamsein." (M. Hossenfelder, a.a.O., S. 51)

Mit Lust meint Aristipp immer die sexuelle Lust des Körpers, nicht die Lust, die bei der Aufhebung von Schmerzen auftritt, wie Epikur glaubte. Das höchste Gut ist und bleibt die einzelne Lust, das Glück ist für Aristipp die Summe aller Lüste. „Die körperlichen sexuellen Lüste sind viel besser", sagt Aristipp, „als die seelischen Lüste." „Die Lust beherrscht nicht, wer sich enthält, sondern wer sie genießt, sich aber nicht mitreißen lässt; wie auch Schiff und Pferd nicht beherrscht, wer sie nicht benutzt, sondern wer sie lenkt, wohin er will." (M. Hossenfelder, a.a.O., S. 50)

Übung:
Wie kann man die sexuelle Lust lenken, wohin man will?

Aristipp gibt einen Hinweis auf die Möglichkeit der Luststeigerung. Die sanfte Bewegung ist lustvoll, die stürmische Bewegung ist unlustvoll. (T. Gomperz: Griechische Denker, Frankfurt 1999, Bd. II; S. 170) Damit plädiert Aristipp für den langsamen, beherrschten und lange andauernden Sexualakt als Weg zur höchsten Lust.

Übung:
Wie weit haben Sie schon gelernt, Ihre sexuelle Schnelligkeit zu zügeln? Was machen Sie, um diese Zügelung zu erreichen? Antworten Sie in zwei Sätzen.

Sexuelle Lust lässt sich bei Aristipp auch bei Dirnen finden. Als beim Eintritt in das Haus einer Dirne einer seiner Schüler errötete, sagte Aristipp: „Nicht im Eintritt liegt das Bedenkliche, aber nicht wieder Loskommen zu können, das ist es." (Diogenes Laertius, a.a.O., S. 108) Käufliche Liebe hat Aristipp durchaus geschätzt.

Sehen wir uns nun ein Bild der hedonistischen Liebe bei Aristipp an:

Das Bild der hedonistischen Liebe bei Aristipp

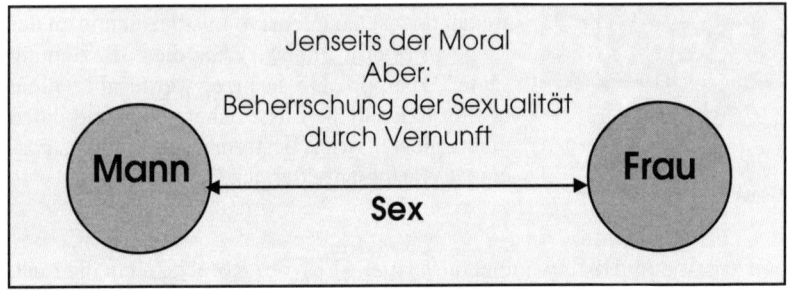

Übung:
Entwickeln Sie eine Definition der hedonistischen Liebe nach diesem Bild.

Als eine Dirne zu Aristipp sagte: „Ich bin schwanger von dir", antwortete Aristipp: „Das kannst du unmöglich erkennen: Ebenso könntest du sagen, du wärst bei einem Gang durch dichtes Binsengestrüpp von dieser bestimmten Binse gestochen worden." (Diogenes Laertius, a.a.O., S. 113) Aristipp stellte damit die Lust über die Moral.

Übung:
Braucht sexuelle Lust sich nicht an Moral zu halten? Welche moralischen Grenzen gibt es für sexuelle Lust? Antworten Sie in drei Sätzen.

Aristipp hielt nichts von Besitzansprüchen und Treue gegenüber der Geliebten: „Macht es denn einen Unterschied, ob ein Haus, das ich bekomme, viele Bewohner gehabt hat oder keinen? – Nein! Und ob das Schiff, auf dem ich fahre, schon Tausende von Passagieren in sich gehabt hat oder keinen einzigen? – Durchaus nicht! Also macht es auch keinen Unterschied, ob ein Weib, mit dem ich zusammen lebe, schon viele Liebhaber gehabt hat oder keinen." (Diogenes Laertius, a.a.O,. S. 110)

1. Aristipp

Übung:
Schreiben Sie eine Minute Free-Writing über das Thema Treue in der Liebe. Beginnen Sie mit dem Satz: „Treue ist ..."

Ein Schüler des Aristipp, Theodoros, verschärfte das Primat der Lust über die Moral noch. Er sagte: „Das Vaterland ist die Welt. Der Weise wird gelegentlich auch stehlen, Ehebruch treiben und Tempelraub begehen. Denn nichts davon ist an sich verwerflich, sobald man absehe von der gangbaren Meinung, die allerdings ihr Dasein nur dem Zwecke der Unvernünftigen verdankt. Der Weise wird deshalb ohne jeden Arg Umgang mit seinen Lieblingen pflegen ... Wenn also jemand mit einem schönen Jüngling Liebesumgang hat, so vergeht er sich nicht, insofern dieser Umgang nützlich für ihn ist." (Diogenes Laertius, a.a.O., S. 122)

Übung:
Was halten Sie von einer „laxen" Moral, die um der Lust willen den Wert der eigenen Gesellschaft relativiert, Ehebruch und Tempelraub zulässt, den Diebstahl und die Knabenliebe akzeptiert? Geben Sie eine Begründung für den Wert oder Unwert einer derartigen Moral an.

Es ist nicht überraschend, zu hören, dass Theodoros entweder in Athen zum Tod durch den Schierlingsbecher verurteilt wurde oder, aus Kyrene verbannt, in der Fremde starb.

Wir sehen also, dass schon am Beginn der abendländischen Philosophendiskussion über die sexuelle Lust unter den Schülern des Aristipp Ambivalenzen auftreten. Aristipp steht als Vertreter der hedonistischen Liebe im Abendland fast einzigartig dar.

Epikur

Sein großer Rivale Epikur (341-271 v.Chr.) ist gegenüber dem optimistischen Aristipp ein äußerst pessimistischer Hedonist. Epikur hat deshalb auch keine Liebestheorie entwickelt. Für Epikur ist Liebe zu unterdrücken, weil sie mehr Unlust als Lust bereitet. Schließlich hält Epikur Freundschaften für wichtiger als Liebesverhältnisse. „Was man von einem Hedonisten wie Epikur erwartet, sind ausgefeilte Techniken der Lustmaximierung ... bei Epikur ist das Gegenteil der Fall." (M. Hossenfelder: Stoa, Epikureismus und Skepsis. München 1995² (Geschichte der Philosophie Bd. III), S. 104)

Epikur scheint zwei Phasen in der Entwicklung seiner Liebestheorie berücksichtigt zu haben, die sich, bei der fast völligen Vernichtung seines Werkes, nur in geringen Spuren finden lassen. In seiner ersten Phase als junger Schulgründer lebte er mit vier Hetären ständig zusammen: Mit Mammarion, Hedeia, Erotion und Nikidion. An die Hetäre Leontion schrieb er glühende Liebesbriefe, z.B. „Heilbringerin, Herrin, mein liebes Schätzchen Leontion, welchen Jubelsturm hast du durch dein Briefchen entfesselt, wie entzückt war ich, als ich es las." (Diogenes Laertius: Leben und Meinungen berühmter Philosophen. Hamburg 1990, S. 225) Epikur schien also in jungen Jahren auch die käufliche Liebe sehr geschätzt zu haben.

Flötenspieler und Tänzerin
Von einer Schale des
Malers Epiktet.
Um 520 v.Chr.

Übung:
Was halten Sie von käuflicher Liebe?

Im Alter formulierte Epikur aber ein sehr moralisches Liebesgesetz, das sexuelle Liebe nur unter Beachtung von fünf Bedingungen als Weg zum Glück akzeptiert. Er schreibt: „Wie ich von dir höre, treibt dich dein unruhiges Fleisch besonders heftig zum Genuss der Liebe. Folge deinem Drange, wie du willst, wenn du 1. die Gesetze nicht übertrittst, 2. die guten Sitten nicht verletzt, 3. keinen dir Nahestehenden kränkst, 4. deine Gesundheit nicht zerrüttest, 5. noch die zum Leben notwendige Habe verschwendest. Es ist indes unmöglich, sich nicht wenigstens in eines dieser Übel zu verstricken. Also: Der Liebesgenuss hat noch niemals Nutzen gebracht, man kann zufrieden sein, wenn er nicht Schaden bringt." (Epikur: Philosophie der Freude. Frankfurt 1988, S. 84)

Übung:
Können Sie sich eine sexuelle Beziehung vorstellen, die alle fünf Übel umgeht? Beschreiben Sie eine solche Beziehung.

Der römische Epikureer Lukrez (97-55 v.Chr.) hat die pessimistische epikureische Sexualtheorie in seinem Buch „**Von der Natur**" breiter dargestellt als Epikurs Fragmente verdeutlichen. Lukrez warnt in seinem Buch vor der Liebesleidenschaft und plädiert für Abwechslung: „Wirf den gesammel-

1. Aristipp

ten Reiz auf andere Körper und halt ihn nicht für die eine zurück, für die du die Neigung gewonnen, um dir sicheren Verdruss und langen Kummer zu sparen." (Lukrez: Von der Natur der Dinge. Frankfurt 1960, S. 155, IV, 1052ff.)

Übung:
Was spricht für Polygamie oder häufig wechselnden Liebesverkehr? Sammeln Sie Ihre Argumente.

„Bei jeder Liebe soll man den Liebeswahn vermeiden, der zu körperlichen Misshandlungen, Bissen und zu verführenden Bildern der Schönheit animiert, die schnell wieder vergehen." (Lukrez, a.a.O., S. 155f.)
Zur Bekämpfung des Liebeswahns soll man sich die Folgen der Liebesleidenschaft vor Augen führen. Als Folgen werden bei Lukrez genannt: Versäumnis der Pflichten, Verlust von Ansehen, Verlust des Vermögens, Einsicht, dass man mit dem Körper des anderen trotz aller Anstrengungen nicht eins werden kann. Obwohl die Lust beiden Geschlechtern gemeinsam ist, lässt sich die Liebe nicht auf Dauer erhalten. „Unbefriedigt schmachten die Liebenden hin, an heimlicher Wunde." (Lukrez, a.a.O., S. 157, IV, 1118f.)

Übung:
Ist jeder Orgasmus nur ewige Vorlust ohne völlige Erfüllung?

Bei den Arten des Liebesgenusses ist die tierische Begattung die erfolgreichste. Verkehr mit geilen Bewegungen „hindert und stört das Werk der Empfängnis." (Lukrez, a.a.O., S. 161, IV, 1244f.) „Unseren Frauen jedoch", sagt Lukrez, „sind diese Künste nicht vonnöten." (Lukrez, a.a.O.)

Übung:
Sollte man um der Fortpflanzung willen auf alle Mittel der Steigerung der Liebeslust verzichten?

Die pessimistische Schule des Epikur kennt also als einzige Technik der Maximierung der sexuellen Lust nur die Unlustvermeidung. Sie plädiert in den Worten von Lukrez für die kurze tierische Begattung als bestes Mittel der Erfüllung der Pflicht zur Fortpflanzung. Die optimistische Schule des Aristipp predigt dagegen die langsame Bewegung zur Luststeigerung. Die Philosophie der Liebe im Abendland beginnt also mit einigen Widersprüchen. Das Bild vom lüsternen Epikur aus der Geschichte der christlichen Philosophie und die Darstellung Epikurs als Propagandist der Sexualität ist eine völlige Irreführung.

Literatur zu Aristipp, Epikur und Lukrez:

Aristippi et Cyrenaicorum fragmenta. Hrsg: E. Monnebach. Leiden/Köln 1961
Diogenes Laertius: Leben und Meinungen berühmter Philosophen. Hamburg 1992, Bd. II, S. 105-124)
Döring, K.: Der Sokratesschüler Aristipp und die Kyrenaiker. Stuttgart 1988
Epikur: Von der Überwindung der Furcht. München 1991
Epikur: Philosophie der Freude. Frankfurt 1988
Gomperz, T.: Griechische Denker. Frankfurt 1999, T. 1-3
Gosling, J.C.B., Taylor, C.C.W.: The Greeks on Pleasure. Oxford 1982
Hossenfelder, M.: Antike Glückslehren. Stuttgart 1996
Hossenfelder, M.: Stoa, Epikureismus und Skepsis. München 1995² (Geschichte der Philosophie Bd. III)
Kimmich, D.: Epikureische Aufklärungen. Darmstadt 1993, S. 195ff
Lukrez: Von der Natur der Dinge. Frankfurt 1960
Lukrez: Von der Natur. München 1991

Aphrodite, Schutzherrin der sexuellen Liebe, zusammen mit Pan, welcher Lust und den Geist der Natur verkörpert

2. Platon (427-347 v.Chr.):
Die platonische Liebe

Platon erkennt die platonische Liebe als metaphysische Erfahrung, die in der Sexualität erlebt werden kann. Er eröffnet den körperlich-sinnlichen Weg zum Göttlichen, der später zugunsten eines bloß geistigen Aufstiegs zu den Ideen verschüttet wurde. Diese Verdrängung hat seinen guten Grund. Platons Weg der metaphysischen Liebe entwickelte sich aus der Knabenliebe, die seit etwa 120 n.Chr. im Abendland streng verboten wurde. Die Knabenliebe zwischen einem älteren Liebhaber und einem Jugendlichen zwischen 12-18 Jahren war in der Antike „ein Phänomen der Athener Oberschicht" (C. Reinsberg: Ehe, Hetärentum und Knabenliebe im antiken Griechenland. München 1993, S. 178) Die Knabenliebe umfaßte in jedem Falle auch den sexuellen Verkehr. So war auch Platon der päderastische Liebesgenuss selbstverständlich und akzeptabel. (C. Reinsberg, a.a.O., S. 190) Allerdings war der Analkoitus in der Athener Oberschicht „entschieden tabuisiert". (C. Reinsberg, a.a.O., S. 192) An seine Stelle scheint aber der Schenkelverkehr getreten zu sein.

Platon

Die Knabenliebe ist „eine Voraussetzung der Welt, in die uns Platons Schriften führen, eine Voraussetzung seines Denkens und Fühlens... In der Knabenliebe hat Platon die Töne gefunden, die auch unsere Seele am tiefsten ergreifen und am höchsten erheben." (U.v. Wilamowitz-Moellendorf: Platon. Berlin 1919, Bd. I, S. 44) Platon lebte in einer Zeit, in der die Knabenliebe auf dem Höhepunkt stand und die Frauenliebe weit zurückgedrängt worden war. „Weiberliebe ist bei dem Mann nur sinnlicher Trieb, Ehe und Liebe haben nichts miteinander zu tun. Wo die Liebe aus dem Herzen kommt, gilt sie bei Männern dem eigenen Geschlecht." (U.v. Wilamowitz-Moellendorf, a.a.O., S. 46) Frauen spielten für Platon, wie für viele seiner aristokratischen Zeitgenossen und wie auch für Sokrates, keine Rolle. „Dass das Weib dem Menschen Platon zeitlebens fremd geblieben ist, spüren wir überall ... noch als Greis hat er ein Verhältnis zur Dion einen rasenden Eros genannt." (U.v. Wilamowitz-Moellendorf, a.a.O., S. 49)

Übung:
Wie stehen Sie zur Knabenliebe? Erklären Sie ihre Verbreitung im antiken Athen und Rom.

Ein Jüngling wird von seinem älteren Liebhaber gestreichelt. (Vasenbild)

Von dem Liebesleiden, das Platon zeitlebens beschäftigt hat, als Knaben, Jüngling und als Mann, schweigt er. Auch die Überlieferung ist stumm. Niemand hat je von der körperlichen Liebe zum Knaben offen geredet. Aber jeder hat in der Antike davon gewusst. Über Platons Liebesleben zu Knaben lässt sich nur aus seinem Werk lesen. „Aber, dass Platon mit der homosexuellen Liebe gelebt, gestritten und gelitten hat, empfindet, wer nicht ganz stumpf ist." (U. v. Wilamowitz-Moellendorf, a.a.O., S. 49)

Sicher ist, dass Platon Sokrates geliebt hat, als er sich der Jünglingsgruppe um Sokrates anschloss. Sicher ist auch Platons Liebe zu Dion, dem Verwandten des Tyrannen Dionysos von Syrakus auf Sizilien. Drei große Reisen hat Platon nach Sizilien gemacht, um Dion zu sehen. 389 v.Chr. begegnete er als über 40-Jähriger dem 20-jährigen Dion zum ersten Mal und verliebte sich in ihn. 386 reiste er wieder zu Dion nach Sizilien. 361 findet die dritte und letzte Reise von Platon nach Sizilien statt. 354 wird Dion ermordet. Platon schreibt nun ergreifende Liebesgedichte auf Dion. Solch ein platonisches Liebesgedicht lautet:

> *„Tränen haben die Schicksalsschwestern*
> *Hekabe und den Troerfrauen*
> *zugesponnen*
> *vor der Geburt.*
>
> *Doch du standest im Siegeskranze*
> *Dion, als das Geschick dir aller*
> *Hoffnung Früchte*
> *plötzlich entriss.*
>
> *Ruhest in himmlischer Erde, teuer*
> *deinem Volke. Wie glühend hat dich*
> *meine Seele,*
> *oh Dion, geliebt."*

(U.v. Wilamowitz-Moellendorf, a.a.O., S. 637)

2. Platon

Übung:
Beschreiben Sie die Schönheit eines Mannes am Beginn der Pubertät. Beginnen Sie Ihren ersten Satz mit den Worten: „Oh, xyz, wie glühend..."

Platon starb 347 in Alter von 81 Jahren. Bei seinem Tod war die Knabenliebe schon weitgehend zurückgedrängt. Sokrates war 399 wegen Homosexualität, meist unter dem Stichwort Jugendverführung gehandelt, zum Tode durch den Schierlingsbecher verurteilt worden. So wundert es nicht, dass Platon als Homosexueller bei seiner Beerdigung von der Athener Aristokratie geschnitten wurde. „Athen nahm von Platons Beerdigung keine Notiz... Auch von seinem Grab wissen wir nichts weiter, als dass es nicht weit von der Akademie entfernt war, die er 387 gegründet und rund 60 Jahre geleitet hatte." (U.v. Wilamowitz-Moellendorf, a.a.O., S. 709)

Über die Metaphysik der Knabenliebe wissen wir aber aus zwei platonischen Texten: dem „Phaidros" und dem „Symposion".

Im **Phaidros** macht Sokrates einen Spaziergang mit Phaidros, einem Schüler, vor den Toren Athens. Phaidros motiviert Sokrates, zwei Reden über die Liebe zu halten. In der ersten Rede wertet Sokrates die homosexuelle Liebe ab. Wer von der Liebe ergriffen ist, sagt Sokrates, denkt nur noch an sich und fügt dem Geliebten in jeder Hinsicht Schaden zu. „Der Verliebte wird wünschen, dass der Liebling möglichst lange ehelos, kinderlos und ohne Haushalt sei, da er begehrt, möglichst erst lange sein süßes Glück zu genießen. Er wird ihm mit Lust unzertrennliche Gefolgschaft leisten... Wenn die Liebe aber zu Ende geht, wendet sich der ehemalige Liebhaber zur Flucht. Wie Wölfe das Lamm, so lieben Verliebte den Knaben." (Platon: Phaidros. Stuttgart 1998, S. 34f.)

Übung:
Ist Ihre Liebeserfahrung im Kern der reine Egoismus? Haben Sie Ihrem Liebespartner durch Ihre Liebe hauptsächlich geschadet? Welchen Nutzen hat Ihr Liebespartner durch Ihre Liebe bisher gehabt? Geben Sie auf jede Frage eine kurze Antwort.

In der zweiten Rede stellt Sokrates die metaphysische Seite der homosexuellen Liebe dar, die weit über die körperliche Knabenliebe hinausgeht. Die homosexuelle Liebe ist ein Rauschzustand, erklärt Sokrates nun. Die Seele neigt in der Liebe zum Rausch, weil sie unsterblich ist. Sie ist unsterblich, weil sie aus dem Urgrund der Welt stammt. „Der Urgrund ist ungeworden. Denn aus dem Urgrund muss notwendig alles Entstehende entstehen, dieser aber nicht aus irgendetwas." (Platon: Phaidros, a.a.O., S. 42)

Übung:
Versuchen Sie den Ursprung Ihrer eigenen Seele zu ergründen. Stellen Sie sich Ihre Existenz vor der Geburt im Urgrund vor. Beschreiben Sie das Bild Ihrer Existenz vor Ihrer Existenz.

Da die Liebe eine Leidenschaft ist, ist sie vernunftlos. Sie löst sich von der Erde, weil sie sich an die Zeit vor ihrer Geburt erinnert. Vor der Geburt hat die Seele aber auf ihrer Reise durch den Kosmos „den farblosen, gestaltlosen und stofflosen Urgrund gesehen. Die Seele hat geschaut, was jenseits des Himmels ist." (Platon: Phaidros, a.a.O., S. 45)

Wenn die Seele also im Körper auf der Erde erscheint und ihr irdisches Leben beginnt, braucht sie nur noch durch Liebe die Schönheit zu sehen, um „beim Anblick der irdischen Schönheit sich der wahren Schönheit des Urgrundes zu erinnern. Wer diesem Schönheitsrausch in der Knabenliebe verfällt, den nennt man wahnsinnig." (Platon: Phaidros, a.a.O., S. 48)

Die Liebesleidenschaft wird zum Anlass des Aufstieges der Seele zum Urgrund. Dabei vollzieht sich die Liebe als Versuch des Liebhabers, seinen Liebling zu vergöttlichen. Indem der Liebhaber im Liebling die Schönheit wiedererkennt, erkennt er den Urgrund wieder, aus dem er selber stammt. „Da sie aber als Ursache davon den Geliebten ansehen, so lieben sie ihn umso mehr... Sie überströmen den Geliebten mit ihren Ideen vom göttlichen Urgrund und machen ihn, soweit es nur möglich ist, ihrem Gott ähnlich." (Platon: Phaidros, a.a.O., S. 52f.) Um den Geliebten aber nicht zu überwältigen, sagt Sokrates, „muss die Seele des Liebenden dem Geliebten bescheiden und zaghaft nachgehen." (Platon: Phaidros, a.a.O., S. 55) Indem aber die homosexuelle Liebe das metaphysische Bedürfnis im Liebhaber und im Geliebten erweckt, wird die Liebe „göttliche Geschenke an das Liebespaar verteilen." (Platon: Phaidros, a.a.O., S. 58)

Übung:
Beschreiben Sie Ihre wahnsinnigste und unvernünftigste Liebeserfahrung in einem Elfchen. Sammeln Sie erst Worte über diese Erfahrung und bauen Sie sie dann in die 11 Worte des Elfchens ein. (Ein Elfchen ist ein Kurzgedicht: 1. Zeile 1 Wort, 2. Zeile 2 Worte, 3. Zeile 3 Worte, 4. Zeile 4 Worte und 5. Zeile wieder 1 Wort als kräftigen Ausruf.)

In seinem zweiten Werk „**Symposion**" wird Platon in Liebesdingen bedeutend konkreter. Das „Symposion" schildert ein erotisch aufgeladenes Trinkgelage, auf welchem sechs Lobreden auf die Liebe gehalten werden. Auch hier beginnt <u>Phaidros</u>. Seine Rede preist die Liebe als den ältesten Gott, der Ursprung der größten Güter ist.

2. Platon

Übung:
Dichten Sie ein Loblied auf die Liebe, die Ursprung der größten Güter ist.

Es folgt Pausanias, der große Feldherr, der ausführt, dass alles gerechtfertigt ist, was aus Liebe geschieht. Wer liebt, kann Dinge tun, die sonst als schändlich gelten.

Übung:
Listen Sie alle schändlichen Dinge auf, die Sie aus Liebe getan haben. Stellen Sie sich dann vor, alle diese Dinge sind aus Liebe erlaubt.

Als dritter teilt Eryximachos die Liebe in zwei Erscheinungsformen auf. Die gute Liebe schafft Harmonie, die schlechte Liebe schafft Krankheit.

Übung:
Hat Liebe Sie schon gesund oder krank gemacht? Betrachten Sie Ihr Leben und finden Sie entsprechende Beispiele.

Als vierter redet der Dichter Aristophones. Er stellt den Ursprung der Liebe aus der Teilung der Menschen dar. Der Urmensch war zweigeschlechtlich und aufsässig. Da hat Zeus ihn geteilt. Die geteilten Teilmenschen suchten nun nach ihrem entsprechenden Gegenstück, als Heteros, als Lesben oder als Homosexuelle. Platon erkennt damit, dass der Mensch in seiner Kindheit bisexuell war und sich als Erwachsener nach seiner einseitigen Sexualrollenfixierung wieder nach dem Erlebnis seiner kindlichen Ganzheit in der Liebe sehnt.

Übung:
Können Sie sich an bisexuelle Strebungen in Ihrem Leben erinnern? Wie empfanden Sie als Mann homophile und als Frau lesbische Impulse?

Als fünfter spricht Agathon. Er glaubt, dass die Liebe die größte aller Götter ist und über den ganzen Kosmos herrscht.

Übung:
Schließen Sie die Augen. Stellen Sie sich den Kosmos als Liebe vor. Stellen Sie sich vor, dass Liebe die Galaxien und die Evolution bewegt. Suchen Sie ein metaphysisches Bild für die kosmische Liebe.

Als sechster spricht Sokrates über seine Belehrung über die Liebe durch die Philosophin Diotima. Liebe, so erklärt Sokrates die Lehre der Diotima, sei etwas Dämonisches. Liebe ist kein Gott, denn sie ist Mangel und Mangel ist nichts Göttliches. Liebe beruht auf dem Mangelgefühl, man brauche einen anderen, um vollständig zu sein. Alle Sterblichen verlangen aus dem Mangel ihres Lebens nach Unsterblichkeit und damit nach der Erfüllung durch Liebe und nach der Verschmelzung mit einem Liebesobjekt. Diesen metaphysischen Weg der Verschmelzung entwirft Sokrates, nach der Lehre der Diotima, in fünf Stadien oder Stufen.

Stellen wir diese Stufen kurz vor:

Stufe 1:	Der Liebende wird durch die Schönheit des geliebten Knaben angezogen.
Stufe 2:	Der Liebende erkennt, dass der einzelne Körper nur ein konkretes Beispiel für Schönheit überhaupt ist.
Stufe 3:	Der Liebende erfasst, dass die seelische Schönheit wichtiger ist, als die körperliche Schönheit.
Stufe 4:	Der Liebende entdeckt, dass Philosophieren wirklich zur Idee der Schönheit des Urgrundes führen kann.
Stufe 5:	Der Liebende wendet sich vom konkreten Geliebten ab und wird nun zum Meditierenden über die Idee der Schönheit an sich. „Das Schöne an sich sollten wir anschauen: sonnenklar, rein, unvermischt – ohne menschliche Körperlichkeit und Farbe und all den Tand, wenn man also das Göttlich-Schöne an sich als das eine Urbild zu erschauen vermöchte." (Platon: Das Trinkgelage. Frankfurt 1985, S. 83)

Die Liebe beginnt nach Platon also mit der Liebe zu schönen Knaben und endet mit der Meditation des absolut schönen Urgrundes.

Übung:
Gestalten Sie die metaphysische Liebe als Phasen eines Liebestextes.
Schreiben Sie einen Text in 5 Sätzen:
1. Satz: „Die körperliche Liebe ist ..."
2. Satz: „Die Schönheit der körperlichen Liebe ist ..."
3. Satz: „Die schöne Seele ist ..."
4. Satz: „Das Philosophieren in der Liebe ist ..."
5. Satz: „Das Schöne überhaupt ist ..."
Sie können dabei auch biographische Erfahrungen verarbeiten.

2. Platon

Nach dem Schreiben dieser Liebestheorie werden Sie noch einen Schritt konkreter. Beschreiben Sie die metaphysische Liebe als Orgasmus im Koitus selber. Dazu folgende Übung:

Übung:
Stellen Sie sich die Stufenleiter der Liebe als Stufen einer körperlichen Vereinigung vor. Stellen Sie sich erst die Lust der körperlichen Begegnung mit einem anderen Menschen vor. Stellen Sie sich dann die weiteren Stufen der Vereinigung vor: die Schönheit an sich, die Schönheit der Seele an sich, die Erhebung zur Schönheit im Orgasmus, die nachfolgende Erinnerung an die metaphysische Schönheit. Schreiben Sie nun einen inneren Monolog über die 5 Stufen der platonischen Liebe, wie sie sich in den inneren Bildern ergibt, die den Koitus begleiten könnten.

Platons Spätphilosophie feierte schließlich die sexuelle Askese, „auch wenn in der achtbaren homosexuellen Liebesbeziehung gelegentlicher Geschlechtsverkehr akzeptiert wurde." (C. Reinsberg, a.a.O., S. 197, vgl. auch M. Foucault: Der Gebrauch der Lüste. Frankfurt 1986, S. 281) Mit der Ersetzung des schönen Knaben durch die Idee des Schönen, verrät Platon auch sein Rezept gegen Liebeskummer. Denn gegen Liebeskummer hilft der Ersatz des realen Liebesobjektes durch ein ideelles: durch die Idee des Schönen.

Übung:
Was tun Sie gegen Liebeskummer?

Denn das Tragische an der Knabenliebe besteht immer im notwendigen Verlust des Knaben, der bald älter geworden ist und heiratet. Denn: „Dem platonischen Objekt der Lüste kommt keinerlei Leiblichkeit und somit keine Vergänglichkeit mehr zu." (W. Schmid: Die Geburt der Philosophie im Garten der Lüste. Frankfurt 1995, S. 117)

Platon hat also im Alter sein Lob auf die Knabenliebe widerrufen. Er verurteilte schließlich die Knabenliebe in seinen späten Schriften. Im 4. Jahrhundert vor Christus war der Höhepunkt der Päderastie im griechischen Weltreich überschritten. An der Liebe zu Knaben hat aber Platon seine metaphysische Liebe entdeckt, nach der wir als heterosexuelle Spätgeborene nun mühsam suchen müssen.

Sehen wir uns nun ein Bild der platonischen Liebe an

Das Bild der platonischen Liebe bei Platon

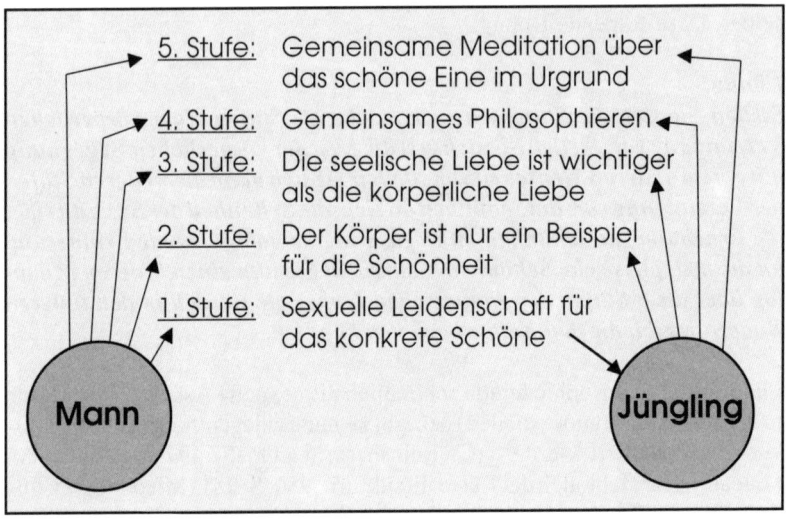

Übung:
Geben Sie eine Definition der platonischen Liebe.

Literatur zu Platon

Platon: Werke. Hamburg 1960, Bd. 1-6
Platon: Phaidros. Stuttgart 1998
Platon: Das Trinkgelage. Frankfurt 1985

Bergmann, M.S.: Eine Geschichte der Liebe. Frankfurt 1999
Foucault, M.: Der Gebrauch der Lüste. Frankfurt 1989
Reinsberg, C.: Ehe, Hetärentum und Knabenliebe im antiken Griechenland. München 1993
Schmid, W.: Die Geburt der Philosophie im Garten der Lüste. Frankfurt 1995
Wilamowitz-Moellendorf, U.v.: Platon. Berlin 1919
Zehnpfennig, B.: Platon. Hamburg 1997

3. Ovid (43 v.Chr. – 17 n.Chr.):
Die verspielte Liebe

27 v.Chr. beendete Oktavian, der sich Augustus nannte, den Bürgerkrieg nach der Ermordung des Diktators Cäsar (44 v.Chr.). Der augustinische Friede, nach den Wirren des Bürgerkrieges von 44-27 v.Chr. eröffnete die Spielräume des Individuums. Junge Männer der Oberschicht sammelten sich in Rom und führten ein Leben ohne Ehe und ohne Verpflichtungen für eine Familie. Sie verbanden sich für kurze Zeit mit hübschen Freigelassenen, die aus Griechenland stammten und sehr gebildet und kultiviert waren. Für diese Gruppe schrieb der Dichter und Philosoph Ovid seine Anleitung zur Liebeskunst und setzte damit der verspielten Liebe ein unzerstörbares Denkmal. Ovid erkannte in Fortführung der Philosophie Platons, dass die Liebe eine Technik und Kunst ist, die man erlernen kann. Amor, der Gott der Liebe, kann regiert werden. Ovid schreibt in der im Jahre 1 n.Chr. erschienenen Schrift „**Liebeskunst**": „Mich hat Venus zum Meister ernannt für den losen Amor." (Ovid: Liebeskunst (ars amatoria). Stuttgart 1999, 1,7)

Ovid stammte aus Sulmo (heute Sulmana), 180 km östlich von Rom. Die Eltern schickten ihn nach Rom zur Ausbildung als Politiker. Ovid sollte, aus einer Ritterfamilie stammend, schließlich Senator werden. Viele Dichter widmeten sich zu seiner Zeit in Rom, auf den Spuren des Epikur und seines Schülers Lukrez, dem Thema der Liebe. Der Dichter Tibull (55-19 v.Chr.) lobte die freie Liebe auf dem Lande: „Mich verlangt es nicht nach Ruhm, bin ich nur bei meiner Geliebten, dann lasse ich mich gerne träge und tatenlos schelten, nur hier bin ich Krieger – um mein Mädchen zu erobern." (M. Giebel: Ovid. Reinbek 1999, S. 13) Diesen Dichtern und links-epikureischen Philosophen schloss sich Ovid an. Aus dem väterlichen Erbe konnte er ausreichend versorgt als freier Dichter und Philosoph leben. Der Feldherr Messalla Corvinus nahm Ovid in seinen Dichterkreis auf, veranstaltete Lesungen und vermittelte Verleger für die gefeierten Texte. Ovid hatte in diesem Kreis mit seinen Liebesliedern sofort großen Erfolg. Er pries die Liebe mit schönen Frauen als Lebens- und Glücksinhalt. Nach dem Theaterstück „Medea" und einem

Ovid

Gedichtband „Amores" schrieb Ovid sein **„Lehrbuch der Liebeskunst"**. „Erfahrung brachte dieses Werk hervor. Wahres werde ich singen" (Ovid: Liebeskunst. 1,29f)

Ovid begriff – entgegen der meist lustfeindlichen Antike – heterosexuelle Liebe nicht als Sklaverei oder Zeugung, sondern als Gipfel der Lebenskunst. Damit setzte sich Ovid in krassen Gegensatz zur repressiven Familien- und Sexualpolitik des Kaisers Augustus. Der Kaiser hatte nämlich zur Stabilisierung des Bevölkerungswachstums 18 v.Chr. das „Gesetz zur Bestrafung von Ehebruch" und das „Gesetz über die Verheiratung der oberen Stände" erlassen. Ovid wurde zum sexuellen Rebellen. Liebe war für Ovid keine Natur, sondern Teil der Kultur und damit entwicklungsfähig, hin zur Leichtigkeit und zur gekonnten Wollust. Die Jugend Roms leistete gegen die augusteische Sexualreaktion Widerstand und Ovid wurde ihr Philosoph.

Liebe in Rom
(1. Jahrh.n.Chr.)

Sein **Lehrbuch der Liebeskunst** umfasst 3 Teile: 1. die Eroberung, 2. die Erhaltung der Liebe aus der Sicht der Männer, 3. die Liebe aus der Sicht der Frauen.

Ovid durchbricht damit die patriarchiale Beherrschung der Frau. Er setzt sich für die sexuelle Emanzipation der Frau ein. In der Liebe ist für Ovid die Frau leidenschaftlicher als der Mann. (Ovid: Liebeskunst. 1,345)

Im 1. Buch macht Ovid den Männern folgende **Vorschläge, um die Geliebte zu erobern**:

Suche dein Mädchen an den schönsten Plätzen Roms: Marktplätze, Forum, Theater, Zirkus, Arena, Triumphzüge, beim Gastmahl „Venus im Wein ist Feuer im Feuer" (Ovid: Liebeskunst. 1,245). Ovid weist aber auch darauf hin, dass an den römischen Stränden besonders schöne Frauen zu finden sind.

Übung:
Wo kann der Mann heute Frauen treffen? Bitte legen Sie eine Liste an.

3. Ovid

Bei der Eroberung der Mädchen ist Selbstvertrauen nötig. Ovid rät: Denke immer daran, „alle können erobert werden." (Ovid: Liebeskunst. 1,270)

Übung:
Welcher Vorsatz bewegt Sie beim Flirten?

Ovids weitere Vorschläge lauten:
Wende dich auch an die Freundin, wenn du die andere willst. Wenn du die eine gewinnst, wird die andere folgen. Sei freigiebig mit Geschenken. Schreibe häufig Liebesbriefe.

Reliefkeramikstempel eines Liebespaares von einer Tonschale
(Berlin, Antikenmuseum)

Übung:
Schreiben Sie jetzt einen Liebesbrief.
Schreiben Sie nun die ersten drei Sätze.

Ovid sagt: „Benutze Liebesworte und Schmeicheleien."

Übung:
Welche Liebesworte sind heute aktuell. Nennen Sie fünf.

„Auch die eigene Gestalt sollte gepflegt sein", sagt Ovid. „Nachlässige Schönheit steht den Männern." (Ovid: Liebeskunst. 1,509) Bitte keine Flecken im Hemd, kein Zahnbelag, kein Mundgeruch, kein Schweiß. „Unter der Achsel soll nicht der stinkende Bock, der Herr der Ziegenherde hausen." (Ovid: Liebeskunst. 1,521) Wichtig: Die Beredsamkeit, die von den Schmerzen der Liebe erzählt.

Übung:
Schreiben Sie ein Reimgedicht über die Schmerzen der Liebe.

Ovid fährt fort: Wendet Versprechungen an, auch solche, die nicht gehalten werden. Auch die Götter haben Eide gebrochen. Glück muss nicht immer moralisch sein. Glück ist nicht immer moralisch.

Übung:
Ist Moral das Ende des Liebesglücks? Muss Liebe unmoralisch sein?

Ovid sagt: „Betrügt sie, die euch betrügen." (Ovid: Liebeskunst. 1,646) Ergreife die Initiative. Verbinde Schmeichelei mit Küssen. Übe dann Zurückhaltung und ziehe dich in dich selbst zurück.

Übung:
Beherrschen Sie den Wechsel von aktiv und passiv in der Eroberung einer Geliebten bzw. eines Geliebten?

Übe Vorsicht vor Freunden, die dir die Geliebte ausspannen könnten, wenn du von ihr zu sehr schwärmst. „Nur das Böse macht Spaß. Jeder denkt nur an seine Vergnügungen und dieses ist auch dann willkommen, wenn es aus dem Leid eines anderen entspringt." (Ovid: Liebeskunst. 1,750)

Übung:
Macht Ihnen das Böse in der Liebe Spaß: Seitensprung, Ausspannen, Betrug? Antworten Sie in einem Satz.

Der Liebende soll nach Ovid ein Verwandlungskünstler sein, ein Protheus, immer überraschend und abenteuerlich.

Wie kann die Eroberte festgehalten werden? Ovid entwickelt im 2. Teil seiner Liebeskunst nun seine **Theorie der Lust**:

Lust kann nicht durch Magie oder Aphrodisiaka wie Kräuter und Singsang erhalten werden. „Liebestränke schaden der Seele und bewirken nur Wahnsinn." (Ovid: Liebeskunst. 2,106)

Übung:
Benutzen Sie Drogen beim Sex? Entwickeln Sie eine Pro- und Contra-Argumentation.

Wichtig für guten Sex ist Geist und Philosophie. Der Körper und seine Attraktivität verfällt. Der Geist „allein bleibt bis zur Bestattung bestehen." (Ovid: Liebeskunst. 2,121)

Übung:
Wie kann Geist sexy wirken? Wie kann der Geist die Lust steigern: beim Vorspiel, beim Akt, beim Nachspiel? Machen Sie Vorschläge.

Ovid beteuert: „Besitze etwas, was mehr ist als der Leib." (Ovid: Liebeskunst. 2,140)

Übung:
Was ist an Ihnen mehr als Leib? Antworten Sie in einem Satz.

3. Ovid

Bei der Anbahnung des Vorspiels rät Ovid die Nachgiebigkeit an: „Die zärtliche Liebe muss man mit sanften Worten nähren." (Ovid: Liebeskunst. 2,152) Sage Schmeicheleien, die das Ohr erfreuen. Treibe Scherze und alles, „was zum Lieben anstiftet." (Ovid: Liebeskunst. 2,176)

Übung:
Was stiftet zum Vorspiel an?

Ovid fordert von den Männern: Stimme dich voll auf die Geliebte ein, wenn sie weint, weine, wenn sie lacht, lache, was sie lobt, lobe.

Übung:
Beschreiben Sie Ihre Empathie mit Ihrer Partnerin in Bildern.

Die verspielte Liebe ist für Ovid als Kunst Kriegskunst. „Man darf nicht faul und nicht ängstlich sein. Nacht und Sturm, weite Wege, grausame Schmerzen und Mühsal aller Art gehören zu diesem weichlichen Feldlager." (Ovid: Liebeskunst. 2,235)

Übung:
Beschreiben Sie die Nacht der Liebe: das Nein, die Ablehnung, die Zurückweisung, das Ende.

Um moralische Skrupel, Schuld und Angst in der Liebe zu mildern, rät Ovid zur Entwicklung einer strikten Heimlichkeit und Diskretion. „Ein Ruhm aufgrund eigener Sünden ist nicht erstrebenswert." (Ovid: Liebeskunst. 2,391)

Übung:
Wie halten Sie es mit der Diskretion bei der Liebe?

Liebe zwischen einem gebundenen Mann und einem freien Mädchen bedarf der Diskretion. Ovid rät: „Vertusche die Spuren, um Dritte zu täuschen. Vergebe keine erkennbaren Geschenke, mache keine festen Termine, sprich nicht von identifizierbaren Orten. Wenn deine Liebe ans Licht kommt, leugne sie beharrlich. Verrate dein Schuldbewusstsein nicht durch Unterwürfigkeit. Jede Lüge im Namen der Liebe gegenüber Dritten ist erlaubt." „Jupiter lacht aus der Höhe über die Meineide der Liebenden und lässt sie bedeutungslos im aeolischen Südwind verwehen." (Ovid: Liebeskunst. 1,635) Sollte die getäuschte Ehefrau Protest einlegen, versuche die Gekränkte zu verführen: „Durch das Beilager musst du den Vorwurf, du hättest vorher bei einer anderen geschlafen, entkräften." (Ovid: Liebeskunst. 2,413)

Übung:
Wie sind Sie bisher mit Angst und Schuld in der heimlichen Liebe umgegangen?

Eifersucht, sagt Ovid, wird nur durch neue gemeinsame Beilager vernichtet. Spielerische Liebe ist auch Leidenskunst. Liebe geht immer mit Leiden einher, mit Bösem, mit Unmoralischem und mit Schuld. „Die Liebespfeile, die uns treffen, sind mit viel Galle getränkt." (Ovid: Liebeskunst. 2,521) Nehmen Sie Beschimpfungen, Schläge durch die Partnerinnen durchaus in Kauf. Lassen Sie konkurrierende Rivalinnen einfach gewähren. Zeigen Sie Ihre Eifersucht niemals.

Übung:
Wie sind Sie mit Eifersucht in Ihrem Leben umgegangen?

Wenn Sie diese Begleiterscheinungen der Liebe bewältigt haben, dann sind Sie reif für Methoden der Luststeigerung.

Ovid gibt folgende Methoden der Luststeigerung an:

1. Wechsel der Stellungen
2. Gleichheit der Entwicklung der Erregung
3. Ständiger verbaler Austausch über den Fortgang der Erregung durch „Lustworte"
4. Beherrschung der Verzögerung der Ejakulation durch den Mann
5. Unterbrechung der Sexualität für gegenseitiges Betrachten und Loben
6. Streicheln der erogenen Zonen, besonders der Klitoris, keine Scham beim Berühren
7. Eilt gemeinsam zum Höhepunkt
8. In der Liebe muss man sich viel Zeit nehmen und viel Zeit lassen.

(Ovid: Liebeskunst. 2,750-730)

Erotische Kunst im Klassischen Griechenland

3. Ovid

Übung:
Was können Sie zu diesen Methoden der Luststeigerung noch ergänzend beitragen?

Im 3. Teil stellt Ovid die **Liebeskunst für Frauen** vor. Auch Frauen brauchen die spielerische Liebeskunst.

Zur weiblichen Liebeskunst gehören Körper- und Haarpflege. Ausgleich von Mängeln aller Art, anmutige Kleidung, Lidstrich unter den Augen. Alle Verschönerungen darf aber der Liebhaber nicht merken. Der Gang sollte sexy wirken. Gesang, Tanz, Literatur und Philosophie steigern die Attraktivität des Mädchens für den Mann.

Mit Musik sollte man die eigenen Liebesleiden bekämpfen, u.a. durch das Spielen der Harfe.

Übung:
Wie bekämpfen Sie Liebesleid mit Musik? Geben Sie ein Beispiel.

Benutzen Sie als Schutz vor Entlarvung bei Seitensprüngen eine Geheimsprache und eine Geheimschrift bei Liebesbriefen.

Übung:
Welche Geheimsprache benutzen Sie bei unüblichen Liebesbeziehungen?

Lassen Sie Ihre Augen die Begegnung anbahnen, rät Ovid. Ziehen Sie sich zurück, wenn der Mann Feuer gefangen hat. „Ehefrauen werden nicht geliebt, weil der Mann immer zu ihnen kommen kann." (Ovid: Liebeskunst. 3,584) Überlisten Sie alle Aufpasser. Weihen Sie keine Freundin ein.
Bei der Lust als Gipfel des Glücks soll die Frau folgende Methoden berücksichtigen:

1. Bei der Liebesstellung sollten die körperlichen Vorzüge besonders zur Geltung kommen. Bei schönem Rücken sollte man den Rücken zeigen. Bei Falten auf Bauch und Brüsten ist der umgekehrte Reitsitz zu empfehlen.
2. Das Liebesspiel sollte ständig von Gesprächen begleitet werden.
3. Sprachliche Laute und tiefes Keuchen sollen dem anderen zeigen, wie weit die Lust sich entwickelt hat.
4. Liebe im Dunkeln ist für viele romantischer.

Übung:
Was können Sie als Frau zu den Methoden der Luststeigerung ergänzen?

Ovid verfasste als Ergänzung zu seiner Liebeskunst auch ein Buch mit dem Titel „**Heilmittel gegen die Liebe**".
Ovid riet in diesem Buch zu folgenden **20 Praxen bei Liebeskummer**:

1. Liebesprobe bei beginnendem Liebeskummer
   „*Was ist es, das du liebest,*
   das prüfe mit raschem Verstande ...
   Baue den Anfängen vor." (Ovid. Heilmittel gegen die Liebe. In: Ders.: Liebeslust. Düsseldorf 1999, S. 181)

Übung:
Beschreiben Sie die anziehenden Aspekte Ihres Liebesobjektes, das Sie leiden macht.

2. Betäube dich durch Arbeit
   „*Meide das Nichtstun zuerst.*
   Dieses bewirkt, dass du liebst und nährst,
   wenn's gewirkt hat, die Liebe...
   Gib deinem leeren Geist etwas,
   das fesselt, zu tun".
   (Ovid, a.a.O., S. 185)

Übung:
Welche Arbeits- und Geistesaktivitäten könnten Ihren Liebeskummer verdrängen?

3. Mache Reisen und schalte die Erinnerung aus.
   „*Geh' in die Ferne*
   und weit zieh auf den Straßen dahin...
   Wenn du genesen willst,
   musst viel du ertragen, was schmerzt.
   Bleibe lange weg." (Ovid, a.a.O., S. 189)

Übung:
Stellen Sie sich Ihre schönsten Reiseziele vor.

4. Der Anfang der Trennung vom Liebesobjekt ist schwer
   „*Das Tor zu meiner Kunst,*
   das ist finster,
   dass man den Anfang erträgt,
   das ist allein das Problem." (Ovid, a.a.O., S. 191)

3. Ovid

Übung:
Stellen Sie sich alle Hilfen für den Anfang der Trennung zusammen.

5. Imagination der Kränkungen durch das Liebesobjekt
   „Oftmals ruf dir die Taten der ruchlosen
   Frau/Mann ins Gedächtnis,
   Stell vor Augen dir auch, was du an
   Schaden erlittest." (Ovid, a.a.O., S. 195)

Übung:
Was waren die Schäden Ihrer erlebten Liebe? Legen Sie eine Liste an.

6. Umkehrung
   „Verkehre, was die Frauen attraktiv macht,
   ins Schlechte.
   Täusche dein Urteil,
   indem du leicht die Grenzen verschiebst.
   Nenn', ist sie vollschlank, fett.
   Ist sie zart, nenn' sie mager usw." (Ovid, a.a.O., S. 197)

Übung:
Benutzen Sie den kritischen Blick der Umwertung aller Vorteile in Nachteile. Legen Sie eine Zwei-Spalten-Liste Ihrer verlorenen Geliebten an: 1. Spalte: Vorteile, 2. Spalte: Nachteile.

7. Neue Geliebte nehmen:
   „Jede Leidenschaft wird, folgt eine neue, besiegt." (Ovid, a.a.O., S. 207)
   „Such dir irgendeine,
   bei der sich die erste
   Begierde abkühlt." (Ovid, a.a.O., S. 203)

Übung:
Wie können Sie eine neue Liebe finden?

8. Ständig die Fehler der alten Geliebten bedenken
   „Präge dir ein, was an Fehlern an ihrem Körper
   du findest, auf ihre Mängel
   lass fortwährend ruhen den Blick." (Ovid, a.a.O., S. 203)

Übung:
Legen Sie eine Liste aller Mängel der Geliebten/des Geliebten an.

9. Pflege Dreiecks-Beziehungen
„*Nehmt euch zugleich zwei Frauen...*
dann nimmt die eine Glut
ständig der anderen die Kraft." (Ovid, a.a.O., S. 205)

Übung:
Welche Erfahrungen haben Sie mit Dreiecks-Beziehungen, um Liebeskummer zu verkleinern?

10. Leugne deine wahren Gefühle
„*Und kein Zeichen von Schmerz*
trage in deinem Gesicht,
Ablegen wird sie den Stolz,
wenn sie sieht,
dass alles dir gleich ist." (Ovid, a.a.O., S. 209)
„*Nicht planen, wann du mit der Liebe aufhören willst.*"
(Ovid, a.a.O., S. 211)

Übung:
Wie können Sie die coole Type spielen?

„*Stufenweise und sanft sieche die Liebe dahin*" (Ovid, a.a.O., S. 221)

Übung:
Wie können Sie das Liebesende flexibel gestalten?

11. Übertreibe die Liebe
„*Bis du ganz satt bist,*
die Fülle des Liebesverlangens beseitigt,
und, weil es dich ekelt,
dich nichts in ihrem Haus mehr hält." (Ovid, a.a.O., S. 213)

Übung:
Wie können Sie die Liebe übertreiben bis zum Ekel, der Sie befreit? Geben Sie drei Einfälle.

12. Meide die Einsamkeit
„*Dir schadet Einsamkeit,*
Einsamkeit meide." (Ovid, a.a.O., S. 215)

Übung:
Legen Sie eine Liste von Geselligkeiten an. Aktivieren Sie Freundschaften neu.

3. Ovid

13. Meide Verliebte.
    "*Als er jedoch unter heftig Verliebte geriet, kam ein Rückfall.*"
    (Ovid, a.a.O., S. 217)

Übung:
Wo finden sich unverliebte Mitmenschen?

14. Meide die Geliebte
    "*Frage nicht, wie es ihr geht*" (Ovid, a.a.O., S. 219)
    "*Klage nicht, sondern schweige.*" (Ovid, a.a.O., S. 219)

Übung:
Wie kann jeder indirekte Kontakt mit der verlorenen Geliebten vermieden werden?

15. Verwandle Liebe nicht in Hass
    "*Wer mit Hass die Liebe beendet, liebt noch,
    oder er kommt schwer von der Leidenschaft los.*" (Ovid, a.a.O., S. 221)
    "*Sicher und passender ist es, sich friedlich zu trennen.*" (Ovid, a.a.O., S. 221)

Übung:
Wie kann eine friedliche Trennung aussehen?

16. Schwächung der Erinnerung an die Geliebte
    "*Verbrenne alle Briefe.*" (Ovid, a.a.O., S. 225)
    "*Gehe nicht an gemeinsame Orte.*" (Ovid, a.a.O., S. 225)

17. Verhindere die Erneuerung der Liebe
    "*So wird, wenn du nicht meidest,
    was deine Liebe erneuert,
    frisch sich entzünden die Glut,
    welche soeben erlosch.*" (Ovid, a.a.O., S. 227)
    "*Gehe deshalb auch nicht ins Theater
    und lese auf keinen Fall Liebesgedichte.*" (Ovid, a.a.O., S. 227)

Übung:
Was muss alles von Ihren Erinnerungen vernichtet werden, um jede Erneuerung der Liebe zu verhindern?

18. Den Rivalen ausschalten
 „Sei überzeugt, im Bette liege sie immer allein.
 Grüß den Rivalen, wenn du ihn triffst.
 Kannst du ihn küssen sogar, dann bist du gesund." (Ovid, a.a.O., S. 231)

Übung:
Wie kann die Eifersucht auf den Rivalen entschärft werden? Legen Sie eine Liste an.

19. Achte auf Diät und trinke nicht
 „Wein macht zur Liebe bereit." (Ovid, a.a.O., S. 231)
 „Entweder kein Rausch oder so stark, dass er die Sorgen wegnimmt."
 (Ovid, a.a.O., S. 231)

Übung:
Betäuben Sie sich bei Liebeskummer mit Alkohol oder benutzen Sie Alkohol für neue Eroberungen?

20. Singe
 „Frau und Mann soll das Lied wieder gesund machen."
 (Ovid, a.a.O., S. 233)

Übung:
Welche Musik tröstet Sie bei Liebeskummer?

Sehen wir uns nun ein Bild der verspielten Liebe an:

Das Bild der verspielten Liebe bei Ovid

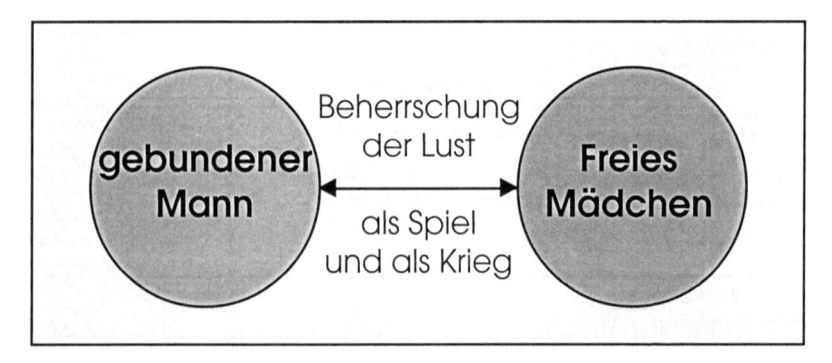

```
   ┌─────────────┐   Beherrschung      ┌─────────────┐
   │ gebundener  │     der Lust        │   Freies    │
   │   Mann      │ ◄──────────────►    │  Mädchen    │
   │             │     als Spiel       │             │
   │             │   und als Krieg     │             │
   └─────────────┘                     └─────────────┘
```

Übung:
Geben Sie eine Definition der verspielten Liebe.

3. Ovid

8 n.Chr. verfasste Ovid die Bibel der Antike, die „**Metamorphosen**". Sie gestalteten den Wandel der Welt, der Dinge und Lebewesen. Der 1. Teil der Metamorphose schildert den Übergang vom Chaos zur Ordnung beim Beginn der Welt. Der 2. Teil besingt die Weltzeitalter. Der 3. Teil stellt die Odyssee und die Aeneis, die Sage um den Kampf Trojas dar. In den Metamorphosen tritt der antike Philosoph Pythagoras auf (Ovid: Metamorphosen. Frankfurt 1998. XV, 75-478) Pythagoras verkündet die Philosophie Ovids, in der auch die Philosophie der Lust seinen Platz gewinnt. Heraklitisch ist die Basis der Ovidschen Philosophie: „Es ist nichts auf der Welt, das Bestand hat. Alles fließt." (Ovid: Metamorphosen. XV, 177ff) Aber wenn sich auch alles wandelt, so bleibt doch das Sein im Wandel erhalten. Materialistisch im Sinne Epikurs versteht Ovid die Welt, und in dieser Welt bleiben die Liebe und ihre Wandlungen und Dramen das Entscheidende. Die Metamorphosen schildern in vielen Paaren die Dramatik der Liebe, z.B. die Liebe des Narzissten, den die Selbstliebe zerstört oder die Liebe des Daedalus, den die Liebe zur Sonne verbrennt. Oder die Liebe des Orpheus, der um Eurydike zu retten, in die Unterwelt fährt und scheitert.

8 n.Chr. scheitert auch Ovids Leben. Er wird von Kaiser Augustus nach Tomi am Schwarzen Meer verbannt, an die äußerste Grenze des römischen Reiches. Ovid schreibt über den Grund dieser Verbannung: „Ich werde beschuldigt, durch schändliche Dichtung schamlosen Ehebruchs Lehrer geworden zu sein." (Ovid: Tristien II, 207f). Die Strafe für die Veröffentlichung seiner Liebeskunst erreichte Ovid acht Jahre nach dem Erscheinen dieses Buches. Tomi hatte kurze Sommer und lange kalte Winter. Ovid erleidet alle Tiefen des Exils, das über zehn Jahre dauern sollte. Als Grabspruch bat er seine in Rom gebliebene dritte Ehefrau folgenden Text zu schreiben:

„Der ich hier liege,
ein Sänger der zärtlichen Liebesgefühle,
bin ich gewesen.

Der du vorbeikommst,
liebtest Du sehr,
so mögest du gerne sagen:
Sanft in der Grube soll ruhen Ovids Gebein."

(Ovid: Tristien III, 373ff)

Ovid wird die Heimkehr nach Rom nicht gestattet. Er überlebt die Isolationsfolter des Exils, weil er sich dem Gott der Philosophie und Poesie verbunden weiß. Alles ist vergänglich, nur der Trost der Philosophie nicht. Das ist letztlich Ovids Alterstrost. Im harten Winter 17/18 n.Chr. ist Ovid in Tomi, fast 60 Jahre alt, gestorben. Sein Ruhm ging nicht unter. Noch im tiefen Mittelalter wurde von fahrenden Sängern, wie dem Archipoeta oder dem verschollenen Dichter Villon Ovids Liebe zu Venus und Bacchus gedacht. In der Renaissance des 18. Jahrhunderts und im Barock des 16. Jahrhunderts wurden die Schlösser mit Szenen aus Ovids Schriften geschmückt.

Literatur zu Ovid

Ovid: Amores. Liebesgedichte. Berlin 1965
Ovid: Ars amatoria (Liebeskunst). Stuttgart 1999
Ovid: Heilmittel gegen die Liebe. Berlin 1960
Ovid: Liebesbriefe. Düsseldorf 1995
Ovid: Metamorphosen. Frankfurt 1998
Ovid: Liebeslust, Düsseldorf 1999

Döpp, S.: Werke Ovids. München 1992
Giebel, M.: Ovid. Reinbek 1999
Holzberg, N.: Ovid. Dichter und Werk. München 1997
Munari, F.: Ovid im Mittelalter. Zürich 1960
Stroh, W.: Ovid im Urteil der Nachwelt. Darmstadt 1969

Amor, der Liebesgott, reitet auf einem überdimensionalen Penis.
(Stich nach einer antiken Gemme)

4. Augustinus (354-430 n.Chr.): Die asketische Liebe

Schon in der Antike gab es viele Stimmen, die vor der Lust am Geschlechtsverkehr warnten. (Vgl. M. Foucault: Vom Gebrauch der Lüste. Frankfurt 1992) Die Stoiker wollten sogar „den Geschlechtsverkehr nur ausüben, um Kinder hervorzubringen." (P. Brown: Die Keuschheit der Engel. Sexuelle Entsagung, Askese und Körperlichkeit im frühen Christentum. München 1994, S. 34) Das stoische Ehegemach sollte eine Schule des gesitteten Verhaltens sein. Allerdings hatten auch die stoischen Männer sexuelle Freiheiten, die den Frauen nicht gestattet wurden. Selbst der Philosophen-Kaiser Marc Aurel, ein Vorbild an stoischer Beherrschung, „fühlte sich keineswegs an dauernde sexuelle Enthaltsamkeit gebunden. Anstatt sich neu zu verheiraten, verbrachte er seine späteren Jahre mit einer Konkubine." (P. Brown, a.a.O., S. 43)

Augustinus

Mit der christlichen Bewegung des 2. und 3. Jahrhunderts nach Christus wurde die Sexualität extrem politisiert. „Sexueller Verzicht konnte die Christen dazu führen, den Körper zu verwandeln und auf diesem Weg mit der aufdringlichen Disziplin des antiken Staates zu brechen." (P. Brown, a.a.O., S. 45) Die asketische Liebe wurde damit zu einem Mittel der Zerstörung des antiken Staates.

Übung:
Unter welchen Bedingungen würden Sie in einen Zeugungsstreik treten?

Die frühen Christen wollten mit ihrer sexuellen Askese Geburt und Tod ein Ende setzen. Die kurzfristige Erwartung des Messias ließ Sexualität als überflüssige und langfristige Fortpflanzung erscheinen. Jesus selbst war mit 30 Jahren nicht verheiratet und warnte eindringlich: „Wer eine Frau ansieht, sie zu begehren, der hat schon mit ihr die Ehe gebrochen in seinem Herzen."

Der Apostel Paulus von Tarsos sah die Welt von der Sexualität zerstört. „Weder der Unzüchtige noch der Götzendiener, der Ehebrecher, der passive oder aktive Homosexuelle werden das Reich Gottes je erben", schrieb er. Gegenüber den Korinthern lobte er seine sexuelle Askese: „Man kann schon im Notfalle heiraten, aber ich wollte wohl lieber, alle Menschen wären wie ich bin." (Die Bibel. Übers. M. Luther. Stuttgart 1961, S. 176) Paulus beschränkte Sexualität auf verheiratete Ehepaare, „denn es ist besser zu heiraten, als sich in Begierden zu verzehren." (Die Bibel, a.a.O., S. 176)

Übung:
Soll Sexualität auf die Ehe beschränkt bleiben? Bitte Pro- und Contra-Argumente auflisten.

Sexuelle Abstinenz war bei den frühen Christen ein Zeichen für die Nähe zu Gott. Der Kirchenvater Tertullian schrieb: „Durch die Enthaltsamkeit wirst du dir nämlich einen großen Gewinn an Heiligkeit erwerben." Seit dem späten zweiten Jahrhundert wurde christliche Sexualaskese zum Projekt „Menschenflucht". Eine radikale Enthaltsamkeit hätte für die Zukunft der Menschheit folgende Bedeutung: Ohne Sexualität würde jede Art von Fortpflanzung, aber auch Geburt und Tod, aufgehoben. Ohne Sexualität würde damit für den Menschen Entstehen und Vergehen verschwinden. Ohne Sexualität würde der Mensch im Augenblick des Orgasmus nicht mehr bewusstlos und aus Begierde nach der Sexualität nicht mehr zum Tier. Den eigenen Tod konnte man nicht verhindern, aber der Fortpflanzung konnte man durch Enthaltsamkeit selbst ein Ende setzen. „Den Zauber des Bettes zu brechen, bedeutete für die frühen Christen, den Zauber der Welt zu brechen." (P. Brown, a.a.O., S. 113) Der Kampf der Geschlechter käme ohne Sexualität zum Erliegen. Die tragische und unnötige Spaltung von Mann und Frau, unter der alle Geschlechter leiden, würde ohne Sexualität einfach verschwinden.

Übung:
Wie versuchen Sie, die negativen Folgen der Sexualität zu verhindern?

Die christliche Sexualaskese wurde durch die Askese der Gnostiker noch überboten. Die Gnostiker als Konkurrenten des frühen Christentum, warnten: „Geschlechtsverkehr zu haben, bedeutet, den menschlichen Körper dem Feuersturm zu öffnen, der durch das teuflische Universum tobt." (P. Brown, a.a.O., S. 131) Der bedeutende Kirchenvater Origines ließ sich 206, als junger Mann von 20 Jahren, von einem Arzt kastrieren und gab das Signal für eine weite Verbreitung der Kastration in christlichen Kreisen bis hinein ins 3. und 4. Jahrhundert. (P. Brown, a.a.O., S. 492, Fußnote 47) Ohne Sexualität keine Heirat, ohne Heirat keine sozialen Zwänge, ohne soziale Zwänge keine Verurteilung zur Rolle des Mannes und ohne Mannsein jeder Besitz der Freiheit für die geistige Erhebung zu Gott, so lautete z.B. die Argumentation des Origines gegen die Sexualität.

Übung für den männlichen Leser:
Schließen Sie die Augen. Stellen Sie sich vor, wie Sie Ihre Rolle als Mann überwinden können. Schreiben Sie Ihre Vorstellungen auf.

4. Augustinus

Der spätere Kirchenvater Methodius stellte die Geschichte der Menschheit als Überwindung der Sexualität dar. Am Ende der Geschichte würde alle Leidenschaft verbraucht sein und die Menschheit könnte still in die ewige Ruhe eingehen, so dachte Methodius.

Übung:
Wie stellen Sie sich die Zukunft bzw. das Ende der Menschheit in sexueller Hinsicht vor?

Der Prophet Mani (216-277), der Begründer des Manichäismus, nahm an, dass die Sexualität den Körper in die Finsternis taucht und die Enthaltung der Sexualität ihn ins Licht führen würde.

In diesem Umfeld ist die Entstehung der Theorie der Sexualität durch Augustinus zu verstehen.

Der große Kirchenvater Augustinus wurde 354 in Thagaste (Nordafrika) geboren. Seine Mutter war Christin, sein Vater religiös indifferent. Augustinus hing sehr an seiner Mutter. Seine spätere Einstellung zur Sexualität wurde nachdrücklich von seiner Mutterbindung bestimmt. Augustinus wurde Rhetoriklehrer und lebte noch während des Studiums mit einer Konkubine zusammen. Sie hatten zusammen den Sohn Adeodatus. 373 schloss sich Augustinus für 10 Jahre den Manichäern an, blieb aber ohne ihre höheren Weihen und konnte deshalb sein Liebesleben fortführen. Allerdings wurde ihm die manichäische Lustabwertung sehr vertraut. „Geschlechtsverkehr war in den Augen der Manichäer, besonders wenn er zur Hervorbringung von Kindern ausgeübt wurde, Zusammenarbeit mit der unbedachten Ausdehnung des Reiches der Finsternis auf Kosten der spirituellen Reinheit, die sich mit dem Reich des Lichtes verband." (P. Brown, a.a.O., S. 399)

Lesender Augustinus
Fresko von Benozzo Gozzoli 1464/65.
San Gimingano. Sant'Agostino

383 ging Augustinus von Afrika nach Rom und weiter nach Mailand. Er machte in Mailand Karriere als Rhetorik-

professor. Auf Betreiben seiner Mutter trennte er sich dann nach 13 Jahren von seiner Konkubine, die nach Afrika zurückkehrte. Augustinus wählte nun eine andere Konkubine, ohne auf die von der Mutter erhoffte Heirat mit einem vorgeschlagenen Mädchen aus besseren Kreisen einzugehen. 386 bekehrte er sich dann endgültig zur sexuellen Askese. Die Beschäftigung mit der neoplatonischen Philosophie „ließen ihn nun die körperliche Lust schattenhaft, ja abstoßend erscheinen." (P. Brown, a.a.O., S. 402)

387, nachdem die Mutter in Ostia bei Rom gestorben war, kehrte Augustinus mit einigen engen Freunden, die sich alle zur Askese bekehrt hatten, nach Afrika zurück. Er gründete in Afrika ein Kloster und ließ sich 391 zum Priester weihen. 395 wurde er zum Bischof von Hippo gewählt. 430 ist er dann in Hippo gestorben.

Als Bischof legte er sich selbst und seinem Klerus strikte Regeln für sexuelle Vermeidung auf. „Er besuchte nie ohne Begleitperson eine Frau und gestattete nicht einmal seinen eigenen weiblichen Verwandten, den Bischofspalast zu betreten." (P. Brown, a.a.O., S. 405)

Augustinus hat als Mönch und Priester ein riesiges Werk verfasst, das einige zentrale Thesen zur Sexualität enthält, die für das Abendland maßgeblich werden sollten. Wir wollen hier nur drei Schriften von Augustinus heranziehen: „Über die Ehe" (392 n.Chr.), „Die Bekenntnisse" (401) und „Die Gottesbürgerschaft" (426).

In „**Über die Ehe**" lobt Augustinus die treue lebenslängliche Bindung, weil sie „jegliche Begehrlichkeit in die rechte eheliche Fessel schlägt, dass sie nicht missgestaltet und ausschweifend sich herumtreibe." (Augustinus: Das Gut der Ehe. Würzburg 1994, S. 7) Die Sexualität erscheint als gefährlicher Gegner des Menschen. „Ihr eigenes Wesen treibt sie zu maßloser geschlechtlicher Befriedigung." (Augustinus, a.a.O.) „Ehebruch und Hurerei indessen bringen eine tödliche Verschuldung mit sich. Aus diesem Grund ist die Enthaltsamkeit von jeglichem Geschlechtsverkehr gewiss höher zu bewerten als selbst der eheliche, der Zeugung dienende Liebesakt." (Augustinus, a.a.O., S. 9) Die sexuelle Askese wird bei Augustinus zum höchsten Gut. Die Ehe, zum Zwecke der Kinderzeugung, ist nur für die, die sich „nicht enthalten können." (Augustinus, a.a.O., S. 15) In der Ehe ist die Sexualität aber so zu zügeln, dass „sie nicht bloße Wollust ist." (Augustinus, a.a.O,. S. 23)

Übung:
Schließen Sie die Augen. Stellen Sie sich vor, Sie würden sexuell asketisch leben. Mit welchen Argumenten würden Sie diese Lebensform heute begründen?

4. Augustinus

Die Bedeutung der Sexualität für die individuelle Entfaltung des Menschen will Augustinus nicht anerkennen. Augustinus wollte nicht verstehen, „dass sexuelle Lust die Beziehungen zwischen Ehemann und Ehefrau bereichern können." (P. Brown, a.a.O., S. 411) Damit sind weitreichende Folgen für das zwischenmenschliche Zusammenleben in die Welt gesetzt. Für Augustinus gibt es als erste Liebe nur die tiefe Liebe des Menschen zu Gott. Die Liebe zwischen den Menschen wird völlig abgewertet. Die Frau wird als Folge dieser Abwertung zum nachrangigen Wesen stigmatisiert. Als bibelfester Christ hatte Augustinus natürlich Probleme mit der verbreiteten Mehrehe der Patriarchen des Alten Testaments, wie z.b. Jakob und David, die viele Frauen besaßen und mit ihnen viele Kinder zeugten. Augustinus stellte aber fest: „Die heiligen Männer des Alten Testaments hatten in der Mehrehe nur ihre Pflicht erfüllt und keine Befriedigung der Leidenschaft gesucht." (Augustinus: Das Gut der Ehe, a.a.O., S. 22) Sexualität hätte z.b. der Urvater Abraham nur in einer „Heiligen Gesinnung" vollzogen. Wenn sie zeugten, dann versuchten alle nur, den „prophezeiten Christus" zu zeugen." „Weswegen sie im Geschlechtsverkehr ... nur das suchten, was Christus nützen könnte, der im Fleische kommen sollte." (Augustinus, a.a.O., S. 41) Da Christus nun gekommen war, war der Übergang von der Mehrehe zur Einehe richtig und es bestand gar kein Widerspruch mehr zur Ehepraxis der polygamen Patriarchen im Alten Testament.

Übung:
Erklären Sie den Übergang von der jüdischen Mehrehe zur christlichen Einehe. Entwickeln Sie eine These.

In seinen „**Bekenntnissen**" (401 n.Chr.) machte sich Augustinus große Vorwürfe wegen „nasser Träume", nämlich Träumen, in den er ejakuliert hatte. Er bat Gott um die Kraft der „Enthaltsamkeit". „Gewiss verlangst du", betete er zu Gott, „dass ich mich enthalte von Fleischeslust, Augenlust und Hoffart dieser Welt." (Augustinus: Bekenntnisse. Frankfurt 1961, S. 194)

Übung:
Schreiben Sie ein Gebet um Enthaltsamkeit oder um Wollust. Entscheiden Sie sich aber vorher, an wen Sie dieses Bitt-Gebet richten.

Die „Bekenntnisse" des Augustinus sind ein vernichtendes Urteil über Augustinus' eigene Sexualität. Er verurteilt sich selbst schon als Embryo. „Ich wurde in Bosheit empfangen und meine Mutter nährte mich in Sünden in ihrem Schoß." (Augustinus: Bekenntnisse, a.a.O., S. 13) Als sein Vater von Augustinus' Erektion als 16-Jähriger in der Badeanstalt der Mutter erzählte,

„fuhr sie auf und erzitterte in frommer Angst." (Augustinus: Bekenntnisse, a.a.O., S. 28) Seine erwachsene Sexualität mit seiner Konkubine bezeichnete er als „Verwildern im Wechsel tagscheuer Liebesfreuden." (Augustinus: Bekenntnisse, a.a.O., S. 26) Augustinus glaubte, die Sexualität macht alle Menschen „zu Angehörigen einer einzigen Stadt, der Stadt der Verdammten." Er meinte, „alle Menschen wären Bürger Babylons von Geburt." (P. Brown, a.a.O., S. 437) Von sexueller Liebe hat Augustinus den Rest seines Lebens „nur mit Zeichen des Abscheus gesprochen." (K. Flasch: Augustin. Stuttgart 1994, S. 135)

Übung:
Schließen Sie die Augen. Stellen Sie sich Ihre sexuellen Erlebnisse vor.
Beschreiben Sie Ihre Sexualbiographie in einem Satz.

In der „**Gottesbürgerschaft**", seinem Hauptwerk von 426, geht Augustinus davon aus, dass alle Menschen durch die Sünde Adams verdammt sind. Schon vor der Geburt jedes Menschen hat Gott festgelegt, ob der Neugeborene zu den Verdammten oder Erlösten gehören soll. Der göttliche Wille ist durch menschliches Bemühen nicht beeinflussbar. Nur die Gnade, die selten gewährt wird, trifft eine kleine Minderheit. Die Erbsündenlehre Augustinus' verschärft die Geringschätzung der Sexualität. Die Sünde des Menschen vererbt sich für Augustinus nämlich durch den Geschlechtsakt. Aus jener ersten Sünde Adams mit Eva geschlechtlich zu verkehren, „stammt der Ursprung des Todes." (Augustinus: Die Gottesbürgerschaft. Frankfurt 1961, S. 85) „So ist es unter Christen ... eine ausgemachte Sache, dass auch der leibliche Tod den Menschen nicht durch Naturgesetz auferlegt ist, ... sondern aufgrund eigener Sündenschuld." (Augustinus: Die Gottesbürgerschaft, a.a.O., S. 86) Augustinus stützt sich bei seiner These „Sexualität ist der Ursprung des Todes" auf die Bibel. In Moses 1,3 wird berichtet, dass Eva Adam zum Essen des Apfels vom verbotenen Baum der Erkenntnis verführt. Die Folge: „Da wurden ihrer beiden Augen aufgetan und sie wurden gewahr, dass sie nackt

Adam und Eva im Paradies

4. Augustinus

waren; und sie flochten Feigenblätter zusammen und machten sich Schürze." (Die Bibel. Übers. M. Luther. Stuttgart 1961, S. 7) Dann greift Gott ein und benannte als Strafe für Eva: „Ich will dir viel Schmerzen schaffen, wenn du schwanger wirst und du sollst mit Schmerzen Kinder gebären, und dein Verlangen soll nach deinem Mann sein und er soll dein Herr sein." (Die Bibel, a.a.O., S. 7)

Nach Augustinus belegt diese Bibelstelle, dass Adam und Eva vor dem Apfeldiebstahl keine Sexualität hatten und deshalb unsterblich waren. Nach dem Apfeldiebstahl entdeckten sie ihre Sexualität, ihre Scham vor dem Orgasmus, die Möglichkeit der Zeugung von Nachwuchs und die Unterordnung der Frau unter den Mann sowie die Schmerzen der Schwangerschaft und der Geburt. Damit wurden sie der Sterblichkeit und dem Zusammenhang von Orgasmus, Leben und Tod unterworfen.

Übung:
Erscheint Ihnen Sexualität wie ein „Todesurteil" für Sie selbst, wie für die Kinder, die Sie vielleicht zeugen oder gebären?

Für Augustinus ist die Sache entschieden, soweit der Mensch nach seinen Lüsten lebt, „ist er dem Teufel ähnlich." (Augustinus: Die Gottesbürgerschaft, a.a.O., S. 19)

Der Mensch ist aber ein armer Teufel, weil er die Sexualität nicht beherrschen kann. Die Sexualität bringt für Augustinus den „ganzen Menschen in Wallung, worauf seine Wollust folgt, mit der keine andere körperliche Lust zu vergleichen ist, die, auf ihrem Höhepunkt, fast alles Denken und Wachbewusstsein auslöscht." (Augustinus: Die Gottesbürgerschaft, a.a.O., S. 91) Die Auslöschung der Denk- und Bewusstseinsfähigkeit auf dem Höhepunkt des Orgasmus ist für Augustinus ein Zeichen, dass der Mensch wie schon Adam, durch Sexualität völlig der Ohnmacht und dem Verlust des Bewusstseins ausgeliefert wird. „Sexuelle Lust und die Wildheit der sexuellen Regungen beweisen für Augustinus die Erbsünde ... Das Fleisch gehorcht nicht dem Willen." (K. Flasch, a.a.O., S. 210)

Übung:
Fühlen Sie sich durch den Orgasmus der Ohnmacht nahe? Was ist Ihre Begründung für diese Ohnmacht? Schreiben Sie den Satz weiter „Die Erfahrung der Ohnmacht im Orgasmus bedeutet..."

Außerdem erweitert Sexualität die Ohnmacht des Willens des Menschen. Der Mensch kann nämlich seine Sexualität nicht bewusst lenken. Die sexuelle Reaktion von Mann und Frau erfolgt spontan, unabhängig von deren Willen.

Das ist ein weiterer Grund für die kritische Haltung von Augustinus zur Sexualität. Wer am Orgasmus Freude hat, „gerät nicht, wann er will ... in solche Erregung, sondern bisweilen stellt sie sich plötzlich ein, wenn niemand danach verlangt, bisweilen verlässt sie den Schmachtenden und während die Begierde in der Seele glüht, erkaltet sie im Leibe." (Augustinus: Gottesbürgerschaft, a.a.O., S. 91)

Übung:
Entzieht sich die Lust am Orgasmus Ihrem Willen? Wie gehen Sie mit der Spontaneität des Orgasmusimpulses um? Schließen Sie die Augen und stellen Sie sich diese beiden Fragen, um Antworten zu finden.

Die Lust am Orgasmus spaltet den Geist, „der sie zügeln will, ja sie spaltet sich nicht selten und gerät dadurch in Widerspruch mit sich selbst ... Mit Recht schämt man sich dieses Triebes sehr, und mit Recht werden die betreffenden Glieder ... Schamteile genannt." (Augustinus: Gottesbürgerschaft, a.a.O., S. 91)

Übung:
Schämen Sie sich heute Ihrer sexuellen Widersprüche und Ihrer Sexualorgane, nämlich Ihrer Schamteile? Schreiben Sie den Satz weiter „Meine Schamteile ..."

Augustinus leitet also das Elend des menschlichen Lebens nahezu einseitig aus der Sexualität ab. (Vgl. U. Neumann: Augustinus. Reinbek 1998, S. 73) Augustinus wird so zu einem der Urheber eines unnatürlichen und verkrampften Umganges mit der Sexualität. Kaum ein Philosoph hat sich so sehr mit der Sexualität befasst wie er. Augustinus' Sexualfeindschaft hat aber „die Lebensgeschichte vieler Einzelner bis in die Gegenwart mit quälenden Spannungen belastet." (K. Flasch: a.a.O., S. 212)

Übung:
Prüfen Sie, ob Ihre Sexualängste durch die christliche Sexualfeindschaft beeinflusst wurden. Stellen Sie sich alle Ihre sexuellen Belehrungen und Ihre Urheber vor Augen. Schreiben Sie dann ein kleines Portrait Ihrer sexuellen Lehrer und Lehrerinnen.

Für Augustinus erhellte die Sexualität die Tiefen des Unbewussten. „Sexuelle Phantasien registrierten Prozesse, die außer Sichtweite in den Tiefen des Ichs lagen." (P. Brown: a.a.O., S. 430) Die Begegnung mit dem sexuellen Unbewussten war offensichtlich für Augustinus der Kern seiner Sexualangst.

4. Augustinus

Übung:
Was haben Sie über Ihr Ich schon durch Ihre sexuellen Tagträume gelernt? Ziehen Sie eine kurze Bilanz.

Sehen wir uns nun ein Bild der asketischen Liebe an.

Das Bild der asketischen Liebe bei Augustinus

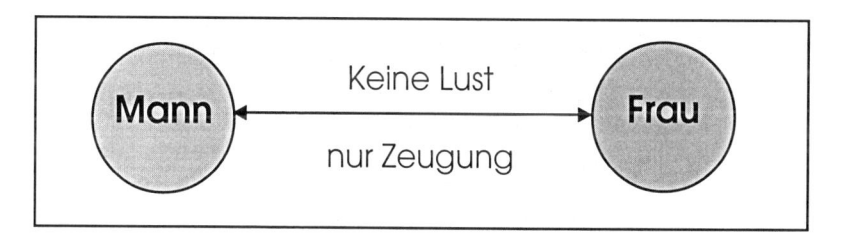

```
  Mann  ←  Keine Lust  →  Frau
          nur Zeugung
```

Übung:
Geben Sie eine Definition der asketischen Liebe.

Literatur zu Augustinus

Augustinus: Das Gut der Ehe. Würzburg 1994
Augustinus: Bekenntnisse. Frankfurt 1961
Augustinus: Die Gottesbürgerschaft. Frankfurt 1961
Aries, P., Bejin, A. (Hrsg.): Die Masken des Begehrens und die Metamorphosen der Sinnlichkeit. Zur Geschichte der Sexualität im Abendland. Frankfurt 1984
Brown, P.: Augustinus von Hippo. Frankfurt 1982
Brown, P.: Die Keuschheit der Engel. Sexuelle Entsagung, Askese und Körperlichkeit im frühen Christentum. München 1994
Denzler, G.: 2000 Jahre christliche Sexualmoral. Weyarn 1997
Deschner, K.: Das Kreuz mit der Kirche. Eine Sexualgeschichte des Christentums. Düsseldorf 1974
Die Bibel. Übers. M. Luther. Stuttgart 1961
Flasch, K.: Augustin. Stuttgart 1994
Foucault, M.: Vom Gebrauch der Lüste. Frankfurt 1992
Kondylis, P.: Der Philosoph und die Lust. Frankfurt 1991
Kreuzer, J.: Augustinus. Frankfurt 1995
Neumann, U.: Augustinus. Reinbek 1998

5. Yoginen (8.-12. Jahrh.n.Chr.):
Die tantrische Liebe

Bei der Entwicklung der Sexualität gibt es im Weltmaßstab durchaus gravierende Ungleichzeitigkeiten. Um einen eurozentrischen Standpunkt zu relativieren, sollten wir nun einen kurzen Blick nach Indien werfen.

Mit dem Mahayana-Buddhismus, der sich ab dem 4. Jahrhundert in Indien entwickelte, traten auch weibliche Buddhas auf. Sie lehrten als philosophische Avantgarde einen neuen Weg der Befreiung, die Befreiung durch Sexualität. Sie stellten eine Gegenbewegung gegen den asketischen Klosterbuddhismus dar, der, wie in Europa das Christentum, frauen-, lust- und körperfeindlich war. Diese Gegenbewegung, die als Tantrismus bekannt wurde, glaubte auch, dass der historische Buddha seine eigentliche Erlösung in der Vereinigung mit seiner Frau Gopa erlebte, ehe er in die asketische Einsamkeit ging. Die tantristische Liebe lehrte nun, wie sexuelles Begehren von alltäglicher Leidenschaft zu spiritueller Ekstase werden kann. Der Tantrismus brach mit der Idee der einsamen, bloß geistigen Meditation als Weg zur Befreiung und stellte das Modell der gemeinsamen Befreiung von Mann und Frau vor. Diese spirituelle Dyade hat durchaus Vorteile, denn „die zusätzliche Energie des Partners erhöht die Intensität und die Kraft der sexuellen Meditation." (M. Shaw: Frauen, Tantra und Buddhismus. Frankfurt 2000, S. 206) Der Tantra brach mit den religiösen Institutionen, indischen Kasten, der Unterdrückung der Frau, also mit allen sozialen Aspekten, mit denen die Sexualität verteufelt und entspiritualisiert wird.

Übung:
Was halten Sie von einer spirituellen Dyade als Grundlage für die Befreiung vom Leiden des Lebens? Antworten Sie in einem Satz.

Die wichtigste Tantrikerin Sahajayoginchinta stellte die 5 Bewusstseinsstufen zur Erlangung des Überbewusstseins durch sexuelle Ekstase folgendermaßen dar. Ausgang war ihre Überlegung, dass das nichtdualistische Bewusstsein das Tor zur Ekstase ist, weil in diesem Bewusstsein das Ich und das Du verschmelzen.

Der Prozess der Bewusstseinsveränderung beginnt im sexuellen Akt im Vorspiel, wenn Mann und Frau sich aneinander entzücken. Dabei schwindet das Alltagsbewusstsein der Subjekt-Objekt-Spaltung.

5. Yoginen

- Die 1. Bewusstseinsstufe, nämlich „Annehmlichkeit", entsteht bei körperlicher Berührung und bei Liebeslauten.
- Die 2. Bewusstseinsstufe als „Wohlbefinden" tritt ein, wenn Mann und Frau sich vereinen. Dabei ist die Frau aktiv.
  „Sie vereint sich mit ihm, bewegte die Lotusblüte (ihr Genital), die den Regen der Wonne bringt."
  (M. Shaw, a.a.O., S. 262)
- Die 3. Bewusstseinsstufe als „Peak-Erfahrung" ist im Bewusstsein erreicht, wenn die Subjekt-Objekt-Spaltung sich ganz aufhebt.
  „Schließlich weiß man nicht mehr, wer der andere ist und was einem geschieht." (M. Shaw, a.a.O., S. 264)
- Jenseits der Peak-Erfahrung erschließt sich als 4. Bewusstseinsstufe das Überbewusstsein wie Sahajayoginchinta feststellt: „Die menschliche Wonne ... ist eben da, wo sie zur spirituellen Ekstase wird ... frei von begrifflichem Denken, ist sie die Essenz der selbsterscheinenden Weisheit an sich." (M. Shaw, a.a.O., S. 266)

Übung:
Kennen Sie jenseits Ihres Alltagsbewusstseins einige dieser Bewusstseinsstufen des Glücks? Machen Sie sich einige Notizen.

Auf der Stufe des Überbewusstseins wandelt sich die Welt in ein Paradies. Nach der sexuellen Vereinigung kehrt der Geist aus der Subjekt-Objekt-Verschmelzung wieder in die Dualität des Alltagsbewusstseins zurück. Beide Partner praktizieren als Folge des erlebten Überbewusstseins dann die Praxis des Mitleids und der tätigen Hilfe für Menschen, die ihr inneres Licht und ihr Überbewusstsein noch nicht erfahren haben.

Sahajayoginchinta, die diese Lehre einer Gruppe von Tantristen vortrug, war erst Weinhändlerin eines Königs, ehe sie mit ihrem spirituellen Gefährten in ein kleines Dorf zog und Schweine hütete. Als Außenseiterin der Gesellschaft konnte sie ihren Tantrismus unkontrolliert praktizieren und auch einige Schüler ausbilden.

Eine andere Tantrikerin, die Vajayogini, beschreibt die Phasen der sexuellen Befreiung folgendermaßen:

> 1. Phase: Rückzug in die Intimität
> Mann und Frau ziehen sich in eine Einsiedelei zurück. Der Mann unterwirft sich der Frau, die nun die aktive Rolle spielt.
>
> 2. Phase: Vorspiel
> Der Mann wird sich der Frau anschmiegen und am ganzen Körper küssen.
>
> 3. Phase: Vereinigung
> „Lass das vollkommen erwachte Zepter in die Öffnung der Mitte des Lotus eintreten." (M. Shaw, a.a.O., S. 220) Bei der Vereinigung werden die Stellungen oft gewechselt. Der Mann liegt auf dem Rücken, die Frau auf ihm. Beide schaukeln. Auch orale Techniken werden benutzt.
>
> 4. Phase: Vermischung der sexuellen Sekrete
> Diese Vermischung wird durch spirituelle Meditation unterstützt. Der Mann visualisiert das weibliche Geschlechtsorgan als Mandala, die Frau das männliche Geschlechtsorgan als Buddha-Penis. Die entstehende Energie leitet das Paar durch die Rücken-Chakras in das Scheitel-Chakra über dem Kopf.
>
> 5. Phase: Entstehung des Überbewusstseins
> Auf dem Gipfel der Wollust wird die Erkenntnis der Lehre der Welt und aller Lust vorgestellt. Alle Liebesobjekte sind Schein. Die Aufgabe jedes Objektes bei Mann und Frau eröffnet als Gipfel des Orgasmus „die grenzenlose Weite des himmelsgleichen Gewahrseins." (M. Shaw, a.a.O., S. 228)

Übung:
Welche Phasen des sexuellen Aktes kennen Sie?

Das Überbewusstsein wird durch viele Techniken der Visualisierung im Akt stimuliert. Zu diesen Techniken zählt auch die Mandala-Meditation. Diese Mandala-Meditation beginnt mit der Vorstellung eines vereinigten Paares als Zentrum des Mandalas und entwickelt sich weiter zur Auflösung des Mandalas, bis nur noch das Paar übrig bleibt. (M. Shaw, a.a.O. S. 232)

Übung:
Visualisieren Sie die Mandala-Reduktion mit einem imaginären Partner bzw. mit einer imaginären Partnerin. Stellen Sie sich dann ein neues

5. Yoginen

Mandala aus reinem Licht vor. Beschreiben Sie dieses Licht-Mandala und versuchen Sie, es auch zu malen.

Schließlich kennt die Tantrikerin Vajayogini noch eine 6. Phase. Diese 6. Phase ist die Rückkehr in den Alltag. Alle Alltagsaktivitäten werden wieder aufgenommen, aber unter der Perspektive, dass sie Schein sind. Bei den Tantrikern herrscht das Bewusstsein vor, dass das vollkommene Glück im sexuellen Akt ohne Sperma-Ejakulation lange andauert und zur Aufgabe des Anhaftens an die Welt führt.

Diese spirituelle Sexualität der Tantristen wird im Europa des Augustinus nur als Auslöschung der männlichen Vernunft betrachtet. Auch die Tantristen sehen zur Erreichung der sexuellen Befreiung bestimmte Voraussetzungen, die darin bestehen, dass Mann und Frau die „Stufen der Visualisation gemeinsam durchlaufen, ihren Geist aufeinander einstellen und ihre Energien für die gemeinsame Reise verbinden. Durch die Abstimmung ihres Geistes und ihres Körpers und den Austausch von Gedanken, Atem und Sekreten kann der Erfolg des einen Partners auf einer bestimmten Stufe die des anderen Partner durchaus beflügeln." (M. Shaw, a.a.O., S. 235f.)

Der weibliche Buddha Vajayoginī.
(indischer Tantrismus (3. Jh. n.Chr.)

Übung:
Welche Visualisierungsstufen haben Sie sich mit Ihrem Partner/Ihrer Partnerin schon in der Liebe erarbeitet?

Das Überbewusstsein wird im Tantrismus durch die Schaffung, Zerstörung und Transformation „eines gemeinsamen visionären Universums hergestellt." (M. Shaw, a.a.O., S. 236)

Übung:
Welches gemeinsame visionäre Universum haben Sie mit Ihrer Partnerin/ Ihrem Partner im Akt schon geschaffen? Diese Frage lässt sich von denen nicht beantworten, die den Liebesakt immer noch sprach- und bildlos vollziehen.

Durch das Verschmelzen mit der Energie und dem Geist des Partners wird die Befreiung vom Ich in lustvoller Weise vollzogen. Für diese Befreiung müssen allerdings beide Partner gut ausgebildet sein. Sie müssen sexualstimulierende Techniken beherrschen. Sie müssen visualisieren und gemeinsam meditieren können. Sie müssen aber auch über Loyalität, Geheimhaltung und Reinheit verfügen. (M. Shaw, a.a.O., S. 244) Die Befreiung vom Ich beruht auf strenger Gleichheit zwischen Mann und Frau, wie sie im Europa des Augustinus überhaupt nicht vorstellbar war. Tantrische Liebe ist in Indien zur Zeit der Hochblüte des mittelalterlichen Christentums ein Prozess auf Gegenseitigkeit. Keiner kann sein Ich auf Kosten eines anderen befreien. Mann und Frau sind Kooperationspartner der spirituellen Erlösung.

Übung:
Wie weit sind Sie in der vollständigen Gleichheit und Gleichwertung der Geschlechter schon gekommen? Wie weit reicht für Sie der Einfluss der Thesen des Augustinus zur Sexualität?

Der historische Buddha lehrte den Weg der Askese und des Zölibats. Die späten Tantriker männlichen und weiblichen Geschlechts lehrten den Weg der Lust, der Vereinigung mit dem Anderen. Sie entdeckten die spirituelle Dyade als Weg zum Überbewusstsein.

Übung:
Welcher Weg erscheint Ihnen besser?

5. Yoginen

Sehen wir uns nun ein Bild der tantrischen Liebe an.

Das Bild der tantrischen Liebe im indischen Buddhismus

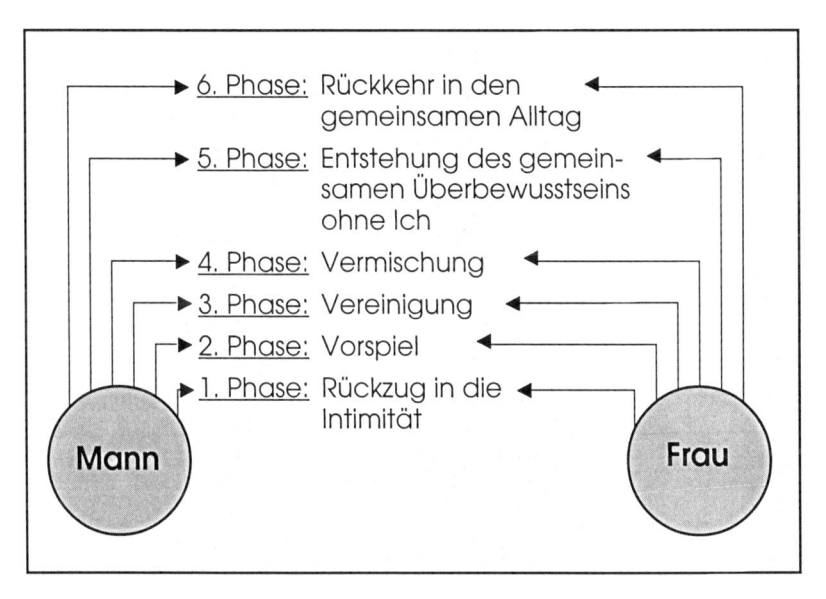

```
Mann                                                      Frau
  ├──► 6. Phase: Rückkehr in den          ◄──┤
  │              gemeinsamen Alltag
  ├──► 5. Phase: Entstehung des gemein-   ◄──┤
  │              samen Überbewusstseins
  │              ohne Ich
  ├──► 4. Phase: Vermischung              ◄──┤
  ├──► 3. Phase: Vereinigung              ◄──┤
  ├──► 2. Phase: Vorspiel                 ◄──┤
  └──► 1. Phase: Rückzug in die           ◄──┘
                 Intimität
```

Übung:
Geben Sie eine Definition der tantrischen Liebe.

Literatur zum Tantrismus

Shaw, M.: Frauen, Tantra und Buddhismus. Frankfurt 2000
Pitzer-Reyl, R.: Die Frau im frühen Buddhismus. Berlin 1984
Eliade, M.: Yoga. Frankfurt 1996
Hermann-Pfandt, A.: Dakinis: Zur Stellung und Symbolik des Weiblichen im tantrischen Buddhismus. Bonn 1992
Paul, D.Y.: Woman in Buddism: Images of the Feminine in Mahayana Tradition. Chicago 1982

6. Thomas von Aquin (1225-1274):
Die zeugende Liebe

Kehren wir nach diesem Ausflug nach Asien wieder nach Europa zurück. Um 1200 wurde im christlichen Europa der griechische Philosoph Aristoteles wieder bekannt. Gegen den anfänglichen Widerstand der Kirche setzte sich eine Synthese zwischen dem Christentum und Aristoteles durch. Thomas von Aquin schuf diese Synthese, die die katholische Kirche unter dem Namen Thomismus „später als bevorzugte Philosophie übernahm." (G. Skirbekk, N. Gilje: Geschichte der Philosophie. Frankfurt 1993, Bd. 1, S. 214) Thomas versuchte, anders als die sonstigen christlichen Philosophen, das Verhältnis der Seele zu Gott „lieber nach der Analogie der Freundschaft als der Brautschaft darzustellen, die ... das Kräftig-Klare der Gottesliebe leicht durch das gefühlsame Element des Erotischen vertrüben konnte." (Th.v. Aquin: Summe der Theologie. Stuttgart 1985, Bd. 3, S. XCIIf.) Thomas steht damit als Mönch, Asket und späterer Professor in der christlichen Tradition der Abwertung zwischenmenschlicher Liebe und Lust zugunsten der abstrakten Gottesliebe. Er vertritt deshalb auch die Lehre, dass Liebe nur der Zeugung dienen soll.

Thomas von Aquin wurde in Italien, in der Nähe von Neapel, in der Stadt Aquino 1225 geboren. Er ging im Benediktinerkloster in Montecassino zur Schule und studierte dann an der Universität Neapel. „Thomas war ein großer schwerfälliger und ruhiger Junge, der ungewöhnlich schweigsam war und fast nie den Mund aufmachte, es sei denn, um ganz plötzlich und voll Leidenschaft seinen Lehrer zu fragen: „Was ist Gott?" (G.K. Chesterton: Der stumme Ochse. Über Thomas von Aquin. Freiburg 1960, S. 39) Mit 19 Jahren trat Thomas in den Dominikanerorden ein. Seine Mutter lehnte diesen Schritt entschieden ab. Sie sandte ihre älteren Söhne aus, um Thomas mit Gewalt aus dem Orden zu befreien. Er wurde auf der Burg der Familie unter Hausarrest festgehalten. Um seine Sinnlichkeit zu reizen, führten die Brüder Thomas eine Kurtisane zu. Thomas geriet in höchste Erregung und lehnte jeden sexuellen Verkehr mit dieser Frau entschieden ab. Diese Szene wird folgendermaßen beschrieben: „Tho-

Thomas von Aquin

mas sprang von seinem Sitz auf, riss ein glühendes Scheit aus dem Feuer, stand da und schwang diesen Brand hin und her. Begreiflicherweise kreischte das Weib laut auf und lief davon ... Thomas tat aber nichts weiteres, als dass er hinter ihr zur Tür schritt und sie krachend ins Schloss warf." (G.K. Chesterton, a.a.O., S. 44) Nach einem Jahr gab dann die Mutter nach. Thomas konnte wieder zu den Dominikanern zurückkehren, die ihn nun auf die Universität nach Paris schickten. An der Pariser Universität studierte Thomas bei Albertus Magnus, der schon an einer Synthese von Christentum und Aristoteles arbeitete. Auch als Student fiel Thomas durch seine Schweigsamkeit auf. Die Studenten nannten ihn deshalb „den stummen Ochsen", aber der Philosoph Albertus Magnus erkannte bald die besondere Begabung von Thomas für die Philosophie. Albertus Magnus sagte einmal: „Das Brüllen des stummen Ochsen wird so laut werden, dass es die ganze Welt erfüllt." (G.K. Chesterton, a.a.O., S. 48) 1246 wird Thomas Professor an der Pariser Universität. Nach dreijähriger Lehrtätigkeit geht er wieder nach Italien und übernimmt eine Professur in Rom.

Von 1269 bis 1272 ist Thomas wieder Professor in Paris. In diesen Jahren erreicht er den Höhepunkt seiner philosophischen Produktivität und schreibt sein Hauptwerk, die „**Summa Theologica**", die als folgenreiches „Handbuch der Theologie", als Lehrbuch für Studenten geschrieben ist. Das Lehrbuch verfolgt folgende Methodik, die in der scholastischen Philosophie dann Schule machte: Das Lehrbuch orientiert sich an den Grundfragen der Studenten und macht damit die <u>Frage</u> zur Hauptmethode des Denkens von Thomas von Aquin. Die Hauptfragen der Theologie wurden von Thomas im Geist von Aristoteles in öffentlicher Diskussion mit den Studenten mehrere Stunden lang bearbeitet. (Vgl. M.-D. Chenu : Thomas von Aquin. Reinbek 1998, S. 39) Bei dieser scholastischen Methode kamen neben der Frage, begriffliche Definitionen, Analysen, Urteile, Vergleiche, Einordnungen und Folgerungen zum Zuge. Als wesentlicher Beleg wurde von Thomas Aristoteles, Augustinus und die Bibel benutzt.

Übung:
Listen Sie die wichtigsten Fragen zu einer Theologie der Liebe auf, die Sie sich schon immer gestellt haben.

Als weitere wichtige Erkenntnisquelle diente Thomas die Meditation, die durch Fasten und Gebete begleitet wurde. Als er eine Bibelstelle nicht verstand, betete Thomas lange: „Sein inständiges Gebet erwirkte, dass Gott ihm mündlich seine Zweifel löste, wie er es im Gebet erfleht hatte." (M.-D. Chenu, a.a.O., S. 46)

Übung:
Um die Lösung welcher Liebesprobleme würden Sie Gott im Gebet bitten? Listen Sie diese Liebesprobleme auf.

Der Plan der „Summa Theologica" umfasste drei Teile. Teil 1 hieß: „Gott als Ursprung", Teil 2 „Die Rückkehr des Menschen zu Gott.", Teil 3 „Die christlichen Bedingungen dieser Rückkehr". Besonders im 3. Teil spielt die Sexualität eine große Rolle. Liebe versteht Thomas als Freundschaft und im Kern als Liebe zu Gott. Mit dem Leib ist für Thomas keine Beziehung zu Gott möglich, sondern nur mit dem Geist. „Gemäß dem geistigen Leben gibt es für uns einen Verkehr mit Gott." (Thomas von Aquin: Summa Theologica. Stuttgart 1985, Bd. 3, S. 92) Das Wesen der Gottesliebe ist „nicht die sinnenhafte Begehrlichkeit, sondern der verstandhafte Begehr." (Thomas von Aquin, a.a.O., S. 102) Die Gottesliebe lässt sich auf dem Erdenweg des Menschen vermehren. „Wir heißen nämlich daher Pilger, dass wir in Gott hineinstreben, der das Endziel unserer Glückseligkeit ist. (Thomas von Aquin, a.a.O., S. 104) „Man nähert sich Gott nicht mit leiblichen Schritten, sondern mit den Gemutungen des Besinns." (Thomas von Aquin, a.a.O., S. 104) Die Liebe zu Gott „geht auf irgendein Ende zu, aber dieses Ende gibt es nicht in diesem Leben, sondern erst im zukünftigen." Die Liebe zu Gott in der Welt bleibt begrenzt, denn dem menschlichen Leben ist es wegen seiner Schwäche unmöglich, „vollwirklich immer an Gott zu denken und die Liebesbewegung zu ihm zu haben." (Thomas von Aquin, a.a.O., S. 107)

Übung:
Beschreiben Sie Ihre Liebe oder Ihren Hass oder Ihre Ignorierung in Bezug auf „Gott".

Die Liebe zu Gott ist immer gefährdet. So lässt sich diese Liebe „im Zustand der Wanderschaft, worin Gottes Wesen nicht geschaut wird, durch Sündigen verlieren." (Thomas von Aquin, a.a.O., S. 108)

Übung:
Können Sie Gründe nennen, die Ihre Freundschaft zu Gott gestört bzw. vernichtet haben?

Wir sollen auch unseren Leib lieben, aber „die Ansteckung mit Schuld und die Verderbnis der Strafe in unserem Leibe dürfen wir nicht lieben." (Thomas von Aquin, a.a.O., S. 115)

6. Thomas von Aquin

Übung:
Wie stark lieben Sie Ihren Leib? Versuchen Sie eine freundliche Beschreibung Ihres Leibes in drei Sätzen.

Die Liebe des Menschen bezieht sich nach Thomas also auf Gott, den Nächsten, unseren Leib und auf uns selbst. Der Mensch soll also nach Gott „sich selber mehr lieben als irgendwen sonst." (Thomas von Aquin, a.a.O., S. 127) Bezüglich der Eltern soll das Kind den „Vater lieber haben als die Mutter, da er die wirkliche Ursache der Fortpflanzung ist, die Mutter aber eher die Leidende ist." (Thomas von Aquin, a.a.O., S. 135) Damit stellt Thomas den Mann über die Frau und setzt im Geschlechtsverkehr zur Zeugung von Nachwuchs den Mann als aktiven, die Frau als leidenden und passiven Teil ein.

Übung:
Wie lässt sich das Rollenklischee des Thomas von Aquin von Mann und Frau im Liebesverkehr widerlegen? Entwickeln Sie Ihre Argumente.

Für Thomas ist die sexuelle Enthaltsamkeit eine große Tugend. Die Jungfräulichkeit ist ein Gewinn. „Dazu enthält sich nun aber die gottselige Jungfräulichkeit jeder geschlechtlichen Freuung, damit sie freier sich der Gottesbetrachtung hingeben kann." (Thomas von Aquin, a.a.O., S. 499)

Verlust des Paradieses (15. Jahrh.)

Übung:
Könnte sexuelle Abstinenz die Gottesbetrachtung vertiefen? Entwickeln Sie eine These.

Jungfräulichkeit ist auch besser als die Ehe. „Einmal weil das Gottesgut wichtiger ist als das Menschengut. Sodann, weil das Gottesgut wichtiger ist als das Leibesgut. Endlich auch, weil das Gut des beschauenden Lebens den Vorzug vor dem Gut des wirklichen Lebens hat." (Thomas von Aquin, a.a.O., S. 503)

Übung:
Welche Gründe sprechen für Sie gegen die Ehe?

Thomas von Aquin huldigte einem besonderen Kult der Jungfrau Maria. Da die Zeugung mit der Erbsünde im Christentum verbunden wurde, musste Jesus von einer Jungfrau geboren sein, weil er sonst auch mit der Erbsünde belastet gewesen wäre. Maria hat für Thomas nie die Lust der Sexualität genossen und ist stets Jungfrau geblieben. Die in der Bibel genannten Brüder von Jesus machte Thomas einfach zu Verwandten zweiten Grades.

Übung:
Schließen Sie die Augen. Stellen Sie sich die jungfräuliche Geburt von Jesus von Nazareth vor. Was für ein Bild stellt sich bei dieser Vorstellung bei Ihnen ein?

Sexualität hat sich für Thomas an die Bedingungen der Einehe und der Fortpflanzung zu halten. „So kann auch der Gebrauch des Geschlechtlichen ohne jede Sünde sein, wenn er in der geschuldeten Weise und Ordnung geschieht, in Gemäßheit dessen, was zum Zwecke der menschlichen Fortpflanzung richtig ist." (Thomas von Aquin, a.a.O., S. 507)

Allerdings zeigt die Unkontrollierbarkeit der Begierlichkeit und der Lust am Geschlechtlichen, dass Sexualität „nicht dem Befehl und dem Zügel der Vernunft unterliegt und damit aus der adamitischen Ursünde stammt. Gott hat nämlich die gegen Gott widerspenstige Vernunft des Adam mit ihrem widerspenstigen Fleisch ausgestattet." (Thomas von Aquin, a.a.O., S. 507) Deshalb wird bei Thomas die Sexualität gegenüber der Vernunft entwertet. Für Thomas zieht die Vernunft im Streit mit der Sexualität immer den Kürzeren. Für ihn trübt Sexualität die Vernunft. Außerhalb der ehelichen Kinderzeugung ist für Thomas sexuelle Liebe Sünde. „Sie wird verdienterweise den Hauptlastern zugezählt." (Thomas von Aquin, a.a.O., S. 509) Außereheliche Sexualität „verstößt gegen die Natur des Menschen, weil er sich dann dem ungebundenen Beischlaf ergibt." (Thomas von Aquin, a.a.O., S. 511) Ungebundener Beischlaf „geht gegen das Gut der aufzuziehenden Nachkommenschaft und ist somit Todsünde." (Thomas von Aquin, a.a.O., S. 512)

Übung:
Sammeln Sie Argumente, die für eine Praxis der außerehelichen Sexualität sprechen.

Durch außereheliche Sexualität wird der Mensch „unter das Joch des Teufels gebracht, weil es nämlich äußerst schwierig ist, die Hässlichkeit dieser

6. Thomas von Aquin

Leidenschaft zu besiegen." (Thomas von Aquin, a.a.O., S. 513) Außereheliche Sexualität entkräftet den Körper „ungehörig, befleckt ihn und vermischt ihn mit einem anderen." (Thomas von Aquin, a.a.O., S. 514) Auch außereheliche wollüstige Küsse werden von Thomas unter die „Todsünden gezählt". (Thomas von Aquin, a.a.O., S. 514) Ehebruch ist ebenso Todsünde, aber auch ein „zu hitziger Liebhaber der Ehefrau zu sein, ist Ehebruch, weil er die Frau unehrbar gebraucht." (Thomas von Aquin, a.a.O., S. 517)

Übung:
Können Sie eine Grenze für ehrbaren und unehrbaren Sex in der Ehe angeben?

Thomas rechnet folgende Arten von Sexualität zur Sünde:
- Orgasmus ohne Beischlaf (Onanie),
- Orgasmus mittels eines Dinges (Fetischismus),
- Orgasmus mit dem „ungehörigen Geschlecht" (Homosexualität),
- Orgasmus durch tierische Begattungstechniken (Perversionen).
(Thomas von Aquin, a.a.O., S. 518)

Übung:
Wie können Sie Onanie, Fetischismus, Homosexualität und bestimmte Perversionen gegen Ihre kirchliche Verdammung verteidigen? Versuchen Sie einmal die Verteidigung der Onanie gegen den Vorwurf der Sünde.

Die Unterbrechung „des Geschlechtsverkehrs vor dem Samenerguss (Coitus interruptus) wird von Thomas ebenfalls als Sünde gegen die Natur angesehen." (G. Denzler: 2000 Jahre christliche Sexualmoral. Weyarn 1997, S. 153) Noch in den Hexenverfolgungen des Mittelalters werden die von Thomas von Aquin vertretenen Ablehnungen der Sexualität spürbar. Den meisten der eine Million Hexen, die verbrannt wurden, wurde ausschweifende Sexualität und damit das Begehen von Todsünden vorgeworfen. Dieser Vorwurf brachte sie dann auf den Scheiterhaufen.

Die Abtreibung hielt Thomas völlig überraschend für gerechtfertigt, wenn sie bei männlichen Föten vor dem 40. Tag und bei weiblichen Föten vor dem 80. Tag nach der Befruchtung erfolgt. Der Grund: Der männliche Fötus bekommt von Gott am 40. Tag, der weibliche Fötus am 80. Tag seine Seele geschenkt. Thomas hielt also die Abtreibung vor dem Zeitpunkt der Beseelung des Fötus nicht für Mord.

Übung:
Welche Gründe sprechen für Sie für das Recht auf Abtreibung heute?

Um die Ehe zu schützen, trat Thomas auch für die Institution der Prostitution ein. „Thomas machte sich sogar Gedanken darüber, welcher Lohn einer Dirne zustehe." (G. Denzler, a.a.O., S. 206)

Übung:
Welche Arbeits- und Sozialsicherung sollte Prostituierten heute zustehen?

Thomas von Aquins Philosophie entwickelte sich nicht ohne scharfe Kontroversen. Auch im eigenen Orden regte sich Widerstand gegen eine aristotelisch argumentative Untermauerung des Glaubens. So wurde ein Prozess wegen Häresie gegen ihn eröffnet, der lange dauerte.

Ab 1272 lehrte Thomas wieder als Professor in Neapel. Thomas verfasste neben der „Summa Theologica" und der „Summa contra Gentiles" noch viele Schriften, die meisten waren Kommentare zu Aristoteles. Thomas soll manchmal vier Sekretären vier verschiedene Texte gleichzeitig diktiert haben. Im Alter befielen Thomas öfters Phasen der Geistesabwesenheit. Am 6. Dezember 1273 erlebte er während des Lesens der Messe eine Vision. Er schrieb von da an bis zu seinem Tod keine Silbe mehr. Als ihn sein Sekretär drängte, die „Summa Theologica" zu vollenden, antwortete Thomas: „Ich kann nicht, denn alles was ich geschrieben habe, kommt mir jetzt vor wie Stroh." (A. Kenny: Thomas von Aquin. Freiburg 1999, S. 48)

Übung:
Schließen Sie die Augen. Stellen Sie sich Thomas' Situation vor, die ihn gezwungen haben könnte, sein gesamtes Werk für untauglich zu erachten. Beschreiben Sie Ihre Vorstellungen über den Grund von Thomas' Distanzierung gegenüber seinem Werk.

Als Thomas vom Papst zur Teilnahme am Konzil von Lyon berufen wurde, begab er sich 1274 auf die Reise. Allerdings erlitt er auf dieser Reise einen Unfall mit tödlichen Folgen. So starb er am 7. März 1274 im Kloster Fossanuova. Das Ende eines Prozesses gegen seine Philosophie erlebte er deshalb nicht mehr. Allerdings setzte sich Thomas in der katholischen Kirche nach seinem Tod durch. 1323 wird er durch den Papst heilig gesprochen und zum „Lehrer der Kirche" ernannt.

Allerdings läuft die Zeit der Macht der christlichen Askese langsam aus. Das zeigt sich an den Liedern des François Villon (1431-1463). In Paris 1452 zum Magister ernannt, ist er trotzdem ein fahrender Sänger, der bei Huren gern gesehen ist. Auch bei vielen studentischen Aufständen gegen den Adel ist er dabei. Er wird zum Mörder und zum Einbrecher. Er flieht aus Paris, streift in den Jahren 1457-1460 durch Südfrankreich. Als er nach Paris zurückkehrt, beteiligt er sich wieder an einem Aufstand. Diesmal verurteilt ihn das Gericht zum Tode. Er wird nicht gehängt, sondern für 10 Jahre aus Paris verbannt. Seit dem Januar 1463 fehlt jede Nachricht von ihm. Nur in seinen überlieferten Liedern, dem „**Großen Testament**" hören wir seine unvergängliche Botschaft von der Lust der Hurenliebe.

In der „Ballade von Villon und der dicken Margot" heißt es:

Das Goldene Zeitalter
(**Gemälde von Lucas Cranach, Nationalgalerie Oslo**)

„*Wenn ich die schöne Huldin liebe und ihr willig diene,
müsst ihr mich einen Hurentreiber schelten, einen Strolch?*
...
*Doch ab und zu, da schlag ich aber mächtig Krach,
wenn Margot blank vom Strich kommt und sich zu mir legt...
Dann rammeln wir uns müd und sie lässt einen lauten Furz.
Gedunsen wie ein giftgeschwollener Käfer liegt sie dann,
knallt mir die Faust aufs Dach und unterhalb des Gurts
greift sie mir hin, krault mir den Hans und lacht: ‚So komm doch ran.'
Wir saufen bis wir knille sind und schlafen wie die Bären.
Und wenn sie dann erwacht und ihr der Magen knurrt,
steigt sie auf mich, aus Angst vor einer Fehlgeburt,
und ächzend lieg ich unter ihr und lasse sie gewähren
platt wie ein Brett quetscht sie mich ohne mich zu schonen,
in dem Bordell, wo wir selbzweit zusammen wohnen.*"

(F. Villon: Das große Testament. Frankfurt 1970, S. 147ff.)

Mit expressiven Worten gibt Villon der zeugenden Liebe den Abschied, um das Loblied der lustvollen Hurenliebe zu singen. Gegen die pessimistische Liebesphilosophie der Mönche tritt damit ein Anwalt der lustvollen Liebe der Laien auf.

Sehen wir uns nun ein Bild der zeugenden Liebe an:

Das Bild der zeugenden Liebe bei Thomas von Aquin

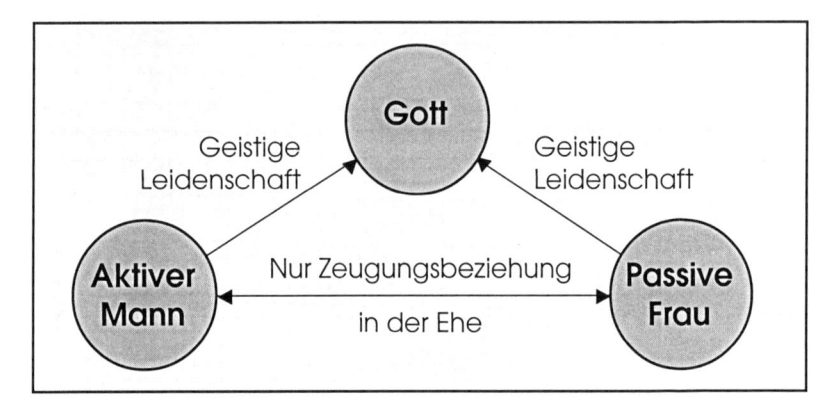

```
                    Gott
        Geistige          Geistige
        Leidenschaft      Leidenschaft

   Aktiver   Nur Zeugungsbeziehung   Passive
   Mann          in der Ehe           Frau
```

Übung:
Geben Sie eine Definition der zeugenden Liebe.

Literatur zu Thomas von Aquin

Thomas von Aquin: Summe der Theologie (Summa Theologica). Hrsg. v. J. Bernhart. Stuttgart 1985, Bd. 1-3
Thomas von Aquin: Auswahl. Hrsg. v. J. Pieper. Frankfurt 1958
Thomas von Aquin: Über das Sein und das Wesen. Frankfurt 1959

Chenu, M.-D.: Thomas von Aquin. Reinbek 1998
Chesterton, G.K.: Der stumme Ochse. Über Thomas von Aquin. Freiburg 1960
Christmann, H.M.: Thomas von Aquin als Theologe der Liebe. Heidelberg 1958
Denzler, G.: 2000 Jahre christliche Sexualmoral. Weyarn 1997
Illen, A.: Wesen und Funktion der Liebe bei Thomas von Aquin. Freiburg 1975
Kenny, A.: Thomas von Aquin. Freiburg 1999

7. La Rochefoucauld (1613-1680):
Die narzisstische Liebe

Die Renaissance brach im 15. und 16. Jahrhundert an den europäischen Höfen mit der Lustfeindlichkeit der mittelalterlichen christlichen Philosophie der Klöster. Mit der Moralistik des 16.-18. Jahrhunderts zur Zeit des Barock wurden die antiken hedonistischen Impulse des Aristipp wieder lebendig. Die Moralisten des Barock sind keine Moralprediger, sondern Moralanalytiker. Sie untersuchen „menschliches Verhalten als auch die sozialen Erwartungshaltungen, die die Gesellschaft an das Individuum richtet." (R. Zimmer: Die europäischen Moralisten. Hamburg 1999, S. 7) Die Moralisten entwickeln keine systematische Philosophie, sondern erfassen in Aphorismen, kurzen Essays an der Grenze zur Literatur, Einzelbeobachtungen und Lebenserfahrungen. Durch den Aphorismus konnte sich das Denken nun „frei von der Fessel jeder deduktiven Methode entfalten, frei von allen Bindungen, die es als scholastisches und gelehrtes Denken eingegangen war." (F. Schalk (Hrsg.): Die französischen Moralisten. Leipzig 1962, S. 25) Aphorismen sind Sätze, die für sich stehen und nicht durch einen Vor- oder Nachsatz bestimmt werden. „Sie appellieren an den Leser und fordern ihn auf, weiter zu denken." (F. Schalk, a.a.O., S. 26)

Übung:
Schreiben Sie einen treffenden Satz, einen Aphorismus, über die Liebe.

Die Moralisten aus dem Adel streben, anders als die Mönche und ihre Liebe zu Gott, nach einer Lebenskunst besonders in Fragen der irdischen Liebe. Deshalb fragen Sie 1. nach der Natur der Liebe, 2. nach der Rolle von Mann und Frau in der Liebe und 3. nach der vernunftmäßigen Gestaltung der Liebe. Der Lebensraum der Moralisten ist die höfische Gesellschaft des Barock und der Salon galanter emanzipierter Frauen.
    Zu den wichtigsten Moralisten gehören die französischen Philosophen Montaigne, Vauvenargues, Montesquieu, Chamfort und La Rochefoucauld. In Spanien ist Balthasar Garcian, in Deutschland Georg Christoph Lichtenberg für den Moralismus bedeutsam. Die wichtigsten Ideen zur narzisstischen Liebe entwickelte aber der Herzog La Rochefoucauld.

La Rochefoucauld wurde am 15. September 1613 in Paris geboren. Bis zum Tode seines Vaters 1650 heißt er Prinz von Marçeillac, danach wird er zu François VI, Herzog von La Rochefoucauld. Mit 15 Jahren wird er verheiratet. Mit 16 Jahren ist er schon Offizier auf einem Feldzug in Italien. Er wird

La Rochefoucauld

Regimentskommandeur und ist bis 1653 als Soldat ständig Teilnehmer von Kriegen. Zwischendurch lebt er auf seinem Schloss, arbeitet als Gutsverwalter und zeugt mehrere Söhne und Töchter. Er nimmt sich aber auch viel Zeit für verschiedene Liebschaften mit geistreichen Frauen des Pariser Hofes. Zu diesen Liebschaften gehört die Marquise de Sablé und die Gräfin La Fayette. Die Salons dieser Damen haben einen wesentlichen Einfluss auf die Entstehung der Aphorismen von La Rochefoucauld gehabt. Er hat die Gräfin La Fayette auch bei der Abfassung ihrer erfolgreichen Romane unterstützt und beraten. La Rochefoucauld lebte in einer Welt, „in der die Frauen die Regeln des Umgangs mitbestimmten und in der Flirts, Leidenschaften, Affären und Romanzen Bestandteil des höfischen barocken Gesellschaftsspiels waren." (R. Zimmer: Die europäischen Moralisten. Hamburg 1999, S. 79) La Rochefoucauld beurteilt die Frauen manchmal kritisch, aber er nimmt sie als „gleichberechtigte Partner im gesellschaftliches Spiel ernst." (R. Zimmer, a.a.O., S. 79)

1637 verliebte sich La Rochefoucauld in die Hofdame der Königin, der Gattin Ludwig XIII. Er plant die Entführung der französischen Königin und der geliebten Hofdame nach Brüssel. Der Plan wird allerdings aufgedeckt und La Rochefoucauld landet für acht Tage in der Bastille, dem größten Gefängnis von Frankreich in Paris. La Rochefoucauld nimmt auch am Bürgerkrieg der „Fronde", des Adels, der Provinzen gegen den absolutistischen König in Paris teil, der unter dem Prinzen von Loudé, den Absolutismus stürzen und den Adel stärken wollte. Nach langen Kämpfen unterliegt allerdings der französische Adel gegenüber dem König. La Rochefoucaulds Schloss wird niedergebrannt. Er sagt sich von der Fronde los und kann, vom König 1653 amnestiert, auf sein Gut Verteuil zurückkehren. Mit 40 Jahren ist La Rochefoucauld ein politischer Verlierer. Er lebt nun auf seinen zwei Schlössern und verfasst bis zu seinem Tode 1680 Memoiren und seine bedeutsame Aphorismensammlung **„Reflektionen und Maximen"**. Diese Aphorismensammlung wird ohne seine Zustimmung 1662 veröffentlicht und zu einem großen Erfolg.

La Rochefoucaulds Aphorismen verstehen sich als skeptische Anthropologie. Sie entdecken das Unbewusste im Menschen als Quelle der Selbstliebe, die Selbstliebe als Schicksalsmacht, die das Bewusstsein dominiert und die Beziehungen zwischen Mann und Frau prägt. Nach La Rochefoucauld wird

7. La Rochefoucauld

der Mensch also primär nicht von der Liebe, sondern von der Selbstliebe bestimmt. „Die unbewusste narzisstische Selbstliebe ist der Kern des Menschen. „Eigenliebe ist Liebe zu sich selbst... Sie macht die Menschen zu Selbstanbetern... Man kann weder die Tiefen ihrer Abgründe ermessen noch die Finsternisse durchdringen. Dort unten lebt sie, den schärfsten Augen verborgen ... Dort nährt und bildet sie unzählige Regungen von Liebe und Hass ... Sie vereint alle Gegensätze: Sie ist gebieterisch und fügsam, aufrichtig und falsch, barmherzig und grausam." (F. Schalk, a.a.O., S. 127f).

Übung:
Wie stark spüren Sie Ihren Narzissmus? Schreiben Sie den Satz weiter:
„Meine Selbstliebe ...".

Die narzisstische Selbstliebe basiert auf den energetischen Kräften des Körpers. „Die Säfte des Körpers haben einen gesetzmäßigen Lauf, der unmerklich unseren Willen anregt und lenkt." (La Rochefoucauld: Maximen und Reflektionen. Stuttgart 2000, S. 44 (297)) Die narzisstische Selbstliebe übertrifft alle anderen Leidenschaften. „Selbst die heftigsten Leidenschaften gönnen uns manchmal eine Ruhepause, aber die Eitelkeit treibt uns immerzu." (La Rochefoucauld, a.a.O., S. 62 (443)).

Die Selbstliebe schwächt die Vernunft. „Der Eigennutz setzt alle Tugenden und Laster ins Werk." (La Rochefoucauld, a.a.O., S. 38 (253)). „Der Mensch glaubt oft, selbst zu führen, wenn er geführt wird, und während sein Geist auf ein Ziel zustrebt, zieht ihn sein Herz unvermerkt nach einem anderen hin." (La Rochefoucauld, a.a.O., S. 8 (43)).

Übung:
Beschreiben Sie einen Konflikt aus Ihrem Leben, in dem es einen Streit gab zwischen Selbstliebe und Vernunft.

Die Folge der Herrschaft der narzisstischen Liebe ist, dass es gar keine richtige Liebe gibt. „Mit der wahren Liebe ist es wie mit Gespenstererscheinungen: alle Welt spricht davon, aber wenige haben sie gesehen." (La Rochefoucauld, a.a.O., S. 13 (76)).

Übung:
Haben Sie schon einmal eine wahre Liebe erlebt? Geben Sie einige Kriterien an, nach denen Sie eine Liebe als „wahre Liebe" bemessen können.

„Bei keiner Leidenschaft herrscht die Selbstliebe so gewaltig wie bei der Liebe, und man ist stets geneigt, die Ruhe der geliebten Person zu opfern als die eigene zu verlieren." (La Rochefoucauld, a.a.O., S. 39 (226)) „Wer glaubt, seine Geliebte aus reiner Liebe für sie zu lieben, täuscht sich sehr." (La Rochefoucauld, a.a.O., S. 53 (374)) „In der Liebe kaum zu lieben, ist ein sicheres Mittel, geliebt zu werden." (F. Schalk, a.a.O., S. 139)

Übung:
Kennen Sie folgende Technik, die Liebe eines anderen Menschen zu Ihnen zu steigern, indem Sie sich rar machen und entziehen? Mustern Sie Ihr Leben, ob Sie mit dieser Technik in Liebesdingen schon gearbeitet haben.

Liebe ist meist ein Herrschafts- und Besitzverhältnis: „Die Macht, die geliebte Menschen über uns besitzen, ist fast immer größer als die Macht, die wir über uns selber haben." (F. Schalk, a.a.O., S. 124)

Übung:
Geben Sie in Ihrer Liebe Ihre Selbstbeherrschung und Ihre Freiheit auf? Beschreiben Sie, wie Sie auf diese Selbstabdankung reagieren.

Ja selbst der Orgasmus ist näher der Onanie als der Befriedigung des Partners: „Das Vergnügen in der Liebe ist zu lieben, und ihr Glück liegt mehr in der Leidenschaft, die man fühlt, als in der, die man erregt." (La Rochefoucauld, a.a.O., S. 39 (259))

Übung:
Was erregt Sie mehr beim Lieben, die eigene Leidenschaft oder die des Partners? Schließen Sie die Augen und suchen Sie die Antwort auf diese Frage in leichter Meditation.

Die Verliebtheit dauert nicht lange: „Der Reiz der Neuheit in der Liebe gleicht dem Schmelz auf den Früchten: Er gibt einen Glanz, der rasch vergeht und niemals wiederkehrt." (La Rochefoucauld, a.a.O., S. 41 (274)).

Übung:
Wie lange dauern bei Ihnen Verliebtheiten? Mustern Sie mal die Lieben Ihres Lebens und geben Sie die Dauer der Liebschaften in Zeitabschnitten an.

Die Liebe ist wie ein Fieber. „Man kann die Liebe am besten mit dem Fieber vergleichen: Über beide haben wir, was die Heftigkeit oder Dauer angeht, keine Macht." (F. Schalk, a.a.O., S. 139)

7. La Rochefoucauld 75

Übung:
Schreiben Sie den Satz weiter: „Liebe ist wie..."

Liebe idealisiert den anderen, nach dem Modell des eigenen Ichs. „Liebende sehen die Fehler der Geliebten erst, wenn ihre Verzauberung vorbei ist." (F. Schalk, a.a.O., S. 125)

Übung:
Was passiert Ihnen nach der Entidealisierung des Partners?

Die Liebe ist im Grunde das gemeinsame Einverständnis, sich Raum für umfassende Selbstdarstellung zu gewähren. „Dass zwei Liebende sich nicht miteinander langweilen, liegt daran, dass sie beständig von sich selber sprechen." (La Rochefoucauld, a.a.O., S. 46 (312)).

Übung:
Welche Rolle spielt Ihre Selbstdarstellung in Ihren Liebesbeziehungen?

An der Eifersucht erkennt man besonders deutlich den narzisstischen Charakter der Liebe. „In der Eifersucht liegt mehr Eigenliebe als Liebe." (La Rochefoucauld, a.a.O., S. 48 (324)) „Die Eifersucht ist die größte aller Leiden und erweckt bei Personen, die sie verursachen, am wenigsten Mitleid." (La Rochefoucauld, a.a.O., S. 70 (501))

Übung:
Haben Sie schon mal jemandem eine Frau bzw. einen Mann ausgespannt? Haben Sie Mitleid mit der/dem Geprellten verspürt? Begründen Sie Ihre Gefühle gegenüber der/dem benachteiligten Dritten.

Die narzisstische Liebe ist häufig von Eifersucht geprägt. Sie stellt sich in jeder auch nur andeutungsweisen Situation von Untreue ein. Sie begleitet die narzisstisch Liebenden auf Schritt und Tritt.

Übung:
Warum sind Sie eifersüchtig? Entwickeln Sie eine These.

Die narzisstische Selbstliebe zerstört die Beziehung von Mann und Frau. „In der ersten Liebe liebt die Frau den Geliebten, in der späteren nur noch die Liebe." (La Rochefoucauld, a.a.O., S. 65 (472)). Auch die Frauen werden durch die narzisstische Liebe des Mannes zur Selbstliebe gezwungen.

Übung:
Wie gehen Sie als Frau mit der Selbstliebe in der Liebe um?

Die Dauer der Liebe können wir nicht selbst bestimmen, das bestimmt unsere unbewusste Selbstliebe. „Die Dauer unserer Leidenschaften hängt wenig von uns ab, wie die Dauer unseres Lebens." (La Rochefoucauld, a.a.O., S. 3 (5))

Übung:
Was waren bei Ihnen die Gründe für das Ende Ihrer jeweiligen Lieben? Listen Sie einige Gründe auf.

Liebe ist als narzisstische Liebe immer ganz nah dem Hass auf den anderen: „Je leidenschaftlicher man seine Geliebte liebt, umso näher ist man daran, sie zu hassen." (La Rochefoucauld, a.a.O., S. 18 (111)).

Übung:
Wie groß ist Ihr Hasspotential in Ihrer Liebe? Beschreiben Sie mal eine Situation, in der Ihre Liebe in Hass umgeschlagen ist.

Narziß an der Quelle. Gemälde von Michelangelo da Caravaggio. (Galleria Nazionale d'Arte antica, Rom

Wenn die Liebe alt wird, wird auch ihr Leidpotential größer: „Im Alter der Liebe, wie im Alter des Lebens lebt man nicht mehr für Leiden, aber auch nicht mehr für Freuden." (La Rochefoucauld, a.a.O., S. 60 (430)).

Übung:
Vergrößert sich Ihr Leiden, wenn Ihre Beziehungen älter geworden sind? Geben Sie eine Einschätzung.

Eine vernünftige Bewältigung der Liebe ist schwer, weil uns in der Liebe das Unbewusste und der Narzissmus beherrschen. Schon bei der Beherrschung der Eifersucht gibt es eigentlich nur radikale Heilmittel: „Das Heilmittel gegen die Eifersucht besteht in der Gewissheit des Endes des Lebens wie der Liebe ..., ein grausames Mittel, und dennoch milder als Verdacht und Zweifel." (F. Schalk, a.a.O., S. 122)

7. La Rochefoucauld

Übung:
Können Sie die narzisstische Kränkung des Betruges mit dem Gedanken der größeren narzisstischen Kränkung durch den Tod bewältigen? Wie gehen Sie eigentlich mit Eifersucht um? Entwickeln Sie einige Maximen, wie man Eifersucht bewältigen kann.

Die Probleme der Liebe sind erst gelöst, wenn man alt ist. „Wer in der Liebe zuerst geheilt ist, ist immer am besten geheilt." (La Rochefoucauld, a.a.O., S. 59 (417)). Die Probleme der Liebe sind nicht zu lösen. „Es gibt mehrere Mittel die Liebe zu heilen, aber kein einzig unfehlbares." (La Rochefoucauld, a.a.O., S. 64 (459)).

Übung:
Welche Mittel benutzen Sie gegen Liebeskummer?

Sehen wir uns nun ein Bild der narzisstischen Liebe an:

Das Bild der narzisstischen Liebe bei La Rochefoucauld

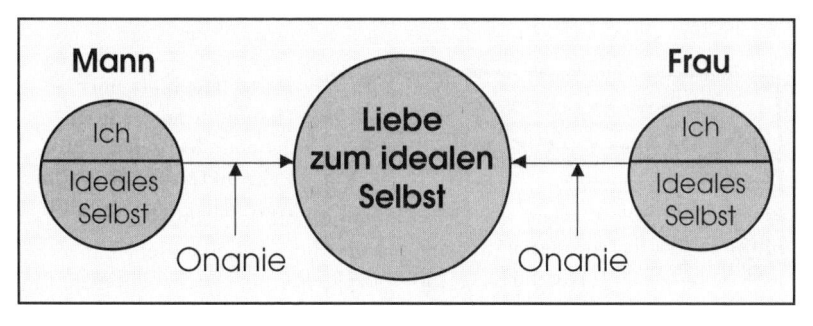

```
     Mann                                          Frau
   ┌──────┐         ╱─────────╲              ┌──────┐
   │ Ich  │        │   Liebe    │            │ Ich  │
   ├──────┤  ─────▶│ zum idealen│◀─────      ├──────┤
   │Ideales│       │   Selbst   │            │Ideales│
   │Selbst │        ╲─────────╱              │Selbst │
   └──────┘             ▲                    └──────┘
     Onanie             │                      Onanie
```

Übung:
Geben Sie eine Definition der narzisstischen Selbstliebe.

Das Lieben kann große Leidenschaften erwecken und diese Leidenschaften werden immer unsere Selbstliebe stärken. Deshalb kann man auf die Liebe eigentlich nie verzichten. „Wer große Leidenschaften gefühlt hat, ist ein ganzes Leben lang glücklich und unglücklich von ihnen geheilt zu sein." (La Rochefoucauld, a.a.O., S. 67 (485)) Im Kampf mit der narzisstischen Selbstliebe kann allerdings der Mensch menschlicher werden und mehr Selbstlosigkeit entwickeln. Allerdings hält La Rochefoucauld die Liebe nicht für das geeignete Feld für die Humanisierung des Menschen. Für La Rochefoucauld ist die Freundschaft der richtige Humanisierungsrahmen und deshalb eigentlich auch wertvoller als die Liebe.

Übung:
Halten Sie die Freundschaft für wertvoller als die Liebe? Geben Sie eine Begründung für Ihr Urteil.

Literatur zu La Rochefoucauld

La Rochefoucauld: Maximen und Reflexionen. Stuttgart 2000

Balmer, H.P.: Philosophie der menschlichen Dinge. Die europäische Moralistik. München 1981

Kimmich, D.: Epikureische Aufklärung. Darmstadt 1993

Schalk, F. (Hrsg.): Die französischen Moralisten. Leipzig 1962

Stackelberg, J.v.: Französische Moralistik im europäischen Kontext. Darmstadt 1982

Zimmer, R.: Die europäischen Moralisten. Hamburg 1999

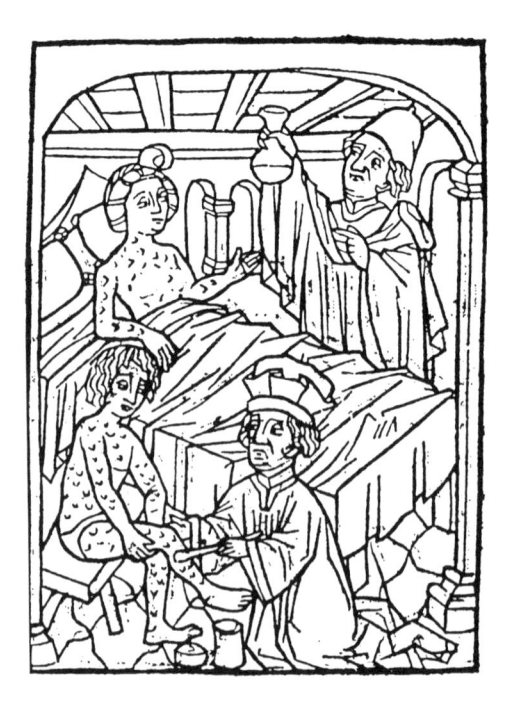

Dieses Titelblatt einer Heilkunde aus dem 15. Jahrhundert zeigt Syphilis-Erkrankte, die von einem Arzt behandelt werden.

8. Christian Hofmann von Hofmannswaldau (1617-1679):
Die wollüstige Liebe

Das Zeitalter des Barock wird durch Religionskriege und die Verheerungen des Dreißigjährigen Krieges besonders in Deutschland bestimmt. Die christliche Philosophie verliert an Gewicht. Der Mystiker Jakob Böhme (1575-1624) eröffnet mit seiner Philosophie des guten und bösen Urgrundes einen neuen Zugang zum Bösen in der Welt. Das Denken des Barock wurde durch starke Gegensätze geprägt: Lebenslust stand neben Todesangst, Weltbejahung neben Vergänglichkeitsbewusstsein. Die Philosophie der Liebe wird besonders durch die Entdeckung der Wollust erweitert.

Die Entdeckung der Wollust geschieht aber nicht in der Philosophie, sondern in der Lyrik. Dabei kommt der Lyrik das Verdienst zu, die Erotik als zivilisatorisch verfeinerte Sexualität erforscht und neue Zugänge eines körperlichen Zugangs zur Metaphysik entdeckt zu haben. Das Barock betont besonders, dass „in Entdeckung und Aufdeckung der intimsten Zonen vor allem des weiblichen Körpers und der erogenen Zonen seiner Anatomie der Kern der Welt versteckt ist, den es reichlich zu genießen gilt." (J. Kiermeier-Debre; Vogel, F.F. (Hrsg.): Die Entdeckung der Wollust. München 1995, S. 202) In den Blick der wollüstigen Liebe gerät der fünfstufige Liebesweg (via amoris) der Wollust. Dieser Weg beginnt mit Blicken, erweitert sich mit verliebten Gesprächen, führt dann zu Berührungen und Küssen und erweitert sich dann schließlich zum Koitus, der als kleiner Tod als besonderer Augenblick der Ewigkeit verstanden wird.

Bei der Entdeckung der Wollust in der deutschen Barock-Lyrik spielen antike aber auch zeitgenössische italienische und französische Vorbilder eine Rolle. Dafür gibt es genügend Beispiele: „Der große englische Lyriker Donne, der später ein hoher anglikanische Geistlicher wurde, hat in seinen frühen Gedichten mit großem Gusto und mit großer Kunst Aspekte des Geschlechtsaktes besungen." (N. Elias: Das Schicksal der deutschen Barocklyrik zwischen höfischer und bürgerlicher Tradition. In: Merkur, 41. Jg. 1987, Heft 4, S. 467)

Die Wollust wird in einer neuen metaphernreichen Sprache präsentiert, die sich am Körper der Frau entzündet. Dabei lebt die ars erotica des Ovids auch wieder auf. Die Barock-Lyrik feiert den Liebesgarten als Schoß der Frau und besingt „vom männlichen wie weiblichen Ejakulat bis zu den kleinen Schamlippen, von der Erektion bis zum Samenerguss die gesamte Begrifflichkeit

Allegorie auf die Liebe
16. Jh., Louvre Paris

der späteren Sexualwissenschaft." (J. Kiermeier-Debre u.a., a.a.O., S. 207) Der Geschlechtsakt wird zum künstlerischen Akt und verwandelt sich „zu Wein, Malvasier, Honig und Most, zu Zimt und Zucker, zu allen Gewürzen und Düften des Orients und Okzidents und zu allen nur denkbaren Gaumen-, Zungen- und Tafelfreuden." (J. Kiermeier-Debre u.a., a.a.O., S. 208) Der barocke Lyriker durchbricht das christliche Tabu des Sprechens über Sexualität und feiert diesen Tabubruch ästhetisch als neue metaphysische Praxis.

Die Feier der Wollust war so extrem antichristlich, dass später diese barocke Lyrik als Pornografie verdammt wurde. Der Freiraum des Sprechens über Sexualität in höfischen Kreisen, im lyrischen Gewand, verfällt in der Literatur der bürgerlichen Gesellschaft schnell wieder der Verdrängung. (N. Elias, a.a.O., S. 467) Die Entdeckung und Erhöhung der Frau als Schöpferin der Welt, gegen die Erniedrigung der Frau in der Bibel und im Christentum, wird in der frühen bürgerlichen Gesellschaft der Aufklärung wieder zurückgenommen.

Die Entdeckung der Wollust ist in Deutschland also nicht das Verdienst der Philosophie, sondern das Verdienst von Christian Hofmann von Hofmannswaldau und seiner schlesischen Dichterschule.

Christian Hofmann von Hofmannswaldau wird 1617 in Breslau als einziges Kind eines geadelten Kammerrates geboren. Er besucht erst in Breslau, dann in Danzig das Gymnasium. 1638 wird er Student der Rechte in Leiden. 1639 reist er mit dem Fürsten von Fremonville durch Europa, um die neueste europäische Literatur und besonders die Liebe zu studieren. 1641 ist er wieder in Breslau. Nach der Europareise entstehen die meisten seiner erotischen Gedichte. 1657 wird er zum Kaiserlichen Rat ernannt.

8. Christian Hofmann von Hofmannswaldau

Er gilt in Kreisen der schlesischen Dichter, die sich um ihn sammeln, als „Deutscher Ovid". 1677 wird er Präsident des Breslauer Ratskollegiums. 1679 ist er in Breslau gestorben. Seine Liebeslyrik und die der schlesischen Dichterschule wird erst nach seinem Tod in einer Anthologie in sieben Teilen von 1695 von 1727 unter dem Titel „**Herren von Hofmannswaldau und andere Deutschen auserlesener bisher ungedruckte Gedichte**" von Benjamin Neukirch herausgegeben. In dieser Anthologie wird die Entdeckung der Wollust als neue Philosophie als Tat in der Tradition des Aristipp, des Epikur und der Humanität gefeiert.

Hofmannswaldau sagt in seinem Gedicht „**Wollust**":

„Die Wollust bleibet doch der Zucker dieser Zeit.
Was kann uns mehr,
denn sie,
den Lebenslauf versüßen?
Sie lässet trinkbar Gold in unsere Kehlen fließen
und öffnet uns den Schatz beperlter Lieblichkeit.
...
Wer Epikuren nicht für seinen Lehrer hält
Der hat den Weltgeschmack
und allen Witz verloren.
Es hat ihr die Natur als Stiefsohn ihn erkoren,
Er muß ein Unmensch seyn
und Scheusal dieser Welt.
Der meisten Lehrer Wahn erregte Zwang und Schmerzen.
Was Epikur gelehrt,
das kitzelt noch die Herzen."

(J. Kiermeier-Debre u.a., a.a.O., S. 7f.)

Übung:
Schreiben Sie einen Satz auf die Wollust, in dem die Worte „Zucker",
„Gold" und „Epikur" vorkommen.

Die poetische **Feier des Aktes** als neuer Dienst am weiblichen Lustgott beginnt, als wichtige Stufe der via amoris (Liebesweg), mit der Beschreibung des Mundes und des Kusses.

„Dein Mund der ist mein Wollust-Keller
worin sich oft berauscht die Seel,
ich achte nicht den Muscateller,

> *wann nur in der Korallen-Höhl*
> *die Seele weidet...*
> *Dein Kuß, der bleibet*
> *Mein Lust-Magnet,*
> *zu dem mich treibet*
> *die Treu, so steht*
> *und nicht vergeht."*
>
> (J. Kiermeier-Debre u.a., a.a.O., S. 74)

Übung:
Schreiben Sie ein serielles Gedicht auf den Kuss, das immer mit der Zeile beginnt: „Dein Mund, der ..."

Es folgt dann das **Lob der Brüste**:

> *„Die Brüste sind mein Zweck,*
> *die schönen Marmel-Ballen*
> *auf welchen Amor ihm ein Lustschloß hat gebaut.*
> *Die durch das Atem-Spiel sich heben und auch fallen*
> *Auf die der Sonne Gold wohlriechend Ambra taut.*
>
> *Sie sind ein Paradies*
> *In welchem Äpfel reifen,*
> *nach deren süßer Kost jedweder Adam lechzt.*
> *Zwei Felsen,*
> *um die stets des Zephirs Winde pfeifen,*
> *ein Garten schöner Frucht,*
> *wo die Vergnügung wächst."*
>
> (J. Kiermeier-Debre u.a., a.a.O., S. 13)

Übung:
Schreiben Sie diese Lyrik mit dem Thema „Brustlob" in einen Satz um, in dem kein Wort mit „e" vorkommt.

Besonders wichtig für die Erkenntnis der Welt erscheinen der Wollustphilosophie und der barocken Lyrik die weiblichen Brüste und der weibliche Schoß. Die Brüste sind Abbilder des Himmels und der Erden, weil „ihr des großen Rundes Bilder seid." (J. Kiermeier-Debre u.a., a.a.O., S. 32) Der Makrokosmos lässt sich im Mikrokosmos der Brüste erfassen. Das Haupterkenntnismittel des Kosmos ist die sinnliche Wahrnehmung, das Erkenntnisobjekt ist ein wollüstiger Pantheismus, der sich in den Brüsten empirisch offenbart.

8. Christian Hofmann von Hofmannswaldau

> *„Hier ist die süße Frucht der Welt,*
> *die nach dem Paradiese schmeckt,*
> *darein der starke Leim verstecket,*
> *der alle Welt zusammenhält."*
> (J. Kiermeier-Debre u.a., a.a.O., S. 32)

Der Bezug des Menschen zum Makrokosmos über die Brüste vollzieht sich für den Mann über magische Gewalt, „weil ich der Brüste Sklave bin". Wenn der Mund als Erkenntnismittel der Brüste diese nicht erforschen kann, so bleibt doch das Phantasieren über die Brüste ein Weg zum Makrokosmos.

> *„Was denn der Mund nicht leisten kann,*
> *das nehmt ihr schönsten Engelbrüste,*
> *ihr Gegenwürfe meiner Lüste*
> *von liebenden Gedanken an."*
> (J. Kiermeier-Debre u.a., a.a.O., S. 33)

Übung:
Schreiben Sie mit Freewriting Ihre Phantasien über Brüste auf. Beginnen Sie dann ein Reimgedicht mit der Zeile „Ihr schönsten Engelbrüste..." und schreiben Sie anschließend gereimte drei Zeilen weiter.

Der weibliche **Schoß** wird besser als der Kopf zum Lebensmittelpunkt und zum zentralen Ort der Welterkenntnis.

> *„Was nicht das Auge sieht,*
> *läßt uns der Schoß empfinden*
> *anstatt sich nur zu sehen,*
> *so spürt man das Gemüt.*
> *Und siehet durch die Tat, was nicht das Auge sieht.*
> ...
> *So wird vielmehr der Schoß*
> *dem Mittelpunkt im Lieben,*
> *was Geist und Odem hat,*
> *durchdringend angetrieben,*
> *so grimmig ist kein Bär,*
> *hier hält er keinen Stich.*
> *Ihn reißt der kleine Punkt,*
> *so wild er ist,*
> *zu sich."*
> (J. Kiermeier-Debre u.a., a.a.O., S. 57f.)

Übung:
Schreiben Sie einen barocken langen Satz über die Erkenntniskraft der Erfahrung des Schoßes.

Der Schoß der Frau erscheint als Ursprung aller Wesen, weil aus dem weiblichen Schoß die Götter selbst hervorgehen. Er wird gegen die Bibel und ihre Version der Genesis zur entscheidenden Metapher für die Schöpfung überhaupt. Der Schoß spricht und sagt:

„Ihr müßtet auch im Mutterleib erbleichen,
wenn nicht durch mich das Tor wär' in die Welt gemacht.
Es füllet meine Frucht den Himmel und die Erde.
Ich mache, daß der Bau der wundergroßen Welt
nicht vor der letzten Zeit zu einer Wüste werde."
(J. Kiermeier-Debre u.a., a.a.O., S. 71)

Übung:
Schreiben Sie ein Loblied des Schoßes auf sich selbst, der alles hervorbringt.

Der weibliche Schoß ist also das Zentrum der Welt, aus dem nicht nur alle Dinge hervorgehen, sondern auch alle Lebenslust ihren Ursprung gewinnt:

„Hier ist der Bienenstock, wo aus der keuschen Blume
der Lebenshonig wird zur rechten Zeit gemacht."

Übung:
Beschreiben Sie die Kräfte des weiblichen Schoßes in drei Zeilen.

Ohne die Spende der Lebenslust durch den weiblichen Schoß brechen Depressionen aus, gehen Länder zugrunde und die Geschichte gerät in tiefe Krisen. Der Schoß als schönster Teil der Frau spricht deshalb weiter:

„Wenn ich verschlossen bin, so geht die Lust im Leide.
Oft werden darum Länder ruiniert
und spinnen Trauerflor anstatt der weißen Seide,
weil meine Muschel nicht den Thron mit Perlen ziert."

Der weibliche Schoß gewährt mehr Lebenskraft als die Brüste:

„So kann der Wohlstand sich auf meine Pfeiler gründen.
Bei Euch, Ihr Brüste, wird man diesen schwerlich finden."
(J. Kiermeier-Debre u.a., a.a.O., S. 72f.)

8. Christian Hofmann von Hofmannswaldau

Übung:
Beschreiben Sie in einem Elfchen die Bedeutung des Schoßes für den öffentlichen Reichtum und den Wohlstand der Gesellschaft und für das Glück der einzelnen Menschen.

Als Gipfel der Liebesreise zum Schoß erscheint dann der **Orgasmus**, der für den barocken Lyriker als „Kleiner Tod" begriffen wird.

> „*Jedoch der Schiffbruch wird versüßet,*
> *weil deines Leibes Marmel-Meer*
> *der müde Mast entzückend grüßet*
> *und fährt auf diesem hin und her.*
> *Bis endlich in dem Zucker-Schlunde*
> *Die Geister selbst gehen zu Grunde."*
>
> (J. Kiermeier-Debre u.a., a.a.O., S. 25)

Übung:
Schreiben Sie einige Sätze über den Orgasmus als „kleinen Tod". Beginnen Sie jeden Satz mit: „Der kleine Tod ..."

Der kleine Tod des Orgasmus wird als Tod und Wiedergeburt verstanden.

> „*Stirb nur, Amando stirb,*
> *die Lust steht dir zur Seiten.*
> *Die schöne Marmor-Brust will dir das Grab bereiten.*
> *O wunderschöner Tod,*
> *glückseelig wer so stirbt*
> *und in dem hohlen Schoß ein süßes Grab erwirbt.*
> *Man stirbt indem man lebt,*
> *man geht in Wollust unter*
> *und wird nach solchem Tod zu neuen Freuden munter.*
> *Besteigen wir das Grab,*
> *erfüllt die schöne Gruft,*
> *denn der ist recht vergnügt,*
> *der so im Grabe dufft."*
>
> (J. Kiermeier-Debre u.a., a.a.O., S. 186)

Übung:
Sammeln Sie so viele Bilder wie möglich über das süße Sterben im Orgasmus. Fassen Sie dann diese Bilder in mehreren Sätze zusammen.

Der Orgasmus erscheint den barocken Lyrikern zugleich als ein therapeutisches Zwiegespräch zwischen zwei heterosexuellen Partnern, das die Quellen der Lebenslust neu erschließt. In einem „Lustgespräch zweier verliebter Personen" heißt es:

„*Thyrsis:* *Verzeih, es wird sich itzt der süße Tau ergießen.*
Ich merke wie die Lust zu meinen Adern dringt.

Psyche: *Und ich fühl' Honigseim in meinem Busen fließen.*
Die Wollust macht mich satt.

Thyrsis: *Mich hat sie schon umringt,*
Ach Schatz! Ach! Ach!

Psyche: *Mein Kind! Ach Liebster! Ach mein Leben!*
Ist das nicht Zuckerlust?

Thyrsis: *Ach ich bin ganz entzückt!*

Psyche: *O süßer Lebenstau,*
den mir mein Schatz gegeben.

Thyrsis: *O süßer Lebensquell,*
wie hast du mich erquickt."

(J. Kiermeier-Debre u.a., a.a.O., S. 97f.)

Übung:
Entwickeln Sie ein Zwiegespräch um den orgastischen Höhepunkt. Die kleinen Ohnmachten des Orgasmus können Sie mit drei Punkten kennzeichnen.

Der Orgasmus eröffnet für die Barock-Lyriker den Weg zum Paradies, das als Lebenswelt der freien sexuellen Lust erscheint, ganz im Gegensatz zum biblischen Paradies, das die Lust erst nach der Vertreibung und um den Preis der Arbeit, der Schmerzen des Gebärens und des Todes eröffnet.

„*Albanie*
soll denn dein warmer Schoß,
so öd und wüst und unbebauet liegen?
Im Paradies, da ging man nackt und bloß,
und durfte frei die Liebesäcker pflügen."
(J. Kiermeier-Debre u.a., a.a.O., S. 19)

Übung:
Schließen Sie Augen und stellen Sie sich die freie Liebe in einem nichtbiblischen Paradies vor. Beschreiben Sie Ihre Liebesbilder in Reimen.

8. Christian Hofmann von Hofmannswaldau

Der Orgasmus der neuen praktischen Metaphysik hat jedoch seinen Preis. Auf die überschäumende Liebe der Jugend folgt oft die sexuelle Entbehrung des Alters. Auch das Barock lässt auf das Lob der Wollust die Klage über ihre Vergänglichkeit folgen:

> *„Wo sind die Stunden*
> *der süßen Zeit,*
> *da ich zuerst empfunden,*
> *wie deine Leiblichkeit*
> *mich dir verbunden?*
> *Sie sind verrauscht,*
> *es bleibet doch dabei,*
> *daß alle Lust vergänglich sei.*
>
> *Das Andenken*
> *der Zuckerlust*
> *will mich in Angst versenken.*
> *Es will verdammte Kost*
> *uns zeitlich kränken.*
> *Was man geschmeckt und nicht mehr schmecken soll*
> *ist freudenleer und jammervoll."*
>
> (J. Kiermeier-Debre u.a., a.a.O., S. 34)

Übung:
Schreiben Sie einen Satz, der die Grenzen der Lust benennt.

Die Vergänglichkeit der Lust wurde im Barock allerdings durch den ewigen Augenblick der Lust aufgehoben.

> *„Tritt her,*
> *du Himmelsbild,*
> *Rosette.*
> *Die Finsternis tritt schon herein.*
> *Drum wirst du mir in meinem Bette*
> *mein Angelstern und Sonne sein.*
> *Was acht ich denn der dunklen Nacht,*
> *wenn nur mein Licht und Sonne bei mir wacht."*
>
> (J. Kiermeier-Debre u.a., a.a.O., S. 116)

Übung:
Beschreiben Sie die ewige Lust, wie Sie sie in einem Augenblick erlebt haben, der die Vergänglichkeit aufhob, in einem Lautgedicht. (Lautgedicht: Möglichst viele Worte nur aus Vokalen in Reihung setzen).

Die Entdeckung der Wollust und einer sexuellen Metaphysik im Barock schuf in Deutschland keine breite literarische oder philosophische Tradition. Spätere Epochen „konnten es nicht mehr ertragen, dass man relativ unverhüllt, im Scherz, im Ernst und in Maßen, sexuelle Momente des menschlichen Lebens direkt in die Gedichte einbezog. Das aber blieb ein genereller Zug der Barock-Literatur." (N. Elias, a.a.O., S. 467)

In späteren Zeiten besaß die Philosophie wie die Literatur andere Produktionsweisen und Adressaten. Im Barock dichtete und dachte man direkt für eine geschlechtsgemischte höfische Geselligkeit. Diese Geselligkeiten waren durch „die ernsten oder spielerischen Spannungen zwischen den Geschlechtern" gekennzeichnet. Spätere bürgerliche Epochen kennen den einsamen Denker bzw. die einsame Denkerin, der/die für einen anonymen Markt philosophiert oder den Universitätsprofessor, der Studenten mit öffentlichen philosophischen Vorlesungen bildet. Beide Formen des Publikums machen ein wollüstiges Denken in der prüden Öffentlichkeit schwierig.

Sehen wir uns nun das Bild der wollüstigen Liebe an:

Das Bild der wollüstigen Liebe bei Hofmann v. Hofmannswaldau

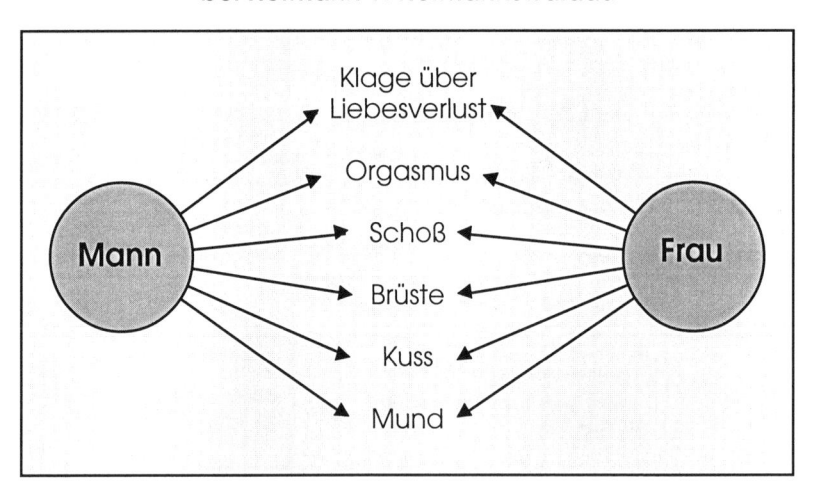

```
              Klage über
             Liebesverlust
               Orgasmus
                 Schoß
  Mann                           Frau
                 Brüste
                  Kuss
                  Mund
```

Übung:
Geben Sie eine Definition der wollüstigen Liebe.

8. Christian Hofmann von Hofmannswaldau

Ein Lob der Wollust war in den Jahren 1600-1650 besonders gefährlich. In diese Zeit fällt der Höhepunkt der Hexenverfolgung. Nach unterschiedlichen Einschätzungen fallen der Hexenverfolgung in Europa zwischen 200.000 bis 1 Million Frauen zum Opfer. Alle Opfer wurden gefoltert und verbrannt. Während der Folter waren die Fragen der Folterer nach der Sexualität sehr detailliert. Fast alle Frauen gestanden, unter Qualen, sexuelle Orgien mit dem Teufel gehabt zu haben. Oft wird auch Inzest mit Verwandten als sexuelle Praxis angegeben. Hinweise auf sexuell stimulierende Kreistänze und die Verwendung von erotisierenden Hexensalben lassen sich in den Vernehmungsprotokollen der Hexen finden. Orgastische Hexenflüge scheinen ebenso an der Tagesordnung gewesen zu sein. Die Inquisitoren lebten allerdings in dem Wahn, eine weibliche Wollustsekte sei im europäischen Untergrund entstanden und löse die patriarchalische Gesellschaft auf. Deshalb war das Lob der Wollust in den Ohren der Inquisition immer lebensgefährlich. (G. Becker u.a.: Aus der Zeit der Verzweiflung. Zur Genese und Aktualität des Hexenbildes. Frankfurt 1978, S. 218ff.) Es verwundert nicht, dass die Wollustgedichte der Schlesier erst aus ihrem Nachlass herausgegeben werden konnten. Denn auf diese Art und Weise ging bei ihnen die Inquisition leer aus.

Literatur zu Christian Hofmann von Hofmannswaldau

Bronfen, E.: Nur über ihre Leiche. Tod, Weiblichkeit und Ästhetik. München 1994
Elias, N.: Das Schicksal der deutschen Barocklyrik zwischen höfischer und bürgerlicher Tradition. In: Merkur 1987, 41. Jg., Heft 6, S. 451-468
Glaser, H.; Lehmann, J.; Lubos, A.: Wege der deutschen Literatur. Frankfurt 1962
Heiduk, F.: Die Dichter der galanten Lyrik. Studien zur Neukirch'schen Sammlung. Bern 1971
Kiermeier-Debre, J.; Vogel, F.F.: Die Entdeckung der Wollust. München 1995
Meid, V.: Barocklyrik. Stuttgart 1964
Rotermund, E.: Christian Hofmann von Hofmannswaldau. Stuttgart 1963
Scholz, J.: Deutsche Dichtung des Barock. Hollfeld 1985

9. Julien Offray de la Mettrie (1709-1751): Die große Liebe

In der französischen Aufklärung wird die Renaissance des egoistischen Luststrebens fortgeführt. Emotionalität und Sinnlichkeit werden in Frankreich in der Tradition des Barock positiv bewertet. Viel umfassender als in der deutschen Aufklärung. Der „Genuss" wird ebenso erfunden wie die Hoffnung auf eine Balance zwischen Vernunft und Sinnlichkeit. Privates Glück wird nun zum öffentlich diskutierten Thema. Lust und Liebe sind nicht von der christlichen Religion zu bestimmen, sondern müssen von jedem selbst gestaltet werden. Vernünftige Selbstliebe und kontrollierte Selbstsorge werden als philosophische Grundkonzepte der Aufklärung entdeckt. (D. Kimmich: Epikureische Aufklärungen. Darmstadt 1993, S. 129) Der aufklärerische Drang zur Naturbeherrschung durch Wissenschaft und Technik lässt sich allerdings nicht nur als Versuch der Bewältigung „radikal gewordener mythischer Angst" verstehen (T.W. Adorno; M. Horkheimer: Dialektik der Aufklärung. Frankfurt 1969, S. 22), sondern auch als genussvolle Selbstermächtigung des Menschen.

Innerhalb der französischen Aufklärung spielt Julien Offray de la Mettrie als Vertreter der großen Liebe eine wichtige Rolle, die aber in der Geschichte der Philosophie meist unterschlagen wird. Der französische Aufklärer Denis Diderot sagte über Julien de la Mettrie: „Einen in seinen Sitten und Anschauungen so verdorbenen Menschen wie la Mettrie schließe ich aus der Schar der Philosophen aus." Der Erforscher der Geschichte des Materialismus Friedrich Albert Lange stellte 1866 fest: „La Mettrie ist einer der geschmähtesten Namen in der Philosophiegeschichte." (F.A. Lange: Geschichte des Materialismus. Frankfurt 1978, S. 422) Panajotis Kondylis behauptete 1981: „La Mettrie war der konsequenteste nihilistische Denker des 18. Jahrhunderts." (P. Kondylis: Die Aufklärung im Rahmen des neuzeitlichen Rationalismus. München 1986, S. 138)

Julien Offray de la Mettrie
als *Lachender Demokrit*.
(Entstanden während La Mettries
Berliner Zeit,
von Georg Friedrich Schmidt)

9. Julien Offray de la Mettrie

Übung:
Zeichnen Sie ein imaginäres Porträt von La Mettrie. Beschreiben Sie ihn dann in drei Sätzen.

Julien Offray de la Mettrie wurde 1709 in St. Malo an der französischen Atlantikküste geboren. Der Vater war Textilhändler. Die Schulausbildung von Julien lag in der Hand von Jesuiten. Er begann Philosophie zu studieren, wechselte dann aber 1728 zur Medizin. 1733 wurde er zum Doktor der Medizin promoviert. La Mettrie ließ sich schließlich als Landarzt in St. Malo nieder und praktizierte dort für acht Jahre. 1741 erlebte La Mettrie, dass die Cholera Tausende von Menschen sterben ließ. 1742 ging er nach Paris und begann Schriften zu verfassen, die in immer schärferer Form das medizinische System in Frankreich kritisieren. 1743 bis 1745 arbeitete er als Militärarzt. Während seiner Zeit als Militärarzt hatte er ein Schlüsselerlebnis: Nach einem heftigen Fieberanfall 1744 erlebte er den Einfluss des kranken Körpers auf Geist und Gemüt und erkannte die Einheit von Körper und Seele als Grundmotiv seiner materialistischen und monistischen Philosophie.

Übung:
Denken Sie an eine Ihrer Krankheiten. Bestätigen oder widerlegen Sie den Einfluss des kranken Körpers auf Ihre seelische und geistige Lage in einigen Sätzen.

Seine medizin-kritischen Bücher, in denen La Mettrie seinen Arztkollegen Kurpfuscherei aus Gewinnsucht vorwirft, werden verboten und auf den Treppen des Pariser Parlaments 1746 verbrannt. La Mettrie fürchtet nun um sein Leben. Er gibt seine gesicherte Existenz in St. Malo auf und flieht ohne seine Frau und seine zwei Kinder nach Holland. Ende 1747 verfasst er seinen größten Skandaltext: „Die Maschine Mensch", die auch im liberalen Holland bei den Intellektuellen Entsetzen auslöst. Friedrich der Große von Preußen hörte damals von dem „Feuerkopf" La Mettrie und riet ihm zur Flucht nach Berlin. Am 8. Februar 1748 trifft La Mettrie in Berlin ein. Er wird königlicher Arzt und Vorleser Friedrichs des Großen. Er wird schon am 4. Juli 1748 in die Preußische Akademie der Wissenschaften aufgenommen. La Mettrie erlebt aber bald die Schattenseiten des preußischen Hoflebens, weil es ihm sehr schwer fiel, mit „39 Jahren noch kriechen zu lernen."

Allerdings hat sich La Mettrie mit seiner Schrift **„Die Maschine Mensch"** viele Feinde geschaffen, so dass er den Schutz am Hofe Friedrich des Großen unbedingt brauchte. La Mettrie bestritt energisch die Trennung von Körper und Seele, wie sie René Descartes am Beginn der Aufklärung noch angenommen hatte. Für La Mettrie ist die Natur, die Welt und auch der Mensch eine Maschine. Die Welt lässt sich wie der Mensch als Maschine verstehen. Deshalb ist auch die Welt wie eine Maschine zu reparieren und zu verbessern und der Mensch ließe sich schließlich durch denkende Maschinen ersetzen. La Mettrie verbreitete also die Idee, dass die Zukunft des Menschen nicht im Übermenschen sondern in denkenden Robotern liegt.

Übung:
Welche Zukunft geben Sie „denkenden Maschinen"? Werden die Menschen bald durch „Künstliche Intelligenz" abgelöst?

La Mettrie radikalisiert damit den Materialismus. „Der menschliche Körper ist eine Maschine, die selbst ihre Triebfedern aufzieht." (J.O. de la Mettrie: Die Maschine Mensch. Hamburg 1990, S. 35 und 137) La Mettrie sagt auch, der Mensch ist ein Tier und eine „aufrecht kriechende Maschine". (J.O. de La Mettrie, a.a.O., S. 125) Zwischen Tier und Mensch gibt es für La Mettrie nur graduelle Unterschiede, die auf Erziehung und auf eine bessere Hirnausstattung des Menschen zurückzuführen sind. Eine immaterielle unsterbliche Seele kann für La Mettrie nicht nachgewiesen werden. Die Vitalität der belebten Natur und des Menschen entspringt der Dynamik der Natur, die im Menschen ihren Sitz im Gehirn hat. (J.O. de La Mettrie, a.a.O., S. 105) Die Maschine Mensch entsteht durch den Zeugungsakt, aus der Zeugung entsteht der Embryo, und der Embryo durchläuft im Uterus Entwicklungsstadien, die denen der Tiere und Pflanzen durchaus ähnlich sind. (J.O. de La Mettrie, a.a.O., S. 120) Die dynamische Materie, aus der auch der Mensch besteht, ist produktiv und kreativ: „Das Tierreich kostet die Natur nicht mehr Mühe als das Pflanzenreich, das größte Genie nicht mehr als eine Getreideähre." (J.O. de La Mettrie, a.a.O., S. 133)

Übung:
Was treibt die Materie dazu, die Welt und den Menschen als Maschine zu produzieren? Schließen Sie die Augen und lassen Sie sich eine Antwort einfallen.

Der radikale Materialismus ist auch die Basis für seine Theorie der großen Liebe. Der radikale Materialist ist für La Mettrie „sorglos über sein Schicksal und deshalb glücklich. Er wird den Tod erwarten, ohne ihn weder zu fürchten noch ihn herbeizuwünschen und weil er schließlich glücklich darüber ist ... bei dem bezaubernden Schauspiel der Welt anwesend zu sein, wird er die Natur zweifellos niemals in sich noch in anderen zerstören." (J.O. de La Mettrie, a.a.O., S. 137)

Übung:
Kennen Sie glückliche Materialisten? Beschreiben Sie einen derartigen Typus.

Für La Mettrie liegt der Sinn der Existenz der Menschenmaschine in seiner Existenz selbst. „Vielleicht ist der Mensch aufs Geratewohl auf einen Punkt der Erdoberfläche geworfen worden, ohne dass man wissen kann, wie und warum; sondern nur dass er leben und sterben muss, ähnlich wie Pilze und Blumen." (J.O. de La Mettrie, a.a.O., S. 85f.) La Mettrie ist skeptisch gegenüber jeder Form von Metaphysik. „Wir sind nicht dazu geschaffen, vom Unendlichen auch nur die geringste Vorstellung zu haben ... Im übrigen ist für unsere Ruhe gleichgültig, ob die Materie ewig oder ob sie geschaffen worden ist, ob es einen Gott oder ob es keinen gibt." (J.O. de La Mettrie, a.a.O., S. 87)

Übung:
Ist es Ihnen gleichgültig, ob die Materie ewig oder zeitlich ist und ob es einen Gott gibt oder keinen? Begründen Sie Ihre Anschauung.

Die Natur hat der menschlichen Maschine aber ein erkennbares Ziel gesetzt: Glücklich zu werden. „Die Natur hat uns alle einzig dazu geschaffen, glücklich zu sein, ja alle – vom kriechenden Wurm bis zum Adler, der sich in den Wolken verliert." (J.O. de La Mettrie, a.a.O., S. 83) Zum Glücklichwerden besitzt das menschliche Gehirn die Einbildungskraft. Sie gibt dem Maschinenkörper erst ihr eigentliches Leben. Die Einbildungskraft ist es auch, „die der Zärtlichkeit eines verliebten Herzens den anzüglichen Reiz der Wollust hinzufügt." (J.O. de La Mettrie, a.a.O., S. 61) Wenn das höchste Glück in der Wollust liegt, dann muss La Mettrie alle Barrieren vor der Wollust abbauen, besonders jegliches Scham- und Schuldgefühl vor der Sexualität.

Während er am Hofe Friedrich des Großen langsam in die Rolle des Hofnarren und Clowns hineinwächst, schrieb er 1748 sein Hauptwerk „**Über das Glück oder das höchste Gut (Anti-Seneca)**". La Mettrie stützt sich auf Epikur, dessen Materialismus er ja teilt und will „die Summe der Güter des Lebens vergrößern und zwar durch Ermunterung zu den köstlichen Wonnen, die uns die Liebe und alle Spielarten der Lust zu spenden vermögen." (J.O. de La Mettrie: Über das Glück oder das höchste Gut. Nürnberg 1985, S. 8) Als wichtigste Möglichkeit der Steigerung der sexuellen Lust muss allerdings das Schuld- und Schamgefühl beseitigt werden, das die große Liebe und die große Lust so oft beeinträchtigt. Die Beseitigung der Scham beginnt für La Mettrie mit der Einsicht: Gut und Böse, jede Moral ist Produkt „gesellschaftlicher Interessen". „Eine Tugend ist nur eine Tugend, wenn sie der Gesellschaft nutzt, ansonsten ist sie nur ein Hirngespinst." (J.O. de La Mettrie, a.a.O., S. 53)

Übung:
Welche Argumente lassen die Relativität der Moral und der Scham begründen? Listen Sie diese Argumente nun auf.

Allerdings vermittelt die öffentliche Moral dem Menschen ein ständiges Schuldgefühl, wenn er sich mit der glücklichen Wollust der großen Liebe befasst. Das Morden im Krieg und bei der Folter geschieht allerdings ohne Schuldgefühle, aber die Befreiung des Menschen vom Schuldgefühl lässt sich ziemlich schwer an und bleibt, im Gegensatz zum schamlosen öffentlichen Morden, eine Aufgabe, die jeder mit sich selbst abmachen muss. Denn: „Das Schuldgefühl an sich ist also, nüchtern betrachtet, in jedem Falle ohne Nutzen." (J.O. de La Mettrie, a.a.O., S. 59) Es ist Produkt der repressiven Erziehung. Das Schuldgefühl ist eine der zentralen Belastungen für das große Glück der Maschine Mensch.

Übung:
Beschreiben Sie mal Ihre Schuldgefühle. Schreiben Sie eine Minute Freewriting. Wählen Sie dann den wichtigsten Gedanken aus Ihrem Text aus.

Wenn Wollust zu erleben, ein Verbrechen ist, sagt La Mettrie, „dann besteht die Glückseligkeit des Menschen gewiss darin, Verbrecher zu sein." (J.O. de La Mettrie, a.a.O., S. 61)

Übung:
Unter welchen Umständen setzen Sie sich um der Lust der großen Liebe willen über alle gesellschaftlichen Gesetze und moralischen Skrupel hinweg?

Die Befriedigung der Wollust ist so natürlich wie Essen und Trinken. Sie lässt sich deshalb nicht aussetzen. Wer sexuell völlig entspannt ist, ist glücklich. Die Heiterkeit sexuell entspannter Menschen ist „überschäumend wie Champagner und so ansteckend und platzergreifend, dass es sofort auffällt, wenn sie den Saal verlassen." (J.O. de La Mettrie, a.a.O., S. 107)

9. Julien Offray de la Mettrie

Übung:
Beschreiben Sie Ihre Stimmung nach einem guten Orgasmus. Assoziieren Sie fünf Worte zum Begriff Orgasmus und schreiben Sie aus drei ausgewählten Worten drei Sätze.

Natürlich ist Lust mit Leiden verbunden, aber La Mettrie rät: „Betäuben wir unsere Schmerzen und stürzen wir uns wieder ins Vergnügen." (J.O. de La Mettrie, a.a.O., S. 143) Der/Die große Liebende sollte allen Anfeindungen zum Trotz, „sich nur für die Strahlen der Lust öffnen und sozusagen nur mit ihr nackt und ungeschützt ins Bett gehen." (J.O. de La Mettrie, a.a.O., S. 147) Der radikale Materialist entdeckt in der großen Liebe und der großen Lust das Jenseits der Maschinenwelt und des Maschinenmenschen. „Immer ist die Liebe ein unvergleichliches Glück. Sie erhebt den Menschen weit über sein gewöhnliches Dasein, soweit, dass man die Götter ersann, um doch noch einen Vergleich zu haben. Doch war man überzeugt, dass das Dasein der Götter eigentlich nicht köstlicher sein könne." (J.O. de La Mettrie, a.a.O., S. 153)

Übung:
Beschreiben Sie das Leben von Göttern, die volle Lust ohne Schuld erleben.

1751 veröffentlichte La Mettrie seine Schrift **„Die Kunst Wollust zu empfinden"**. In dieser Schrift verarbeitet La Mettrie seine ganz konkreten Wollusterfahrungen. La Mettrie war sein ganzes Leben lang ein Liebhaber empfindsamer Frauen, von denen er auch die Kunst der Wollust lernte. In einem Brief an seine Geliebte, die Frau „Marquis von XXX" heißt es über die Bedeutung der Imagination in der Liebe: „Es gibt Momente ... wo die Einbildungskraft dem Geist den geliebten Gegenstand so lebhaft vorgaukeln kann, dass man glaubt, ihn zu sehen und mit ihm zu sein... Es sind diese Momente, während derer mir die Illusion die größten Glücksgefühle zu verschaffen mag, mehr als die Realität es je vermag... Die Ehre, die Vernunft... verblassen angesichts unserer Freuden... Voller Wollust ist alles, die Herzen laufen über, die letzte Gunst wird gewährt, Unsere Sinne und unsere Seelen vereinigen sich." (J.O. de la Mettrie, zit.n. U.P. Jauch: Jenseits der Maschine. München 1998, S. 327) Über die Erfahrung der Wollust mit seiner Freundin Madame Lecomte schreibt La Mettrie: „Beim Vorspiel stelle ich mir oft ihren Körper vor. Dieses innere Bild wirkt noch verlockender als der Körper selbst. Im Liebesspiel verlor sie dann jede Vernunft. Sie begann zu weinen, bevor sie vor Lust das Bewusstsein verlor. Ihr Körper schien in der Wollust ganz Seele zu werden, ehe sie zur Vereinigung bereit war." La Mettrie erreichte mit ihr die höchste Lust nur, wenn er sich ganz auf die

Wünsche der Geliebten einstellte. Seine Beziehung zu Madame Lecomte lehrte ihn: „Die Seele macht alles, was sie berührt, schöner. Sie erzeugt ihre Vorstellungen nach eigenem Belieben." (J.O. de la Mettrie: Die Kunst Wollust zu empfinden. Nürnberg 1987, S. 57)

La Mettrie bewunderte auch die große Liebeslehrerin Ninon de Lenclos (1620-1705), die als Kurtisane bis ins Alter von 80 Jahren ständig ihre Partner wechseln konnte. (Vgl. K. Thiele-Dohrmann: Pikant wie ein Engel. Hetären, Kurtisanen, Mätressen. Hamburg 1995, S. 140-160) Über die enorme Imaginationskraft von Ninon schreibt La Mettrie: Die Liebesgenüsse der Seele, „Ninon, du hast sie ein glückliches Leben lang gekannt, diese erlesenen Genüsse und deshalb wirst du ewig leben in den Annalen der Liebe." (J.O. de la Mettrie, a.a.O., S. 16)

Mit einer derartigen Schrift über die Wollust, die die Lust und die Imagination über die Vernunft stellt, erregt La Mettrie wie so oft den Argwohn der Zensur.

Die Zeiten für Wollust-Philosophien wurden auch in Potsdam schlechter. 1750 war der französische Philosoph Voltaire nach Potsdam gekommen und zum neuen Philosophen-Star am Hof Friedrich des Großen aufgestiegen. Voltaire wird 1753 Potsdam im Streit mit Friedrich des Großen verlassen und in späteren Veröffentlichungen Friedrich den Großen und La Mettrie gezielt als Lustmolche verleumden.

Die Lust, Wollust zu empfinden, basiert für La Mettrie auf der Fähigkeit der Menschenmaschine, Imaginationen und Phantasien zu entwickeln. Wollust basiert auf Imagination. „Das Bild des geliebten Objektes ist der Triumph der Imaginationskraft der Seele. (J.O. de La Mettrie: Die Kunst Wollust zu empfinden. Nürnberg 1987, S. 57)

Übung:
Stellen Sie sich erst ein reales Liebesobjekt vor und dann ein ideales. Beschreiben Sie den Unterschied zwischen beiden Objekten.

Die große Wollust vernichtet jedes Schuldgefühl. „In die tastenden Liebesspiele mischt sich nicht die Spur des Gedankens ein Verbrechen zu begehen." (J.O. de la Mettrie, a.a.O., S. 26)

Übung:
Wann treten Schuldgefühle in der großen Wollust auf und wie gehen Sie damit um?

9. Julien Offray de la Mettrie

Wollust ist ohne Sprache. „Jede Zärtlichkeit zeigt, dass die Sprache zum Ausdruck der Gefühle nur wenig geeignet ist." (J.O. de La Mettrie, a.a.O., S. 30)

Übung:
Erfinden Sie zehn Wonneworte für Zärtlichkeiten. Schreiben Sie einen Text, in dem drei dieser Worte vorkommen.

Wollust ist widersprüchlich. Sie will ständige Steigerung. Sie will aber auch Maß. Der wollüstig große Liebende will um der Lust willen alle Lust in Maßen. (J.O. de La Mettrie, a.a.O., S. 36, 71f.)

Übung:
Schreiben Sie einen Dialog zwischen einer Person, die die Lust steigern will und einer, die Maß halten möchte.

Es gibt eine Wollust des Tages und eine der Nacht. Nachts vermitteln die Träume die schönsten Erfüllungen der großen Liebe. (J.O. de La Mettrie, a.a.O., S. 40)

Übung:
Schreiben Sie für sich Ihren schönsten nächtlichen Lusttraum auf.

Wollust ist eine Stufenleiter der Gefühle. „1000 Vorgenüsse leiten euch zum Endgenuss". (J.O. de La Mettrie, a.a.O., S. 46, 61)

Übung:
Legen Sie eine Stufenleiter Ihrer Gefühle von der Vorlust bis zur Endlust an, in Form einer Steigerungsliste.

Wollust ist sozial. Sie funktioniert nur, wenn man sich völlig auf die Wünsche des anderen einstellt.

Übung:
Welche Lustwünsche müssen Sie abschlagen, und warum?

Wollust erlebt man auch im Alter und immer bis zum Ende des Lebens im Traum und in der erinnernden Imagination.

Übung:
Welche Wollustpläne haben Sie für das Alter?

Wollust führt zur mystischen Einigung der Maschinenkörper der Liebenden. „Die Liebenden umarmen sich und ertrinken im unendlichen Ozean der Wollust. Die entfesselte Leidenschaft kennt keine Hemmungen mehr. Nichts steht mehr abseits bei diesem süßen Treiben. Mund, Augen, Hände, sie alle sind in höchster Erregung, sind begierig, ihr Glück zu erhaschen, sich ihm ganz hinzugeben, in ihm zu ersterben. Es ist der ganze Körper, der in höchster Aktivität vibriert." (J.O. de La Mettrie, a.a.O., S. 39)

Für La Mettrie ist die Wollust ein zentraler Weg zum Transzendieren der menschlichen Maschine. La Mettrie ist sich auch der sexuellen unio mystica sicher: „Es gibt eine höchste Freude, und das ist jene göttliche Ekstase, in der uns die Seele zu verlassen scheint, um in das geliebte Objekt überzugehen, in der zwei Liebende zu einem einzigen, ganz von der Liebe beseelten Wesen verschmelzen." (J.O. de la Mettrie, a.a.O., S. 48)

La Mettrie sucht nun nach dem Grund der sexuellen unio mystica. „Sag uns, wieso lieben es diese Seelen, sich erst mit zarten Lippen sanft zu berühren, um dann in Ekstase zu geraten und bis in die Tiefen ihrer Herzen miteinander zu verschmelzen... Was hat es auf sich mit dieser göttlichen, doch allzu kurzen Seelenwanderung?" Er antwortet: „Es gibt geheimnisvolle, magnetische Kräfte der Wollust." (J.O. de la Mettrie, a.a.O., S. 58) Der Grund der unio mystica ist also für La Mettrie die magnetische Körperelektrizität und die Bereitschaft der Seele, den Körper zu verlassen und sich mit einer anderen Seele zu vereinen – alles auf elektromagnetischer Basis. Damit erreicht La Mettrie das dynamische Jenseits der Maschinenwelt des Menschen und er taucht ein in die magnetischen Geheimnisse der Natur.

Diese Geheimnisse des tierischen Magnetismus in der Natur hat kurze Zeit nach Le Mettrie Franz Anton Mesmer (1734-1815) weiter erforscht. Seine Erkenntnisse über den tierischen Magnetismus lauten: „Ein subtiles Fluidum erfüllt das Universum und stellt auch Verbindungen zwischen einzelnen Menschen her." Mit bestimmten Techniken lässt sich dieses Fluidum anderen Personen übermitteln. Dann entsteht eine magnetisch-hypnotische Beziehung, die man Liebe nennt. Wie La Mettrie war Mesmer auf die triebhafte Basis der Übertragungen von Phantasie zwischen Liebenden gestoßen. La Mettrie wie Mesmer hat aber diese Entdeckung nichts genützt. Mesmer starb 1815 verfehmt und verfolgt. (H.F. Ellenberger: Die Entdeckung des Unbewußten. Bern 1973, Bd. 1, S. 95-113) Auf La Mettries Tod warteten nicht wenige.

Übung:
Könnte Wollust im Zeitalter des Nihilismus ein Weg zu „Gott" sein?
Versuchen Sie Pro- und Contra-Argumente in zwei Spalten aufzulisten.

9. Julien Offray de la Mettrie

Die Wollust beweist nämlich im Zeitalter des Nihilismus, dass an der Menschenmaschine etwas Unsterbliches ist. „Der Freuden der Wollust wegen will ich die Seele gerne als unsterblich anerkennen", schreibt La Mettrie kurz vor seinem Tod. (J.O. de La Mettrie, a.a.O., S. 50)

Übung:
Kennen Sie einen überzeugenderen Beweis für die Unsterblichkeit der Seele als die Wollust der großen Liebe? Versuchen Sie darzustellen, was die Wollust der großen Liebe für Sie für eine Beweiskraft hat.

Der Wollüstige ist für La Mettrie keine Maschine mehr, sondern der wirklich Weise. Er stellt die Wollust höher als die Freude und die Ausschweifung. „Die Wollust ist die Kunst, weise und vernünftig mit der Freude umzugehen, sie mit tiefem Gefühl zu genießen." (J.O. de la Mettrie, a.a.O., S. 37) Jeder Spaziergang in der Natur wird für den Wollüstigen zu einem Fest der Sinne. Die schönsten und geheimsten Naturorte sucht er sich deshalb für seine Liebe aus. Er nutzt jeden Augenblick für die Wollust. „Genießen wir die Freuden, wie sie kommen, bald um uns zu unterhalten, bald um unsere Seelen zu verzaubern. Wie kurz das Leben auch sei: Wir werden gelebt haben." (J.O. de la Mettrie, a.a.O., S. 80) Der Wollüstige ist erhaben über das Schicksal, über den Ehrgeiz und den Tod. Gegen das Alter setzt er die Imagination der Liebe und noch im Sterben ist er voll energetischer Bilder wollüstiger Erfahrungen: „Für ein wollüstiges Herz ist die Welt voller Freude." Der Wollüstige kann sich immer mit der energetischen Lebenskraft der Natur vereinigen. Seine Wollust lässt ihn in der großen Liebe die ganze magnetische Kraft der Natur erleben.

La Mettries Buch „Die Kunst Wollust zu empfinden" wird zum Untergrundbestseller in Europa für Jahrhunderte. Später wird La Mettrie mit dem Marquis de Sade verglichen, der aber die emphatische Lehre der Imagination der Liebe von La Mettrie gar nicht kennt. La Mettrie erleidet am 11. November 1751 im Alter von 42 Jahren den so genannten „Pastetentod". „Ob es die verdorbene Pastete, ein Herzinfarkt oder gar Gift gewesen ist, was ihn sein Leben kostete, wird nie geklärt werden können. Seine Feinde aber feiern den Tod von Monsieur Machine." (U.P. Jauch: Jenseits der Maschine. Philosophie, Ironie und Ästhetik bei Julien Offray de la Mettrie. München 1998, S. 576)

Friedrich der Große setzt seinem Hofatheisten und Lustdenker am 19. Januar 1752 in einem Nachruf als Mensch und Freund ein Denkmal. In diesem Nachruf schrieb Friedrich der Große: „Die Titel eines Philosophen und eines Unglücklichen genügten, um dem Herrn La Mettrie ein Asyl in Preußen und eine königliche Pension zu beschaffen... All diejenigen, denen die frommen Verwünschungen der Theologen nicht imponieren, beklagen mit La Mettrie den Verlust eines rechtschaffenden Menschen und eines gelehrten Arztes." (U.P. Jauch, a.a.O., S. 150f.)

Sehen wir uns nun ein Bild der großen Liebe an:

Das Bild der großen Liebe bei La Mettrie

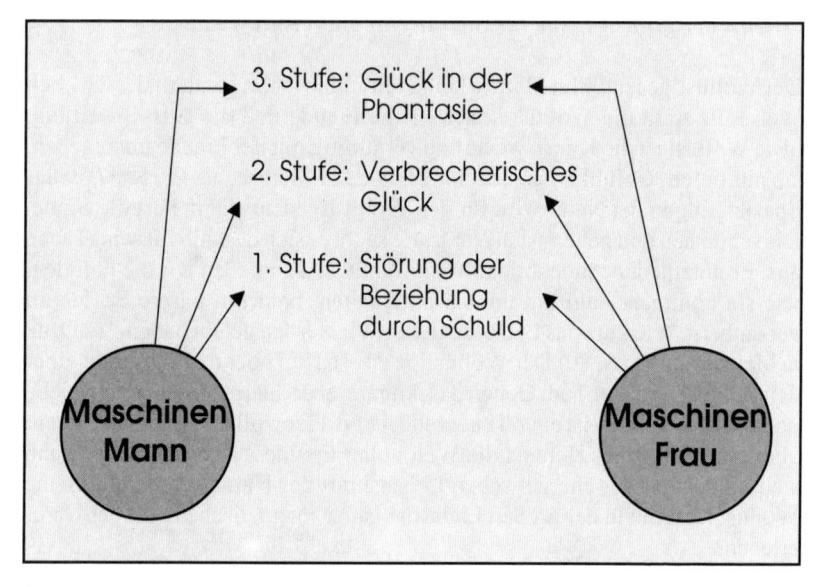

3. Stufe: Glück in der Phantasie

2. Stufe: Verbrecherisches Glück

1. Stufe: Störung der Beziehung durch Schuld

Maschinen Mann

Maschinen Frau

Übung:
Geben Sie eine Definition der großen Liebe.

Literatur zu J.O. de la Mettrie

La Mettrie, J.O. de: Die Maschine Mensch. Hamburg 1990

La Mettrie, J.O. de: Über das Glück oder das höchste Gut (Anti-Seneca). Nürnberg 1985

La Mettrie, J.O. de: Die Kunst, Wollust zu empfinden. Nürnberg 1987

Bergmann, E.: Die Satiren des Herrn Maschine. Leipzig 1913

Christensen, B.: Ironie und Skepsis. Das offene Wissenschafts- und Weltverständnis bei Julien Offray de la Mettrie. Würzburg 1996

9. Julien Offray de la Mettrie

Jauch, U.P.: *Jenseits der Maschine. Philosophie, Ironie und Ästhetik bei Julien Offrey de la Mettrie.* München 1998

Sutter, A.: *Göttliche Maschinen. Die Automaten für Lebendiges bei Descartes, Leibniz, La Mettrie und Kant.* Frankfurt 1988

„Der Abend" (Lithographie von Bonnet, 18. Jh.
Österreichische Nationalbibliothek, Wien)

10. Marquis de Sade (1740-1814):
Die sadistische Liebe

Der Marquis de Sade ist der radikalste Philosoph der Aufklärung. Die Aufklärungsphilosophie stellt prinzipiell alles in Frage und überprüft, was einer rationalen Überprüfung standhält. Sie entwertet die christliche Religion und Metaphysik als Aberglaube und Vorurteil. Vom Individuum fordert sie Autonomie im Bereich Moral, Politik und Ökonomie. Für die Aufklärung wird der Mensch vom Streben nach Glück, aber auch als Verwirklicher humaner Werte betrachtet. Die Aufklärung glaubt optimistisch an den kulturellen Fortschritt der Menschheit. (E. Cassirer: Die Philosophie der Aufklärung. Hamburg 1992, P. Kondylis: Die Aufklärung im Rahmen des neuzeitlichen Rationalismus. Stuttgart 1981)

Der bekannteste Vertreter einer optimistischen aufgeklärten Liebe und Gegenspieler des Marquis de Sade ist Giacomo Casanova (1725-1798). Er vertritt die Liebesphilosophie der Unterwerfung des Mannes unter die Frau. „Die Frauen ergreifen die Initiative: Der Mann ordnet sich unter. Der Mann willigt ein. Der Mann genießt." (L. Flem: Casanova oder die Einübung ins Glück. Hamburg 1998, S. 75) Casanova liebt die Überraschung. Er ist immer bereit, die Erwartungen einer Frau zu übertreffen. Im Augenblick des Genusses will Casanova häufig mit mehreren Partnerinnen erleben, wie die Unterschiede der Geschlechter und Identitäten verschwimmen. Liebe löst für ihn die Macht der sozialen Klassen und Herrschaftsformen auf. Casanova lässt sich und der Frau in der Liebe alle Zeit. Doch muss das Vorspiel immer geistvoll sein. Voller Gespräche über Philosophie. Casanova sucht die „heitere, undramatische, problemlose, konfliktfreie, unterschiedslose und glückliche Liebe." (L. Flem, a.a.O., S. 82) Er praktiziert wie Ovid jede Trennung im gegenseitigen Einverständnis. Er strebt nach „dem Weiblichen als Absolutem." (L.

Casanova versucht, den Schleier einer schönen Frau zu lüften. (Aus den „Memoiren des G. Casanova 1850)

10. Marquis de Sade

Flem, a.a.O., S. 88) Für ihn als Materialisten und Sensualisten gibt es nur ein Jenseits in der Liebe. Sein Leben ist eine Liebesreise durch ganz Europa. Mit über 450 Frauen hat er auf dieser Reise kurz- und längerfristige Beziehungen. Auf dieser Reise spielt er viele Rollen. Er ist Geistlicher, Militär, Erfinder der Lotterie, Liebhaber und schließlich Bibliothekar und Schriftsteller. Er verabscheut schließlich das Alter und bekämpft es mit stoischer Philosophie.

Marquis de Sades Position steht der von Casanova entgegen. Er betreibt seine Forschungen im Bereich der pessimistischen Sexualität. Er enthüllt lange vor Sigmund Freud, durch sexuelle Experimente im subkulturellen Milieu, den Todestrieb als Kern der sadistischen Liebe. Zum Zwecke der Durchsetzung seiner sadistischen Liebesphilosophie greift er die sexuelle Unterdrückung der bürgerlichen Gesellschaft besonders durch Zwangsehe und Zwangszeugung an. Die sexuellen Sitten sind für ihn historisches Produkt von Machtverhältnissen, die also auch zu verändern sind. Der Marquis ist als Aufklärer entschiedener Materialist und Atheist. Im Kontext der französischen Revolution (1789) benutzt er auch das Mittel der literarischen Pornografie und die Topoi der schwarzen Romantik, um seine libertären Sexualtheorien zu verbreiten. (M. Praz: Liebe, Tod und Teufel. Die schwarze Romantik. München 1970, S. 96-166) De Sades revolutionäre Schriften erscheinen anonym. Die Gesellschaft reagiert hart auf die extreme Aufklärung über den Sadismus als höchste Stufe sexueller Lust. Die feudale Gesellschaft König Ludwig XIV und XV bringt ihn für 11 Jahre ins Zuchthaus. Die bürgerliche Gesellschaft des Kaisers Napoleon schließt ihn für 13 Jahre ins Irrenhaus ein. Im 20. Jahrhundert mit seinen sadistischen Exzessen in zwei Weltkriegen und im Holocaust erscheinen die pessimistischen Untersuchungen de Sades zum sadistisch-sexuellen Todestrieb aktuell.

Übung:
Welchen Stellenwert hat für Sie der Sadismus für die Erklärung der Gräuel des 20. Jahrhunderts?

De Sade wuchs als Sohn eines französischen Hochadligen, des Grafen de Sade im feudalen Milieu der sexuellen Freizügigkeit auf. Er entdeckte früh, dass der Mensch im Banne seiner sadistischen Sexualität schnell zur Bestie werden kann. Dr. Eugen Dühring hat in seiner Studie „Der Marquis de Sade und seine Zeit" (Berlin 1901) gezeigt, dass sich de Sade in seinem Werk „realer Fakten bediente, im Grunde also meistens die Wahrheit erzählte." (zit.n. W. Leuning: De Sade. Reinbek 1998, S. 14)

De Sade wurde 1740 in Paris geboren. Mit fünf Jahren gerät seine Erziehung, angesichts des Desinteresses der Mutter, in die Hände eines Onkels, des sexual-libertären Abbés Jacques de Sade. Nach seiner Internatszeit, in der er Prügel, Homosexualität und sexuelle Unterdrückung kennen gelernt hat, wird er 1755 Soldat und nimmt ab 1757 als Kornett am 7-jährigen Krieg in Deutschland teil. 1759 ist er in Paris und beginnt wie seine Standesgenossen das ausschweifende Leben eines Lüstlings und Wüstlings. Durch seine reiche Heirat erhält er, angesichts der Verschuldung seiner ererbten Besitzungen in Südfrankreich, die Mittel, seinen sexuellen Hedonismus außerhalb seiner Ehe zu steigern. Trotz der Liebe zu seiner Frau „kann er sich nicht entschließen, an ihrer Seite zu bleiben, er findet sie zu kühl und zu fromm." (G. Lely, Leben und Werk des Marquis de Sade. Düsseldorf 2001, S. 52) De Sades Exzesse werden aber von der Polizei beschattet. Am 29. Oktober 1763 kommt de Sade wegen sexueller Gewalt gegen Jeanne Testard für 15 Tage in das Gefängnis von Vincennes. „Kaum nach Paris zurückgekehrt, stürzt er sich in wilde Orgien, in ein Abenteuer nach dem anderen und hält diverse Frauen aus." (M. Lever: Marquis de Sade. München 1995, S. 135) Seiner Frau schwört de Sade ewige Liebe und führt nebenbei, wie viele Mitglieder des feudalen Adels, viele Liebschaften mit Schauspielerinnen und bezahlten Huren. Bald ereignen sich aber die nächsten Skandale. Sie beginnen mit der „Affäre von Arcueil". 1768 hält er Rose Keller fest, peitscht sie aus und bringt ihr Messerschnitte bei. Nach der Verhaftung kommt de Sade mit einer 7-monatigen Haftstrafe davon. In der Presse wird de Sade „nun zum Inbegriff des absolut Bösen, zum Ausbund sämtlicher Laster." (M. Lever, a.a.O., S. 174)

Der Marquis de Sade. Phantasie-Porträt aus der Restaurationszeit

Übung:
Wie bewerten Sie heute einen Lüstling und Wüstling?

10. Marquis de Sade

1771 ist de Sade wegen Schulden für zwei Monate im Gefängnis. Er hat mit seiner Frau inzwischen drei Kinder gezeugt. Er entwickelt aber zugleich mit seiner Schwägerin ein leidenschaftliches Liebesverhältnis und beginnt auf seinem Schloss La Coste in Südfrankreich eigene Theaterstücke aufzuführen. 1772 ereignet sich dann die „Affäre von Marseille". De Sade veranstaltet mit Hilfe von sexuell aufputschenden Drogen eine Orgie mit fünf bezahlten jungen Frauen. Er wird wegen perverser sexueller Praktiken und den Einsatz von Gift angeklagt und zum Tode verurteilt. Das Todesurteil wird aber nicht vollstreckt. Auf Betreiben seiner Schwiegermutter muss er in das Gefängnis Miolans. Er kann aber bald fliehen. De Sade beginnt nun Reisegeschichten zu schreiben, die zugleich seine sadistische Philosophie darstellen sollen. Er will eine Karriere als Literat und Philosoph beginnen. 1774 wird allerdings der nächste Skandal „der Skandal der kleinen Mädchen" öffentlich. De Sade hat auf seinem Schloss La Coste junge Mädchen missbraucht. Es kann vermutet werden, dass de Sade seine Orgien mit den Mädchen nutzte, um den Zusammenhang von Sexualität und Schmerz systematisch zu erforschen. „Er war ein intelligentes Scheusal und stark in der Selbstbeobachtung bei seinen Ausschweifungen. Hatte er aber dem unwiderstehlichen Hang zum Sadismus einmal exemplarisch nachgegeben, dann konnte er monatelang das Leben eines zurückgezogenen Edelmannes führen." (W. Leuning: De Sade. Reinbek 1998, S. 46)

Übung:
Was wissen Sie über Ihre Sexualität? Wie intensiv erforschen Sie Ihr Liebesleben? Führen Sie z.B. ein Liebestagebuch?

Trotz Anklage und Flucht wird de Sade auf Betreiben seiner energischen Schwiegermutter gefasst und 1777 erneut in das Gefängnis von Vincennes eingeliefert. Damit beginnt seine 11-jährige Gefängniszeit, die er mit einem verschollenen Tagebuch begleitet. Vor der Haftpsychose rettet er sich durch seine Tätigkeit als schreibender Philosoph. Im Knast entwirft er nun ausführlichst seine Philosophie des Todestriebes und der sexuellen Anarchie. De Sade war offensichtlich ein Mann, der auch im Gefängnis „mit einer genialen wissenschaftlichen Imagination begabt war." (G. Lely, a.a.O., S. 69) Er begann zu schreiben, um seine Existenz zu behaupten und um das sadistische Geheimnis der Sexualität zu enthüllen. „Natürlich bedrohte ihn ständig der Irrsinn, auf den sich sein Gehirn in großen Schritten zubewegte." (M. Lever, a.a.O., S. 290)

Übung:
Stellen Sie sich vor: Sie sind im tiefsten Verlies eingekerkert. Wie stellen Sie sich Ihre Befreiung vor?

1784 wird de Sade von Vincennes in das Gefängnis Bastille von Paris überführt. In der Bastille verfasst de Sade seine wichtigsten Hauptwerke wie die Romane „**Justine**", „**Aline und Valcour**", „**Die Philosophie im Boudoir**", die erst nach seiner Befreiung durch die Revolution im Jahr 1790 anonym erscheinen können. „Im Grauen des Eingesperrtseins, aus diesem Grauen selbst, entsteht nun die freieste Philosophie, die es je gab." (M. Lever, a.a.O., S. 294)

De Sade erkennt, dass alle Moral nicht nur historisch äußerst variabel, sondern auch ein Mittel der Unterdrückung ist. „Alle Moral ist von unseren Sitten und von dem Klima, in dem wir leben, abhängig." (Marquis de Sade: Die Philosophie im Boudoir. Gifkendorf 1995, S. 60)

Übung:
Wie erklären Sie sich die extreme Variabilität der sexuellen Moral in der Geschichte? Einmal wird die Einehe als höchste Zivilisation gefeiert, zum anderen als müßige Last gemieden. Geben Sie Gründe für diesen Wandel an.

Die Religionen, die die Moral stützen, sind, ganz im Sinne der Aufklärung, für de Sade Erfindungen. Gott ist für de Sade widerlegt. Gott ist als Schöpfer undenkbar, „da er das Übel auf der Welt zuließ, obwohl seine Allmacht es verhindern könnte." (Marquis de Sade: Philosophie im Boudoir, a.a.O., S. 47) Gott muss für de Sade in seiner Allwissenheit gewusst haben, was aus der Welt werden würde: ein großes Gefängnis, in dem die Menschen von ihren Trieben zu Tode gefoltert werden. „ Gott ist der Teufel. Welch schrecklicher Gott ist doch dieser Gott! Welch ein Ungeheuer! Dessen Ruchlosigkeit nach Rache schreit und unsern unversöhnlichen Hass verdient!" (Marquis de Sade: Philosophie im Boudoir, a.a.O., S. 50)

Übung:
Hassen Sie Gott? Begründen Sie Ihren Gotteshass oder Ihre Gottesliebe.

Die Realität ist für de Sade Natur. Natur ist bewegte Materie. Die Natur legt den Menschen ursprünglich auf das Streben nach Lust an. „Wir gehorchen den Naturgesetzen, wenn wir den Begierden nachgeben, die sie uns selbst eingepflanzt hat, wir brechen sie, wenn wir unseren Begierden widerstehen." (Marquis de Sade: Philosophie im Boudoir, a.a.O., S. 70) Das Gewissen zur

10. Marquis de Sade

Kontrolle der Triebe bereitet nur überflüssige Qual. Der Natur sind unsere Handlungen völlig egal. Jede Gewissensstimme ist bloß Resultat der Erziehung. Das Gewissen muss durch „gewissenlose Gewohnheit aufgehoben werden." (vgl. Marquis de Sade: Juliette. Köln 1995, Bd. 1, S. 119)

Übung:
Können Sie Ihr Gewissen aus Lustgründen ausschalten?

De Sade entdeckt nach der Destruktion des Gewissens, als Ursache der Begierden und der Lust, die Grausamkeit. „Grausamkeit ist nichts anderes als die Antriebskraft des noch nicht von der Zivilisation verfälschten Menschen." (Marquis de Sade: Philosophie im Boudoir, a.a.O., S. 125) Der Todestrieb in der Sexualität entspringt der Natur. „Die Zerstörung ist eines der Grundgesetze der Natur und nichts, was zerstört, kann Verbrechen sein." (Marquis de Sade: Philosophie im Boudoir, a.a.O., S. 96) Die Natur wird nicht zugrunde gehen, wenn „unsere vortreffliche Gattung von dieser Erdkugel verschwände." (Marquis de Sade: Philosophie im Boudoir, a.a.O., S. 97) Die Natur ist völlig gleichgültig gegenüber dem Schicksal der Menschheit. „Das ganze Menschengeschlecht könnte ins Nichts versinken, ohne dass die Luft deswegen weniger rein, die Gestirne weniger leuchten, der Gang des Universums weniger exakt wäre." (Marquis de Sade: Philosophie im Boudoir, a.a.O., S. 262)

Der Flagellant
Zeichnung von
Aubrey Beardsley

Übung:
Würde der Tod der Menschheit etwas an der Geschichte des Universums ändern? Schließen Sie die Augen und stellen Sie sich ein Universum ohne Menschheit vor. Beschreiben Sie dann, was Sie gesehen haben.

Die Natur lebt wie der Teufel davon, das zu zerstören, was sie geschaffen hat. „Also ist die Zerstörung ebenso ein Gesetz der Natur wie die Schöpfung." (Marquis de Sade: Philosophie im Boudoir, a.a.O., S. 159) Die Natur hat den Menschen als einzige wirkliche Lust und Tröstung in einem Universum der Gleichgültigkeit die sexuelle Lust gegeben. Die Natur selber ist teuflisch und asozial. „Beobachtet sie in allem was sie tut, ihr werdet sie nie anders finden als gefräßig, zerstörerisch und böse, inkonsequent, widersprüchlich und verheerend." (G. Lely, a.a.O., S. 286) Die Natur hat dem Menschen auch ein asoziales destruktives Streben eingepflanzt. Die Natur motiviert den Menschen durch die Triebe „sich zu ergötzen, gleich auf wessen Kosten. Deshalb ist Grausamkeit kein Laster, sondern der erste Instinkt, den die Natur uns eingeprägt hat." (Marquis de Sade: Philosophie im Boudoir, a.a.O., S. 124)

Übung:
Betrachten Sie Ihre Liebesgeschichten und stellen Sie fest, wie oft Sie grausam gehandelt haben.

Im Koitus arbeitet für de Sade der Todestrieb. Der Koitus ist auf dem Höhepunkt eine Art Wut, ein Akt der Herrschaft. „Der Mensch, der sexuell erregt ist, ist weit von dem Verlangen entfernt, anderen nützlich zu sein. Im Gegenteil, wenn er Schmerz zufügt, kostet er alle Reize, die ein kraftvolles Wesen empfindet, aus, dann ist er der Herrscher, ist er der Tyrann... Der Geschlechtsakt ist ein Akt der Leidenschaft, der alle anderen Leidenschaften unterjocht." (Marquis de Sade: Philosophie im Boudoir, a.a.O., S. 284) Der Geschlechtsakt ist Machttrieb und Tollheit, aber nicht Liebe. „Ich wiederhole, amüsiert euch, aber liebt nicht und gebt euch auch keine Mühe, geliebt zu werden." (Marquis de Sade: Philosophie im Boudoir, a.a.O., S. 178) „Die Liebe ist der Wahnsinn der Seele", sagt der Marquis. (Marquis de Sade: Philosophie im Boudoir, a.a.O., S. 239) Und noch deutlicher schreibt er: „Das, was beim Koitus gefällt, ist das Grausige, Schmutzige und Abscheuliche." (zit.n. S. de Beauvoir: Soll man De Sade verbrennen? Reinbek 1983, S. 53)

Übung:
Haben Sie in Ihren Liebesbeziehungen auch Machttollheit und Zerstörung erlebt?

Der Marquis entwickelt in seiner „**Philosophie im Boudoir**" ein ganzes System ungewöhnlicher sexueller Praktiken. So bewertet er den Analverkehr weit höher als den vaginalen Verkehr. Der Analverkehr schließt die Zeugung aus. Er ist das Verfehmteste, Gemeinste und Schmutzigste. Erst gegen Ende des 19. Jahrhunderts hat R.v. Krafft-Ebing in seiner „Psychopathia sexualis" (Stuttgart 1889) die sadistischen Sexualpraktiken zum Zentrum seiner Sexualwissenschaft gemacht. Diese Praktiken umfassen ein sadistisches System, das seit der französischen Revolution in vielen Kriegen und Menschenverfolgungen, bei der Folter und beim öffentlichen Mord durch die Guillotine öffentliche Darstellung gewonnen hat. De Sade beschreibt in seiner Philosophie der Liebe den Masochismus, den Exhibitionismus, den Voyeurismus, die Kleptomanie, sexuelle Beziehung zu Tieren und die sexuelle Gewalt von der Vergewaltigung bis zum Sexualmord. Er beschreibt die lesbische und die homosexuelle Liebe. Er feiert den Inzest. Er sieht in der sexuellen Lust die Kraft, die die Gesellschaft überwindet und die Moral und jede Ordnung beseitigt. Er schreibt: „Es gibt Leidenschaften, die jede Menschlichkeit ersticken." (Marquis de Sade: Juliette. Köln 1995, Bd. 1, S. 118)

Frontispiz von
Aubrey Beardsley 1895

Übung:
Warum kann die Liebe zur Lust am Töten und am Toten entarten? Entwickeln Sie eine These.

Der Höhepunkt der „Philosophie im Boudoir" ist de Sades politisches „Manifest der sexuellen Anarchie", mit dem er auch in den Verlauf der französischen Revolution eingreifen will.

De Sade votiert in diesem Manifest für Atheismus, weil Religion Tyrannei hervorbringt. „Es steht außer Zweifel, dass die Religion die Wiege des Despotismus ist." (Marquis de Sade: Philosophie im Boudoir, a.a.O., S. 213) De Sade will weiche sanfte Gesetze, denen sich die Menschen „mühelos unterwerfen." Er plädiert erstaunlicherweise gegen die Todesstrafe und für die Triebfreiheit. Der Staat soll für Männer und Frauen öffentliche Eroszentren errichten, die erlauben, „alle Ausschweifungen ausleben zu lassen. Es gibt keine sexuelle Absonderlichkeit, die nicht natürlich und von der Natur zugelassen wäre." (Marquis de Sade: Philosophie im Boudoir, a.a.O., S. 240) Die Triebe sollen, nach dem Willen der Natur, jede Moral ersetzen. Deshalb soll nach de Sade Ehebruch erlaubt sein, Inzest soll akzeptiert werden. Lesbiertum und Homosexualität soll straffrei werden. Auch die Päderasterie soll erlaubt sein. Selbst der Mord, der in der Geschichte von den Mächtigen ständig als politisches Mittel benutzt worden ist, soll dann zugelassen werden, wenn der Mörder bei seiner Tat seine Ermordung auch in Kauf nimmt. Abtreibung soll legalisiert werden. Selbstmord ist natürlich erlaubt.

Übung:
Bewerten Sie dieses Programm der sexuellen Anarchie. Stellen Sie sich eine Gesellschaft vor, die dieses Programm realisiert. Beschreiben Sie diese Gesellschaft.

Die französische Revolution 1789 befreit de Sade aus der Bastille. In der Haft ist er dick geworden. Er leidet unter der Entzündung seiner Augen. Seine Frau hatte sich inzwischen scheiden lassen. Von 1790 bis 1801 kann er nun frei leben. Er findet eine neue Freundin und macht als Richter eine revolutionäre Karriere. Anonym erscheinen nun weitere wichtige Werke de Sades. Die wichtigste Veröffentlichung wird 1895 der Doppelroman „**Justine und Juliette**". In diesem Doppelroman entwickelt de Sade die Philosophie des Sadismus weiter. Er stellt als Satanist fest: „Es gibt einen Gott, aber es ist das Böse. Der Mord ist das wichtigste Naturgesetz, das die Natur geschaffen hat. Deshalb wird der Mensch seine höchste Lust darin finden, ein Verbrechen zu begehen. Dieses Verbrechen vollzieht er dann in völliger Einsamkeit." (M. de Sade zit.n. M. Praz: Liebe, Tod und Teufel, a.a.O., S. 104f.)

Übung:
Kann Gott das Böse an sich sein, wie de Sade behauptet? Was spricht gegen diese Philosophie de Sades?

Der Marquis de Sade.
Imaginäres Bildnis, 1938 von Man Ray nach Personalbe-schreibungen der Polizei gemalt

Die Autorschaft der anonym erschienenen Romane „Justine und Juliette" hat de Sade immer geleugnet. De Sade wurde auch vom neuen Kaiser Napoleon mit Argwohn betrachtet. So dauerte seine Freiheit nur bis 1801. 1801 wird er, dem Geist der neuen Zeit entsprechend, ins Irrenhaus von Charenton gebracht, wo er bis zu seinem Tod 1814 verbleibt. De Sade war als Enthüller des sexuellen Todestriebes und als Kritiker einer oberflächlichen repressiven Moral und Theologie auch für die bürgerliche Gesellschaft des Kaisers Napoleon untragbar. Im Irrenhaus entwickelte de Sade das Psychodrama. Er wurde Direktor einer Theatergruppe, die mit den Insassen des Irrenhauses agierte. Er erforschte mit den Mitteln des Theaters und eigener Theaterstücke zum letzten Mal „den dunklen Sektor der menschlichen Seele". (W. Leuning, a.a.O., S. 97) De Sades letztes Resümee bedeutet: Überall herrscht Asozialität. „Der Mitmensch ist für mich nichts, zwischen ihm und mir besteht nicht die geringste Beziehung." (De Sade, zit.n. M. Lever, a.a.O., S. 407)

10. Marquis de Sade

Übung:
Schließen Sie die Augen. Stellen Sie sich vor, welche Beziehungen zwischen Ihnen und jedem anderen aus dem anderen Geschlecht bestehen. Beschreiben Sie Ihre Beziehungen.

Am Tage seines Todes besucht de Sade der Abbé Geoffroy. Der Abbé soll das Sterbezimmer de Sades lächelnd verlassen haben. So endete das Leben des Mannes, der 28 Jahre lang Gefangener war und vielleicht der freieste Mensch, der je in unserer absurden Welt gelebt hat.

Sehen wir uns nun ein Bild der sadistischen Liebe an:

Das Bild der sadistischen Liebe bei dem Marquis de Sade

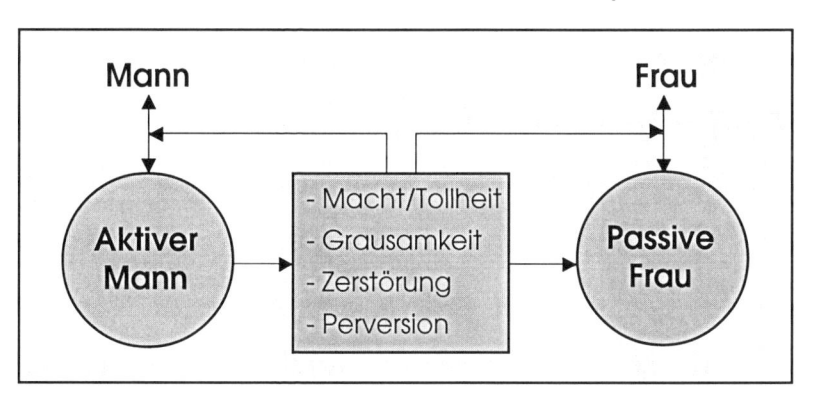

```
      Mann                                    Frau
        ▲                                       ▲
        │                                       │
        ▼◄──────────────────────────────────────┘
   ┌─────────┐    - Macht/Tollheit      ┌─────────┐
   │ Aktiver │    - Grausamkeit         │ Passive │
   │  Mann   │──► - Zerstörung       ──►│  Frau   │
   └─────────┘    - Perversion           └─────────┘
```

Übung:
Geben Sie eine Definition der sadistischen Liebe.

Literatur zum Marquis de Sade

Marquis de Sade: Die Philosophie im Boudoir. Gifkendorf 1995
Marquis de Sade: Justine. Gifkendorf 1998
Marquis de Sade: Juliette. Köln 1995, Bd. 1-2
Marquis de Sade: Verbrechen der Liebe. Gifkendorf 1990
Marquis de Sade: Aline und Valcour. Gifkendorf 1990

Beauvoir, S.de: Soll man de Sade verbrennen? Reinbek 1983
Camus, A.: Der Mensch in der Revolte. Hamburg 1958, S. 42-53
Dühring, E.: Der Marquis de Sade und seine Zeit. Berlin 1901

Dühring, E.: *Neue Forschungen über den Marquis de Sade und seine Zeit.* Berlin 1904
Flake, O.: *Marquis de Sade.* Frankfurt 1993
Gear, N.: *Dämon de Sade.* München 1964
Gorer, G.: *Marquis de Sade.* Wiesbaden 1959
Horkheimer, M.; Adorno, T.W.: *Dialektik der Aufklärung.* Amsterdam 1944
Jauch, U.-P.: *Damenphilosophie und Männermoral. Vom Abbé de Gerard bis Marquis de Sade.* Wien 1991
Jean, R.: *Ein Portrait des Marquis de Sade.* München 1990
Krafft-Ebing, R.v.: *Psychopathia sexualis.* Stuttgart 1889 (Neuaufl. München 1993)
Lely, G.: *Leben und Werk des Marquis de Sade.* Düsseldorf 2001
Leuning, W.: *De Sade.* Reinbek 1998
Lever, M.: *Marquis de Sade.* München 1995
Praz, M.: *Liebe, Tod und Teufel. Die schwarze Romantik.* München 1970

Züchtigung in der Klosterzelle
Blatt von John Smith. Staatliche Museen, Preußischer Kulturbesitz, Kupferstichkabinett, Berlin

11. Novalis (1772-1801):
Die romantische Liebe

Die Romantik machte Opposition gegen die materialistische Aufklärung. So feierte der englische Romantiker, Visionär, Maler und Philosoph William Blake (1757-1827) in seinen Bildern den eregierten Phallus als spiritualisierte Materie. Bereits als junger Mann glaubte Blake an die Energie freier Sexualität und an die Möglichkeit, vollkommener sexueller Freizügigkeit. „Für ihn war die Sexualität ein Mittel, der Ewigkeit teilhaftig zu werden und den göttlichen Menschen zu erwecken, der in uns schlummert." (P. Ackroyd: William Blake. München 2001, S. 320) Blake löste sich völlig von der christlichen Sexualmoral und schlug auch vor, dass „Frauen untereinander geteilt werden sollten." (P. Ackroyd, a.a.O., S. 370) Im Grunde verbreitet die Romantik auch schon bei William Blake die These, dass die Liebe wie der Tod die Chance eröffnet, das Gefängnis der kapitalistischen Gesellschaft zu verlassen. Die Liebe wird in der englischen Romantik zur Vorbotin des Todes als Befreier und ist gerade deshalb schön.

Sie stützte sich auf die Philosophie des Ichs, wie sie der deutsche Idealismus von Kant bis Fichte entwickelt hatte. Die Liebe wurde damit zum Zentrum des Denkens und Erlebens des Ichs. Novalis gab der idealistischen Liebesphilosophie der Romantik eine sowohl wollüstige wie magische Gestalt. Er erfasste die metaphysische Dimension der Liebe wieder und ihre Erfahrung der befreienden Ich-Auflösung im Liebesakt.

Novalis wurde am 2. Mai 1772 unter dem Namen Friedrich von Hardenberg in Oberwiederstedt als Sohn einer niedersächsischen Adelsfamilie geboren. Der Vater war Direktor der sächsischen Salzminen. Ab 1785 lebte die Familie in Weißenfels, wo Friedrich von Hardenberg zur Schule ging und erste Gedichte schrieb. 1790 machte er Abitur und begann im Oktober 1791 ein juristisches Studium an der Universität Leipzig. Schon während des Studiums bekam Friedrich von Hardenberg Kontakt zu frühromantischen Zirkeln. 1794 bestand er sein juristisches Examen an der Universität

Novalis.
Büste von Friedrich von Schaper
auf dem Grabstein in Weißenfels

von Wittenberg. Am 17. November 1794 begegnete er der entscheidenden Frau seines Lebens, der damals erst 12-jährigen Sophie von Kühn. Mit Sophie verlobte er sich heimlich am 15. März 1795. Auf der Basis der Begegnung mit der kindlichen Geliebten Sophie entwickelte Hardenberg, der sich als Autor „Novalis" nannte, die **erste Fassung** seiner Theorie der romantischen Liebe. Die romantische Liebe geht vom Ich aus, das sich gegenüber einem Nicht-Ich „zum Bewusstsein seiner selbst als Teil eines absoluten Ichs erhebt." (G. Schulz: Novalis. Reinbek 1996, S. 55) Das Nicht-Ich wurde für Hardenberg seine geliebte Sophie. „Mein Lieblingsstudium heißt im Grunde wie meine Braut. Sophie heißt sie – Philosophie ist die Seele meines Lebens und der Schlüssel zu meinem eigensten Selbst." (G. Schulz, a.a.O., S. 56)

Übung:
Wie weit wurde bisher das Studium Ihres Liebesobjektes zum Schlüssel Ihres eigensten Selbst? Wie viel Selbsterkenntnis hat Ihnen bisher Ihre Liebe über Sie selbst vermittelt?

Das Ich ist Produkt des Kosmos und begegnet, nach der Idee der Romantik, im anderen Ich (dem Du) dem kosmischen Wesen. „Nach Fichte ist das Ich gleichsam das Resultat des Universums. Um Ich zu setzen, muss ich gleichsam das ganze Universum voraussetzen." (Novalis: Werke. Heidelberg 1953, Bd. 2, S. 84) Das liebende Ich erfährt so die Einheit und das Wesen des Kosmos, wenn es dem Nicht-Ich, dem Du, begegnet und mit ihm verschmilzt. Novalis schreibt: „Ich bin Du" oder: „Statt Nicht-Ich sagen wir Du." (Novalis, a.a.O., Bd. 2, S. 76, 78)

Übung:
Schließen Sie die Augen. Stellen Sie sich die Frage: „Wie viele Du's sind mir in der Liebe schon begegnet?"

Novalis versteht in seinem Fragment „Sophie oder über die Frauen" Philosophieren als ein „Liebkosen" (Novalis, a.a.O., Bd. 3, S. 47) Das Lieben erscheint am deutlichsten im Roman. „Die Liebe hat von jeher Romane gespielt, oder die Kunst zum Lieben ist immer romantisch gewesen." (Novalis, a.a.O., Bd. 3, S. 76) Diese Idee der Liebe als „Wechselbeziehung zwischen Ich und Du, Subjekt und Objekt, Unendlichem und Endlichem gehört zeitlebens zu Novalis' Grundvorstellungen." (H. Uerlings: Novalis. Stuttgart 1998, S. 64) Liebe kann sich auf Männer und auf Frauen beziehen. Es gibt für Novalis neben der heterosexuellen Liebe durchaus die homosexuelle Liebe. „Auch Männer können absolut anhänglich sein, so gut wie Frauen." Novalis lobt das homosexuelle Liebesobjekt mit folgenden Worten: „Ein offener, edler Charakter – überall sichtbar." (Novalis, a.a.O., Bd. 3, S. 78)

11. Novalis

Übung:
Schließen Sie die Augen. Stellen Sie sich gleichgeschlechtliche Liebesobjekte vor, die Sie begehren könnten. Beschreiben Sie ein solches gleichgeschlechtliches Liebesobjekt.

Zur Frau gehört die Liebe, meint Novalis, das zeigt fast jedes Gedicht. „Die Frauen in der Poesie. Geliebt zu werden, ist ihnen urwesentlich." (Novalis, a.a.O., Bd. 3, S. 80)

Übung:
Welche Liebesgeschichten haben Sie in Ihrer Lesebiographie besonders beeindruckt? Nennen Sie Titel und Liebespaare.

Für Novalis ist die Liebe etwas primär Körperliches. „Es gibt nur einen Tempel in der Welt und das ist der menschliche Körper. Nichts ist heiliger als diese hohe Gestalt. Man berührt den Himmel, wenn man einen Menschen betastet." (Novalis, a.a.O., Bd. 3, S. 82)

Übung:
Beschreiben Sie die Berührung eines Menschenleibes, indem Sie nur Farben benutzen.

Die Entstehung der Liebe zwischen den Partnern erscheint Novalis, unter dem Einfluss des damaligen Zeitverständnisses, als Ausdruck magnetischer Kräfte. Die magnetische Liebestheorie geht auf den Arzt Messmer (1734-1815) zurück, der die Liebe auf der Grundlage des Magnetismus zu erklären versucht. Nach der Theorie des Magnetismus wird die Geliebte wie Eisen vom Magnet des Geliebten angezogen. Jeder Mensch „verfügt über einen Seelenmagneten." (Novalis, a.a.O., Bd. 3, S. 89) Mit seinem Seelenmagneten hat Novalis z.B. bei seiner früheren Beziehung zu Julie experimentiert. Er schreibt in seinem Tagebuch: „Tierischer Magnetismus (Versuch mit Julie)" (Novalis, a.a.O., Bd. 3, S. 186)

Übung:
Beschreiben Sie den Prozess zwischen Verliebten als magnetischen Prozess.

Die körperliche Vereinigung der Verliebten umfasst bei Novalis notwendig den Sinnenrausch. „Der Sinnenrausch ist zur Liebe was der Schlaf zum Leben." (Novalis, a.a.O., Bd. 3, S. 88)
Novalis hat die Ekstase der körperlichen Lust genauer untersucht. Für ihn umfasst die Wollust besonders die Sehnsucht nach körperlicher Berührung. „Das Wohlgefallen an nackten Menschenleibern. Sollte es ein versteckter

Appetit nach Menschenfleisch sein?" (Novalis, a.a.O., Bd. 3, S. 335) Damit entdeckt Novalis die sadistische und kannibalistische Seite des Orgasmus. Novalis schreibt: „Ein Weib ist wie der unsterbliche Eber in Walhalla, alle Tage wieder speisefähig." (Novalis: Über die Liebe. Frankfurt 1999, S. 83) Noch schärfer betont Novalis die sadistischen Aspekte der Liebe: „Notzucht ist der stärkste Genuss." (Novalis: Über die Liebe, a.a.O., S. 83)

Übung:
Mit welchen Gründen verurteilen Sie die Notzucht?

Für Novalis umfasst die Entstehung des Orgasmus folgende Stufen:
„ 1. Fremdheit,
2. geheimnisvoller Reiz
3. gezähmte Rohheit
4. demütige Stärke
5. dienende Kraft,
das sind die Elemente der gewöhnlichen Wollust."
(Novalis: Werke, a.a.O., Bd. 3, S. 88)

Übung:
Beschreiben Sie die Entstehung des Orgasmus in fünf Sätzen, die den fünf Stufen des Wollust-Modells von Novalis entsprechen. Der 1. Satz beginnt mit „Die Fremdheit ...", der 2. Satz mit „Der geheimnisvolle Reiz ...", der 3. Satz mit „Die gezähmte Rohheit ....", der 4. Satz mit „Die demütige Stärke ..." und der 5. Satz mit „Die dienende Kraft ...".

Der Koitus ist für Novalis die Synthese von Körper und Geist: „Die Seele isst im Orgasmus den Körper ... der Körper empfängt die Seele." (Novalis: Über die Liebe, a.a.O., S. 84) Diese Synthese wird im sexuellen Akt als Abstieg der Seele in den Körper und als Aufstieg des Körpers in die Seele des anderen Du vollzogen. Dieser Ab- und Aufstieg als zentrale Bewegung im Koitus umfasst nach Novalis folgende Momente: Die Stufen der Leiter des Abstiegs der Seele in den Körper des Du heißen: „Der Blick, die Händeberührung, der Kuss, die Busenberührung, der Griff an die Geschlechtsteile und der Akt der Umarmung." Die Stufen der Leiter des Aufstiegs des Körpers zur Seele des Du heißen: „Witterung, Beschnüffelung, Akt." (Novalis: Über die Liebe, a.a.O., S. 84)

Übung:
Schreiben Sie ein Haiku über den Koitus als Vereinigung von Körper und Seele (ein Haiku besteht in der 1. Zeile aus 5 Silben, in der 2. Zeile aus 7 Silben und in der 3. Zeile wieder aus 5 Silben.)

11. Novalis

Während Novalis als Jurist bei der Salinen-Direktion in Weißenfels arbeitete und juristische Texte produzierte, zeigte sich oft sein leidenschaftliches Wesen. Er wurde bei der Arbeit „oft vom Wollustteufel schikaniert, der mit geilen Bildern vor ihm herum auf dem Papier tanzte." (G. Schulz, a.a.O., S. 46) Allerdings wurde die Beziehung zu seiner kindlichen Geliebten Sophie bald von deren tödlicher Krankheit überschattet, die im November 1795, ein halbes Jahr nach der heimlichen Verlobung, Sophie langsam tötete. Sophie litt an einer Leberentzündung und wurde operiert. Allerdings heilte dann die Wunde nicht. Sie hatte ständig Fieber. Am 19. März 1897, früh um 9 Uhr, ist dann Sophie in Grüningen bei Weißenfels gestorben. Ihr Tod und der fast gleichzeitige Tod seines Bruder Erasmus wurde für Novalis zum Anlass seiner zweiten Philosophie der romantischen Liebe. Diese **zweite Liebesphilosophie** entwickelt das Konzept eines wollüstigen Christentums. Novalis erkennt, dass die Liebe nicht nur im Orgasmus den kleinen Tod des Ichs erlebt, sondern auch den totalen Tod des Ichs beim Sterben. Als Novalis erfasst, dass Sophie sterben wird, überwältigt ihn zuerst die Verzweiflung: „Der Lebensüberdruss ist entsetzlich – und ich sehe kein Ende." (Novalis: Werke, a.a.O., Bd. 4, S. 294) Er schreibt: „Meine Trauer ist grenzenlos, wie meine Liebe." (Novalis, a.a.O., Bd. 4, S. 296) Er notiert: „Ihre Leiden werde ich ewig nicht verwinden. Die Martern dieser himmlischen Seele bleiben der Dornenkranz meiner übrigen Tage." (Novalis, a.a.O., Bd. 4, S. 299) Seine ganze Hoffnung besteht nun darin, bald selbst zu sterben: „Wie glücklich wäre ich, wenn ich heute wüsste heute übers Jahr bist du bei ihr. Schon der Gedanke daran macht mich sehr heiter." (Novalis, a.a.O., Bd. 4, S. 301)

Novalis' Verlobungsring. Museum Weißenfels

Rückseite: „Sophie sey mein Schuz Geist"

Vorderseite: Bildnis Sophie von Kühns

Übung:
Beschreiben Sie die Erfahrung des Verlustes einer Geliebten oder eines Geliebten in einem Elfchen (das Elfchen ist ein Gedicht mit folgender Struktur: 1. Zeile 1 Wort, 2. Zeile 2 Worte, 3. Zeile 3 Worte, 4. Zeile 4 Worte, 5. Zeile ein Wort als Ausruf).

Nach Sophies Tod beginnt Novalis ein **Journal**, das er vom 18. April 1797 bis 9. August 1797 führt. In diesem Journal erarbeitet er sich seine Liebesphilosophie eines wollüstigen Christentums, das im völligen Gegensatz zur christlichen Askese-Tradition steht. Der Tod Sophies, so schreibt er in seinem Journal, ist häufig Anlass zu „eigenen sinnlichen Regungen." (Novalis, a.a.O., Bd. 4, S. 324ff.) Zugleich beginnt er in seinem Tagebuch die Idealisierung von Sophie. Er glaubt, „dass sie eine der edelsten idealistischen Gestalten war, die je auf Erden gewesen sind und sein werden. Die schönsten Menschen müssen ihr ähnlich gewesen sein." (Novalis, a.a.O., Bd. 4, S. 318f.) Für Novalis tritt als Zentrum seines wollüstigen Christentums Sophie neben Christus. So schreibt er ganz deutlich von „Christus und Sophie." (Novalis, a.a.O., Bd. 4, S. 350) Sophie wird so zur Gestalt aus der unsichtbaren Welt, sie wird zu einer metaphysischen Figur, die allen anderen Religionsgründern gleichgestellt wird. Die Liebe zur toten Sophie eröffnet Novalis den Weg zur Metaphysik, zu einem neuen Christentum, zu einer unbeschreiblich spirituellen Wollust. Er schreibt in seinem Journal: „Abends ging ich zu Sophies Grab. Dort war ich unbeschreiblich freudig – aufblitzende Enthusiasmusmomente – das Grab blies ich wie Staub vor mir hin – Jahrhunderte waren wie Momente – ihre Nähe war fühlbar – ich glaubte, sie sollte immer vortreten." (Novalis, a.a.O., Bd. 4, S. 333)

Übung:
Haben Sie eine „Sophie" gekannt, deren Andenken die Zeit aufhebt und in blitzende Enthusiasmusmomente verwandelt? Beschreiben Sie diese „Sophie".

Das Erlebnis der „wilden Freudenmomente" am Grab von Sophie wiederholte sich. (Novalis, a.a.O., Bd. 4, S. 334) Die alltägliche Welt wurde für Novalis mit Sophies Tod überwunden. „Mit ihr ist für mich die ganze Welt ausgestorben." (Novalis, a.a.O., Bd. 4, S. 345) Novalis hat nun Sophie stets vor Augen. Das metaphysische Liebesobjekt, das ist nun der Kern seiner zweiten Liebestheorie, kann nur in der Antizipation des Todes des Ichs in einem metaphysischen Orgasmus erlebt werden. „Im Tode ist die Liebe am süßesten: Für den Liebenden ist der Tod eine Brautnacht – ein Geheimnis süßer Mysterien." (Novalis, a.a.O., Bd. 4, S. 351)

Übung:
Haben Sie einmal einen Orgasmus erlebt, nachdem Sie nicht mehr leben wollten, weil der Tod Ihnen süßer erschien als das Leben? Schließen Sie die Augen und mustern Sie die Geschichte Ihrer Liebeserfahrungen, um vielleicht einen derartigen metaphysischen Orgasmus aufzufinden. Beschreiben Sie dann diese außergewöhnliche Erfahrung.

11. Novalis

Novalis kultiviert nun seine Liebesmetaphysik zur toten Sophie. „Ich habe zu Söphchen Religion – nicht Liebe. Absolute Liebe, vom Herzen unabhängige Liebe, auf Glauben gegründete Liebe, ist Religion." (Novalis, a.a.O., Bd. 4, S. 352) Novalis beherrscht nun die philosophische Kunst der Reduktion der Welt auf einen metaphysischen Ursprung: „Alles ist in Sophien zu verwandeln – oder umgekehrt." (Novalis, a.a.O., Bd. 3, S. 97)

Übung:
Verwandeln Sie einmal Ihre „ideale Sophie" in alles und alles in Ihre „wahre Sophie". Beschreiben Sie Ihre Erfahrungen bei dieser metaphysischen Operation.

Für Novalis erscheint nun der Kern der großen romantischen Liebe als Begegnung mit dem Göttlichen. „Unter Menschen muss man Gott suchen. In den menschlichen Begebenheiten, in menschlichen Gedanken und Empfindungen offenbart sich der Geist des Himmels am hellsten." (Novalis, a.a.O., Bd. 3, S. 98) Die Verschmelzung des Ichs mit Gott geschieht für Novalis im Modell des Orgasmus zwischen Verliebten. Wer den Orgasmus erlebt, begegnet dem Naturgott: „Dieser Naturgott isst uns, gebiert uns, spricht mit uns, erzieht uns, beschläft uns, lässt sich von uns essen, von uns zeugen und gebären, kurz – ist der unendliche Stoff unserer Tätigkeit und unseres Leidens – machen wir die Geliebte zu einem solchen Gott, so ist dies angewandte Religion." (Novalis, a.a.O., Bd. 2, S. 484)

Übung:
Haben Sie im Orgasmus schon mal das Gefühl gehabt, Ihre Geliebte oder Ihr Geliebter sei wie ein Naturgott? Schließen Sie die Augen und stellen Sie entsprechende Überlegungen an, die Sie dann zu Papier bringen.

Novalis definiert auf dieser wollüstigen Basis die christliche Religion neu. „Die christliche Religion ist die eigentliche Religion der Wollust. Die Sünde ist der große Reiz für die Liebe der Gottheit. Je sündiger man sich fühlt, desto christlicher ist man. Unbedingte Vereinigung mit der Gottheit ist der Zweck der Sünde und Liebe." (Novalis, a.a.O., Bd. 2, S. 484) Sünde ist nach Novalis nicht Adams Sünde, sondern Sünde ist in der Liebe der Wunsch, das göttliche Liebesobjekt zu fressen, mit ihm zu schlafen, ihn zu gebären und von ihm gefressen, beschlafen und geboren zu werden.

Übung:
Entwerfen Sie Ihr Bild einer Religion der christlichen Wollust.

Christliche Religion entsteht für Novalis in körperlicher Liebe: „Die Liebe ist das höchste Reale – der Urgrund" und „die Theorie der Liebe ist die höchste Wissenschaft." (Novalis, a.a.O., Bd. 2, S. 484) Vom Koitus her entwirft Novalis sein wollüstiges Christentum. Das Zentrum dieses Christentums ist der Koitus als wirkliches Abendmahl: „Ist die Liebesumarmung nicht etwas dem Abendmahl ähnliches?" (Novalis: Über die Liebe, a.a.O., S. 79) Und in seinem Roman „Heinrich von Ofterdingen" fragt er: „Wer weiß, ob unsere Liebe nicht dereinst zu Flammenfittichen wird, die uns aufheben, und uns in unsere himmlische Heimat tragen, ehe das Alter und der Tod uns erreichen." (Novalis: Über die Liebe, a.a.O., S. 141) Novalis erfasst den Höhepunkt des Orgasmus als Erlösung von der Welt, als Weltuntergang:

> *„So in Lieb und hoher Wollust*
> *sind wir immerdar versunken*
> *seit der wilde, trübe Funken*
> *jener Welt erlosch,*
> *seit der Hügel sich geschlossen*
> *und der Scheiterhaufen sprühte*
> *und dem schauernden Gemüthe*
> *nun das Erdgesicht zerfloß"*
> (Novalis: Über die Liebe, a.a.O., S. 165)

Übung:
Beschreiben Sie den Orgasmushöhepunkt als Weltuntergang in einem Elfchen.

Diese neue christliche romantische Liebe der Auflösung des Ichs im Orgasmus ist für Novalis „der Endzweck der Weltgeschichte – das Amen des Universums." (Novalis: Werke, a.a.O., Bd. 2, S. 484) Am Ende der Geschichte löst sich alles im Orgasmus der körperlichen Liebe auf, die auch am Anfang der Welt stand. „Einst ist alles Leib – ein Leib ... so wäre der Liebe Genuss von Ewigkeit zu Ewigkeit." (Novalis: Werke, a.a.O., Bd. 1, S. 426)

Übung:
Schließen Sie die Augen. Stellen Sie sich den Urknall und den Endknall des Universums als Orgasmus vor. Mit welchem Bild können Sie diesen kosmischen Orgasmus beschreiben?

In seinen **„Hymnen an die Nacht"** (1800) hat Novalis das Evangelium des wollüstigen Christentums bzw. „Sophientums" geschrieben. In den „Hymnen" heißt es: „Zur Staubwolke wurde der Grabhügel – durch die Wolken sah

11. Novalis

ich die verklärten Züge der Geliebten. In ihren Augen ruhte die Ewigkeit – Ich fasste ihre Hände und die Tränen wurden ein funkelndes, unzerreißliches Band. Jahrtausende zogen abwärts in die Ferne wie Ungewitter. An ihrem Hals weint' ich dem neuen Leben entzückende Tränen – Es war der erste, einzige Traum – und erst seitdem fühl ich ewigen unwandelbaren Glauben an den Himmel der Nacht und sein Licht, die Geliebte." (Novalis: Werke, a.a.O., Bd. 1, S. 402) Und später wird Novalis' Glauben, dass der Orgasmus der Kern des neuen christlichen Verständnisses ist, noch deutlicher. Er schreibt folgende Zeilen:

> „Hinüber wall ich,
> und jede Pein
> wird einst ein Stachel
> der Wollust sein.
>
> Noch wenig Zeiten
> So bin ich los,
> und liege trunken
> der Lieb in Schoß.
> ...
> Ich fühle des Todes
> verjüngende Flut,
> zu Balsam und Äther
> verwandelt mein Blut
>
> Ich lebe bei Tage
> voll Glauben und Mut
> und sterbe die Nächte
> in heiliger Glut."
>
> (Novalis: Werke, a.a.O., Bd. 1, S. 404f.)

Damit erkennt Novalis, dass das Ich im Orgasmus im Du und beide im höheren Selbst „in einem Leib aufgehoben sind. Gegen allen aufklärerischen Skeptizismus macht Novalis die romantische Erfahrung, dass man im sinnlichen Erleben das Übersinnliche erfahren kann." (B. Wanning: Novalis. Zur Einführung. Hamburg 1996, S. 135)

Übung:
Schreiben Sie ein Loblied auf die Nacht der Aufhebung des Ichs im Orgasmus und die Aufhebung des Ichs im höheren Nicht-Ich des einen kosmischen Welt-Leibes. Beginnen Sie Ihren Text mit dem Satz: „Mein Ich wird im Welt-Leib ..."

1797 entschloss sich Novalis zu einem zweiten Studium an der Bergakademie Freiberg. Er hatte nun Kontakte zu den romantischen Philosophen Schlegel und Schelling. Von seinen philosophischen Schriften erschien 1798 nur die Aphorismensammlung „Der Blütenstaub". 1799 nahm er am Romantikertreffen in Jena teil. Nach der himmlischen Liebe zu Sophie v. Kühn erlebt Novalis im Dezember 1799 die irdische Liebe zu Julie von Carpentier, mit der er sich bald verlobt. Er schreibt an einen Freund: „Julchen ist ein schleichendes Gift – man findet sie, ehe man sich versieht, überall in sich, und es ist umso gefährlicher, je angenehmer es uns deucht." (Novalis: Werke, a.a.O., Bd. 4, S. 382) Aber er wird auch angesichts von Julchen seiner himmlischen Liebe nicht untreu. „Das Schicksal eines sehr liebenswerten Mädchens hängt an meinem Entschlusse – ein sehr interessantes Leben scheint auf mich zu warten – indes aufrichtig wäre ich doch lieber tot." (Novalis: Werke, a.a.O., Bd. 4, S. 434f.) Die himmlische Liebe, die sich im großen Orgasmus realisiert, erscheint ihm doch wichtiger und bedeutsamer als die irdische Liebe.

Übung:
Kennen Sie die Differenz von himmlischer und irdischer Liebe? Welcher dieser Liebesformen geben Sie den Vorzug?

Den Widerspruch zwischen himmlischer und irdischer Liebe hob Novalis für sich durch das Schreiben romantischer Poesie auf. „Man muss eine poetische Welt um sich her bilden und in der Poesie leben." (Novalis: Werke, a.a.O., Bd. 4, S. 437) Sein Roman „Heinrich von Ofterdingen", der Fragment blieb und erst nach seinem Tod erschien, sollte kein Entwicklungsroman sein, sondern ein metaphysischer Roman, der „die Übergangsjahre des Romanhelden vom Unendlichen zum Endlichen umfassen sollte." (Novalis: Werke, a.a.O., Bd. 4, S. 459)

Übung:
Schreiben Sie nun eine kleine Biographie, in der Sie Ihr Leben als Weg vom Unendlichen zum Endlichen und vom Endlichen zum Unendlichen beschreiben.

In seinen letzten Lebensjahren arbeitete Novalis in der Bergwerksverwaltung, bewarb sich dann um eine Stelle als höherer Beamter in Thüringen. Aber seit Sophies Tod hatten sich auch bei ihm die Krankheitssymptome vermehrt. Bei Novalis brach schließlich Tuberkulose aus. An dieser Krankheit ist er mit 29 Jahren 1801 gestorben. Sein Vermächtnis „Das wollüstige Christentum" hat die christliche Kirche unberührt gelassen. Seine Verehrung der Sophie aber, taucht in vielen Erfahrungen abendländischer Mystiker nach der Romantik wieder auf.

Sehen wir uns das Bild der romantischen Liebe an:

Das Bild der romantischen Liebe bei Novalis

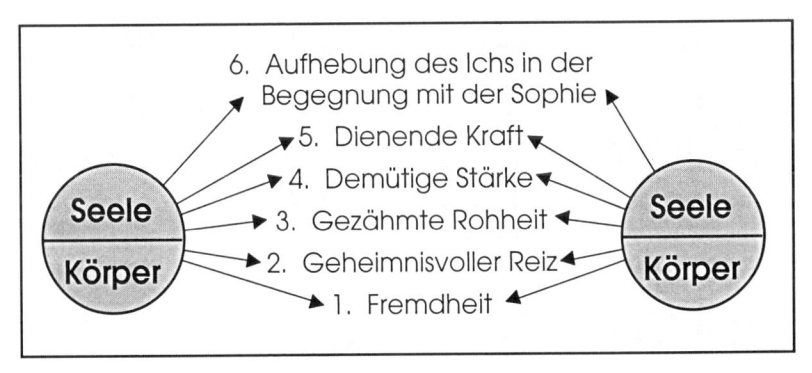

```
                  6. Aufhebung des Ichs in der
                     Begegnung mit der Sophie
                   5. Dienende Kraft
                   4. Demütige Stärke
    Seele          3. Gezähmte Rohheit         Seele
    Körper         2. Geheimnisvoller Reiz     Körper
                   1. Fremdheit
```

Übung:
Geben Sie eine Definition der romantischen Liebe.

Literatur zu Novalis

Novalis: Werke, Briefe, Dokumente. Hrsg. v. E. Wasmuth. Heidelberg, 1953-1957, Bd. 1-4
Novalis: Über die Liebe. Hrsg. v. G. Schulz. Frankfurt 1999

Behler, E.: Frühromantik. Berlin 1992
Holinski, D.: Poetische Religion der Liebe. Bochum 1976
Kluckhohn, P.: Die Auffassung der Liebe in der Literatur des 18. Jahrhunderts und in der deutschen Romantik. Tübingen 1966²
Kurzke, H.: Novalis. München 1988
Schulz, G.: Geschichte und Begriff. München 1996
Schulz, G.: Novalis. Reinbek 1996
Uerlings, H.: Novalis. Stuttgart 1998
Wanning, B.: Novalis zur Einführung. Hamburg 1996

12. Arthur Schopenhauer (1788-1860):
Die entfremdete Liebe

Schopenhauer repräsentiert in seiner Liebesphilosophie die „schwarze Romantik". Er kann in der Sexualität die romantische Erfahrung des Übersinnlichen nicht machen. Er erlebt in der Liebe den entscheidenden Widerspruch zwischen Geist und Orgasmus. Schon der junge Schopenhauer sah für sich sehr deutlich den Widerspruch zwischen seinen philosophischen Aufschwüngen und der ihn herabziehenden Sinnlichkeit. Er schrieb über diese Erfahrungen folgendes Gedicht:

> „O Wollust, o Hölle,
> o Sinne, o Liebe,
> nicht zu befriedigen.
> Aus Höhen des Himmels hast Du mich gezogen
> Und hin mich geworfen in den Staub dieser Erde.
> Da lieg ich in Fesseln."

Schopenhauer um 1818.
Gemälde von Ludwig Sigismund Ruhl

(A. Schopenhauer: Der handschriftliche Nachlaß. Frankfurt 1966, Bd. 1, S. 1)

Schopenhauers Beziehung zu Frauen war sein ganzes Leben lang von vielen Problemen gekennzeichnet. Schopenhauers Gegenspieler wurde Charles Fourier.

Auch <u>Charles Fourier</u> (1772-1837) musste sich zeit seines Lebens als kleiner Angestellter, der täglich vergeblich auf Post von einem Sponsor für seine sozialistischen Experimente wartete, mit der Onanie begnügen. Aber er träumte von einer „kosmischen Sexualität". Zwischen 1816 und 1820 schrieb er sein erotisches Hauptwerk **„Aus der neuen Liebeswelt"**, das erst 1966 verlegt wurde. Fourier verwirft, anders als Schopenhauer, radikal den Hass auf die Leidenschaften. Die Leidenschaften werden durch gesellschaftliche Askeseforderungen nur zur Quelle von Traurigkeit, Langeweile und Perversion. Wer die sexuelle Energie freisetzt, sagt Fourier, schafft eine neue Gesellschaft, denn die Bestimmung des Menschen ist die Befriedigung aller seiner Triebe und nicht deren Unterdrückung. Verdrängung schafft für

12. Arthur Schopenhauer

Fourier nur Neurose: „Jede angestaute Leidenschaft bringt ihr Gegenstück hervor, das ebenso schädlich ist, wie die natürliche Leidenschaft heilsam gewesen wäre." (C. Fourier, zit.n. M. Onfray: Philosophie der Ekstase. Frankfurt 1993, S. 177) Die neue Gesellschaft, die Fourier als hedonistischer Sozialist schaffen will, gewährt alle Freiheiten der Sexualität. Z.B. Wechsel des Partners, Gruppensex, Pausen von der Ehe, aber auch alle Spielarten des Sadismus und Masochismus sind bei Fourier erlaubt. „Alle Vorlieben, vorausgesetzt, sie schädigen und beleidigen andere nicht, sind im genossenschaftlichen Staat wertvoll und nützlich." Karl Marx' Utopie verblasst als strenge Asketik der Arbeit und der kalkulierten Ökonomie vor Fouriers lustvollem Sozialismus. Der Marquis de Sade wird bei Fourier auf keinen Fall in die Psychiatrie eingewiesen. Er hat seinen angestammten Platz in der Fourier'schen Gesellschaft. In der Sexualität können sich also alle Wünsche im kommunitären Zukunftsstaat, in dem das reine Lustprinzip regiert, erfüllen. Dieser neue libertäre Staat hat nur ein Ziel: „Göttliche Orgien". (Vgl. A. Bebel: Charles Fourier. Frankfurt 1978, R. Barthes: Sade, Fourier, Loyola. Frankfurt 1974)

Charles Fourier

<u>Arthur Schopenhauer</u> aber erlebte Sexualität immer als Entwürdigung und als Entfremdung. Schopenhauer hatte schon früh Kontakt zu Dirnen (R. Safranski: Schopenhauer und die wilden Jahre der Philosophie. Reinbek 1990, S. 106). Sein Versuch in Weimar, sich der Geliebten des Weimarer Herzogs, Karoline Jagemann zu nähern, scheiterte. (R. Safranski, a.a.O., S. 154) 1816 hat Schopenhauer ein Liebesverhältnis mit einem Mädchen in Dresden, „aus dem auch ein Kind entstammen soll." (R. Safranski, a.a.O., S. 294) 10 Jahre lang, von 1821 bis 1831 liebte Schopenhauer die Schauspielerin Caroline Richter, genannt Medon, die meist mehrere Liebesbeziehungen zu anderen Männern unterhielt. Fünf Jahre lang prozessierte Schopenhauer mit seiner Mitmieterin Frau Caroline Marquet, die er tätlich angegriffen hatte. Er musste ihr 20 Jahre eine Entschädigung zahlen. (R. Safranski, a.a.O., S. 405) Auch Schopenhauers Familienbeziehungen waren äußerst problematisch. Sein Vater hatte 1805, als Schopenhauer 17 Jahre alt war, Selbstmord begangen. Durch den Schmerz über den Tod des Vaters „wuchs meine Traurigkeit so sehr, dass sie von wirklicher Melancholie kaum mehr entfernt war." (R. Safranski, a.a.O., S. 91) Mit seiner Mutter und seiner Schwester Adele lebte Schopenhauer jahrzehntelang im Streit. Er war neidisch auf die erfolgreiche Mutter, die zur bekanntesten Romanautorin ihrer Zeit wurde.

Mit ihr stritt er bis an ihr Ende um das Geld des Vaters. „In den letzten 24 Jahren ihres Lebens war seine Mutter mit Arthur nur noch über eines einig, über den Wunsch, einander nicht mehr zu sehen." (K. Pisa: Schopenhauer. München 1978, S. 373) 1831 machte Schopenhauer der 17-jährigen Flora Weiß einen Heiratsantrag. Sie lehnte diesen Antrag des „ollen Schopenhauers" natürlich sofort ab. Mit seiner Übersiedlung nach Frankfurt 1833 lebte Schopenhauer für 28 Jahre asketisch. Eine besondere Neigung hatte Schopenhauer dann nur noch für Hunde, besonders für seinen Pudel „Athman". Auf diesem Hintergrund entstand Schopenhauers **„Metaphysik der Geschlechtsliebe"**, als Teil seines Hauptwerkes „Die Welt als Wille und Vorstellung". Diese Metaphysik reduziert die Sexualität auf Natur und spricht der Sexualität jeden Zugang zur Metaphysik ab.

Schopenhauers naturalistische Liebesphilosophie basiert auf folgenden Grundlagen:
Für Schopenhauer besteht nicht nur die Welt, sondern auch der Mensch aus Vorstellung und Wille. Der Kopf ist das Organ der Vorstellung. Die Genitalien sind das Organ des Willens. Der Mensch ist ein widersprüchliches Wesen. Die Genitalien verbinden den Menschen in der Sexualität mit der Gattung. Durch den Geschlechtsverkehr, den der Mensch „in regem Eifer und tiefem Ernst betreibt" (A. Schopenhauer: Die Welt als Wille und Vorstellung. Zürich 1977, Bd. 2,2, S. 598), beteiligt sich der Mensch an der Fortpflanzung der Gattung Mensch durch Zeugung von Nachwuchs. Schopenhauer fragt: „Was geht beim Menschen während des Geschlechtsverkehrs vor?" Seine Antwort: Der Akt der Zeugung drückt den Willen zum Leben aus: „Dies ist alles, was dabei in seinem Bewusstsein vor sich geht." (A. Schopenhauer, a.a.O., S. 599)

Übung:
Was geht während des Geschlechtsverkehrs in Ihrem Bewusstsein vor sich? Entwickeln Sie 10 spontane Einfälle. Aus diesen Einfällen formulieren Sie bitte einen kleinen Text.

Für Schopenhauer erlebt der Mensch beim Akt dasselbe wie das Tier. Wie beim Tier kreist auch beim Menschen das gesamte menschliche Leben um die Sexualpraxis. „Sexualität ist die Ursache des Krieges und der Zweck des Friedens, die Grundlage des Ernstes und das Ziel des Scherzens... Das tägliche Dichten und Trachten der Jungen und oft auch der Alten." (A. Schopenhauer, a.a.O., S. 601) Das Pikante an der Sexualität ist für Schopenhauer folgendes: „Die Hauptangelegenheit des Menschen wird heimlich betrieben und öffentlich ignoriert." (A. Schopenhauer, a.a.O., S. 601) Die

12. Arthur Schopenhauer

Sexualität unterliegt der Scham und der Verdrängung. Deshalb kommt sie als „ganz untergeordnete Nebenangelegenheit des Lebens zum Vorschein." (A. Schopenhauer, a.a.O., S. 601) Der Mensch aber ist „Geschlechtstrieb: er verdankt seine Entstehung einem Kopulationsakt und der Wunsch seiner Wünsche ist der Kopulationsakt." (A. Schopenhauer, a.a.O., S. 601)

Übung:
Wie stark werden Sie vom Wunsch der Wünsche bestimmt? Ziehen Sie eine Bilanz der Bedeutung der sexuellen Wünsche in Ihrem Leben.

Mit der gelingenden Sexualität ist „alles erreicht und mit deren Verfehlung ist alles verfehlt." (A. Schopenhauer, a.a.O., S. 602) Im Akt nun übersteigt der Mensch sich selbst, indem das individuelle Bewusstsein „sich hinaus auf die Gattung erstreckt." (A. Schopenhauer, a.a.O., S. 603) Man selbst ist durch seine Erzeugung mit den Eltern verbunden und durch das eigene Zeugen verbindet man sich mit den eigenen Kindern. Dabei vererbt der Vater den Willen und die Mutter die Vorstellungskraft. (A. Schopenhauer, a.a.O., S. 605)

Übung:
Prüfen Sie, von welchem Elternteil Sie Ihren Willen und von welchem Sie Ihre Vorstellungskraft haben?

Die Sexualität, die aus dem Willen stammt, ist von einer enormen Ambivalenz. Die Sexualität treibt die einen ins Irrenhaus, die anderen in die höchste Lust. Die Philosophie hat der Sexualität bisher nicht viel Aufmerksamkeit geschenkt, stellt Schopenhauer fest. Gerade die zerstörerischen Seiten der Sexualität wurden immer unterschlagen. „Wozu der Lärm? Wozu das Drängen, Toben, die Angst und die Not in der Sexualität?" (A. Schopenhauer, a.a.O., S. 623)

Übung:
Versuchen Sie eine Antwort für den Grund des Tobens der Sexualtriebe im menschlichen Leben und in den menschlichen Verhältnissen.

Für Schopenhauer ist die Antwort klar: Die sexuellen Konflikte entstehen aus dem Gattungswillen, der sich gegen jedes individuelle Interesse am Koitus durchsetzt. Das Individuum wird vom Gattungswillen mit individueller Verliebtheit getäuscht, gerade dort, wo sich nur der Wille der Gattung nach Fortführung der Menschheit überhaupt durchsetzt. Der Wille der Gattung zum Leben erzeugt im Individuum die wilden sexuellen Spannungen und sorgt zugleich dafür, dass diese Spannung in ihrem Gattungswesen dem Individuum verborgen und unbewusst bleiben.

Schopenhauer hat mit dieser Theorie des Unbewussten Sigmund Freud und der Psychoanalyse die wichtigsten Anregungen gegeben. (Vgl. M. Zentner 1995, G. Goedde 1999, Kaiser-El-Safti 1987) Beim Koitus agiert der Mensch völlig im Banne des Unbewussten, das ist Schopenhauers zentrale Überzeugung. „Dass dieses bestimmte Kind erzeugt werde, ist der wahre, wenngleich den Teilnehmern unbewusste Zweck des ganzen Liebesromans. Die Art und Weise, wie er erreicht wird, ist Nebensache." (A. Schopenhauer, a.a.O., S. 626)

Schopenhauers Anregungen fielen auch bei Eduard von Hartmann, der von 1842 bis 1906 lebte, auf fruchtbaren Boden. Hartmanns Bestseller „Philosophie des Unbewussten" von 1869 stellt sich auf Schopenhauers Seite. Auch Hartmann betrachtet die Liebe als Instinkt-Phänomen. „Instinktiv sucht der Mensch zur Befriedigung seines physischen Triebes ein Individuum des anderen Geschlechts auf, in dem Wahn, dadurch einen höheren Genuss zu haben, als bei irgendeiner anderen Art, sein unbewusster Zweck dabei ist aber Zeugung überhaupt... Der unbewusste Zweck des Koitus ist die Zeugung eines solchen Individuums, welches die Idee der Gattung möglichst vollkommen repräsentiert... Bei den Tieren fehlt dieses Moment der geschlechtlichen Auswahl keineswegs." (E.v. Hartmann: Philosophie des Unbewussten. Hildesheim 1989, S. 184f.) Für Hartmann steht fest, dass „die Liebe den beteiligten Individuen mehr Schmerz als Lust bereitet." (E.v. Hartmann, a.a.O., S. 560) Die Liebe beruht auf der Täuschung durch das Gattungsideal. Wer glaubt, einen Engel gewonnen zu haben, schreibt v. Hartmann, erkennt bald, „einem Menschen mit allen menschlichen Fehlern und Schwächen ausgeliefert zu sein." (E.v. Hartmann, a.a.O., S. 563) Liebe, so das Fazit v. Hartmanns, ist also für das Individuum immer ein Übel.

Der Koitus ist bei Schopenhauer aus bloßem Naturzwang „die Sehnsucht nach einer wirklichen Vereinigung und Verschmelzung zu einem einzigen Wesen." (A. Schopenhauer, a.a.O., S. 627)

Übung:
Wie weit erleben Sie im Koitus die Verschmelzung zu einem einzigen Wesen?

Schopenhauer hält von dieser Verschmelzung allerdings herzlich wenig. Um dieser Verschmelzung willen opfert der Mensch „sein eigenes Lebensglück, durch törichte Heirat, durch Liebeshändel, die ihn Vermögen, Ehre und Leben kosten." (A. Schopenhauer, a.a.O., S. 631) Dort, wo der Einzelne seine egoistischen Lustzwecke verfolgt, ist er im Grunde nur „der Betrogene der Gattung." (A. Schopenhauer, a.a.O., S. 633) Die egoistischen Ziele der Lust sind für Schopenhauer geschlechtsspezifisch. Die Liebe des Mannes sinkt

„merklich, von dem Augenblicke an, wo sie Befriedigung erhalten hat ... Er sehnt sich nach Abwechslung ... Die Frau hingegen hängt fest dem einen an ... dem Ernährer und Beschützer der künftigen Brut." (A. Schopenhauer, a.a.O., S. 634)

Übung:
Was spricht gegen Schopenhauers These von der Polygamie der Männer und der Monogamie der Frauen? Sammeln Sie einige Argumente.

Bei der Wahl der Liebespartner spielen für Schopenhauer beim Mann folgende natürliche Faktoren eine Rolle: „Alter, Gesundheit, Größe, Fülle des Fleisches und Schönheit des Gesichts." (A. Schopenhauer, a.a.O., S. 635f.) Bei der Frau erkennt Schopenhauer folgende Faktoren bei der Wahl des Liebespartners: „Alter und Redlichkeit."

Übung:
Nach welchen Kriterien suchen Sie sich Ihre Liebespartner aus?

Als weiterer Faktor der Partnerwahl nennt Schopenhauer das Ergänzungsprinzip: „Hier liebt jeder, was ihm selbst abgeht." (A. Schopenhauer, a.a.O., S. 638f.) So kommt es, dass der männlichste Mann das weiblichste Weib sucht und dass der geistigste Mann die natürlichste Frau erwählt. Schopenhauer wird sehr deutlich: „Der Mann ist roh und sie ist zart oder er ist genial und sie eine Gans." (A. Schopenhauer, a.a.O., S. 637) Aus dem Ergänzungsprinzip resultieren natürlich die häufigsten Trennungsfolgen und das meiste Scheitern jeder heterosexuellen Beziehung.

Übung:
Stellen Sie sich Ihre Liebestrennungen vor. Welche Ursachen lagen der jeweiligen Trennung zugrunde?

Die Dramatik, die jeder Liebesbeziehung innewohnt, führt Schopenhauer auf die unbewusste Gattungsdiktatur in jeder Beziehung zurück. „Dem Gattungsinteresse steht eine Unendlichkeit von Raum, Zeit, Materie und folglich unerschöpflicher Gelegenheit zur Wiederkehr offen." (A. Schopenhauer, a.a.O., S. 644) Der Liebesschmerz bei Trennung der Partner ist für Schopenhauer also überindividuell und eher „der Seufzer der Gattung selbst." „Die Gattung allein hat unendliches Leben und ist daher unendlicher Wünsche, unendlicher Befriedigung und unendlicher Schmerzen fähig." (A. Schopenhauer, a.a.O., S. 645) Deshalb übersteigen Liebesschmerzen wie Eifersucht und Verlust der oder des Geliebten oft die individuelle Kraft. Denn dem Gattungsinteresse ist es ganz egal, ob die Individuen bei der Liebe leiden oder

Glück empfinden. Das Gattungsinteresse bezieht sich nur darauf, dass die Gattung sich fortpflanzt.

Übung:
Welche Ursachen erkennen Sie in den Schmerzen der Eifersucht oder des Liebesverlustes?

Das Gattungsinteresse setzt auch jede individuelle Moral außer Kraft. „Der Ehebruch wird rücksichtslos begangen, wenn die leidenschaftliche Liebe, d.h. das Interesse der Gattung sich ihrer bemächtigt hat." (A. Schopenhauer, a.a.O., S. 647) Die Leidenschaft der Liebe entfremdet die Liebenden sich selbst. Manchmal eröffnet sie ihnen nur den Schein der größten metaphysischen Möglichkeiten. Die Liebenden wähnen sich, „in Angelegenheiten von transzendenter Wichtigkeit zu handeln, hoch über alles Irdische." (A. Schopenhauer, a.a.O., S. 649)

Übung:
Haben Sie in Ihren Lieben schon den Schein metaphysischer Erfahrungen erlebt?

Aber die Liebe führt auch zum Doppelselbstmord, wenn die Liebenden die „unendliche Sehnsucht des Willens der Gattung nach sich selbst nicht mehr ertragen können." (A. Schopenhauer, a.a.O., S. 649)

Übung:
Haben Sie im Rahmen Ihrer Lieben schon einmal an Doppelselbstmord gedacht? Schildern Sie die näheren Umstände derartige Impulse.

Allerdings führt auch die befriedigte Leidenschaft im Koitus öfters zum Unglück als zum Glück, behauptet Schopenhauer pessimistisch. Wenn die Gattungslust verschwindet, bleibt oft eine „verhasste Lebensgefährtin übrig." (A. Schopenhauer, a.a.O., S. 650) Oder die Liebe verwandelt sich mit der Zeit wegen Nicht-Erhörung in Hass oder Grausamkeit. Nach jeder sexuellen Befriedigung findet sich das Individuum, vom Gattungseifer verlassen, „nicht glücklicher als zuvor wieder." (A. Schopenhauer, a.a.O., S. 652) Auch Liebesehen werden nach Schopenhauer aus Gattungsgründen geschlossen und fallen meist unglücklich aus, weil in ihnen „für die kommende Generation auf Kosten der gegenwärtigen gesorgt werden muss." (A. Schopenhauer, a.a.O., S. 653)

Übung:
Welche Gründe erkennen Sie im Umstand, dass Liebesehen so oft scheitern? Legen Sie eine Liste dieser Gründe an.

12. Arthur Schopenhauer

Glückliche Ehen sind, unter dem Diktat der Gattung, das jeden individuellen Willen unbewusst unterläuft, „bekanntlich selten." (A. Schopenhauer, a.a.O., S. 654) Schopenhauer hat auch eine Theorie der Homosexualität. Der alternde Mann, der die Gattungsaufgabe nicht mehr leisten kann, neigt für Schopenhauer der Knabenliebe zu. „Päderasterie ist durchgängig ein Laster alter Männer." (A. Schopenhauer, a.a.O., S. 662)

Übung:
Wie erklären Sie die Homosexualität?

Schopenhauer kann auch die Scham und Angst vor der Sexualität erklären. Für Schopenhauer halten die Liebenden ihren Akt verborgen, weil sie sich schämen wegen der erwartbaren Freuden und der gleichzeitigen Fortschreibung des quälenden Widerspruchs von Wille und individueller Vorstellung in der nächsten Generation. Die Gesellschaft dagegen macht aus der Sexualität ein Tabu, weil sie dunkel ahnt, dass das Luststreben ihrer Mitglieder nur zur Fortsetzung des sexuellen Elends von Generation zu Generation führt. (A. Schopenhauer, a.a.O., S. 669)

Übung:
Welche Gründe für die individuelle und gesellschaftliche Tabuisierung der Sexualität können sie anführen? Schreiben Sie über das Tabu der Sexualität einen einminütigen Freewriting-Text.

Als Konsequenz für die pessimistische Bewertung der Liebe, abgeleitet aus dem Widerspruch von Gattungswille und individueller Vorstellung, gibt es für Schopenhauer nur eine Lösung: die Verneinung des Willens zum Leben, die Verneinung der Liebe, also die konsequente Askese.

Übung:
Schließen Sie die Augen. Stellen Sie sich die Situation in Ihrem Leben vor, wo Sie in ein Kloster gehen wollten. Was waren die Gründe für diesen Wunsch, ins Kloster zu gehen, und was waren die Ursachen für seine spätere Verwerfung?

Für Schopenhauer hat die Verneinung der Liebe entscheidende Konsequenzen. Für Schopenhauer bedeutet die Verneinung der Liebe auch die Verneinung der Welt überhaupt: „Die Welt ist etwas, was nicht sein sollte." (A. Schopenhauer, a.a.O., S. 677f.)

Schopenhauers Kritik der entfremdeten Liebe lässt einmal die mittelalterliche Verteufelung der Liebe wieder lebendig werden. Zum anderen vertieft Schopenhauer aber den Blick auf die Liebe als Ereignis des Unbewussten und eröffnet damit für seine Nachfolger neue Möglichkeiten des vertieften Liebesverständnisses.

Sehen wir uns ein Bild der entfremdeten Liebe an:

Das Bild der entfremdeten Liebe bei Arthur Schopenhauer

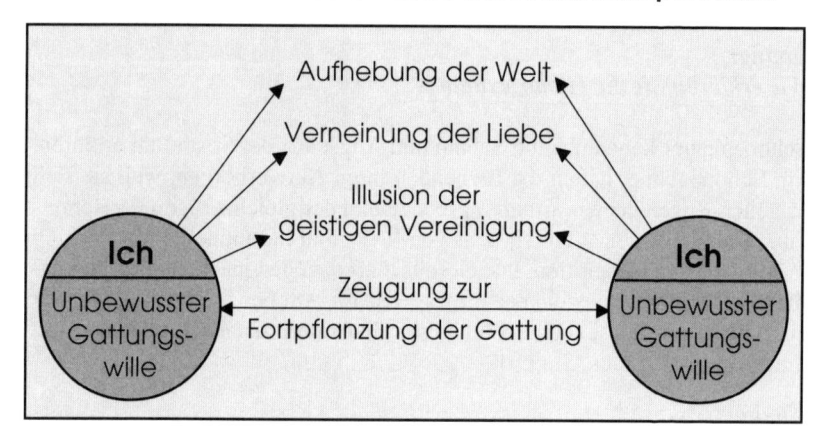

```
                    Aufhebung der Welt
                   Verneinung der Liebe
                      Illusion der
                  geistigen Vereinigung
   ┌─────────┐                              ┌─────────┐
   │   Ich   │      Zeugung zur             │   Ich   │
   │Unbewusster│◄──Fortpflanzung der Gattung──►│Unbewusster│
   │Gattungs-│                              │Gattungs-│
   │  wille  │                              │  wille  │
   └─────────┘                              └─────────┘
```

Übung:
Geben Sie eine Definition der entfremdeten Liebe.

Literatur zu Arthur Schopenhauer

Schopenhauer, A.: *Züricher Ausgabe. Werke in 10 Bänden.* Zürich 1977, Bd. 1-10

Schopenhauer, A.: *Der handschriftliche Nachlaß.* Frankfurt 1985, Bd. 1-5

Abendroth, W.: *Schopenhauer.* Reinbek 1967

Goedde, G.: *Traditionslinien des „Unbewussten". Schopenhauer, Nietzsche, Freud.* Tübingen 1999

Hübscher, A.: *Schopenhauer.* Stuttgart 1967

Kaiser-El-Safti, B.: *Der Nachdenker. Die Entstehung der Metapsychologie bei S. Freud in ihrer Abhängigkeit von Schopenhauer und Nietzsche.* Bonn 1987

Pisa, K.: *Schopenhauer.* München 1978

Safranski, R.: *Schopenhauer und die wilden Jahre der Philosophie.* Reinbek 1990

Salaquarda, J. (Hrsg.): *Schopenhauer.* Darmstadt 1985

Zentner, M.: *Die Flucht ins Vergessen. Die Anfänge der Psychoanalyse bei Schopenhauer.* Darmstadt 1995

13. Friedrich Nietzsche (1844-1900): Die verhasste Liebe

Nietzsche wird gegen Ende des 19. Jahrhunderts zum Sprachrohr der deutschen Lebensphilosophie. Diese Lebensphilosophie will keine akademische Philosophie im Elfenbeinturm sein, sondern direkt zur Steigerung des Lebens beitragen. Nietzsche schätzt aber die Bedeutung der Liebe zur Steigerung des Lebens sehr kritisch ein. Nietzsche gibt der Lebensphilosophie drei Ausformungen. Er beginnt mit einer ästhetischen Lebensidee, entwickelt dann die aufklärerische Seite der Entlarvung des falschen Lebens und kommt schließlich zur darwinistischen Höherzüchtung des Lebens. (Vgl. L. Andreas-Salomé: Friedrich Nietzsche in seinen Werken. Frankfurt 1983; E. Fink: Nietzsches Philosophie. Stuttgart 1973) Nietzsches Philosophie der Liebe wandelt sich in diesen drei Phasen seines Werkes. Eine Ästhetisierung der Liebe ist Nietzsche in seiner ersten Phase nicht gelungen. In seiner zweiten Phase entlarvt er die Liebe, um sie in seiner dritten Werkphase durch Höherzüchtungsideen des Menschen schließlich zu überwinden. Liebe enthüllt sich bei Nietzsche als Hass auf die heterosexuelle Liebe. Seine Liebesphilosophie findet bis heute extreme Feinde und Bewunderer. Einerseits wird seine Liebesphilosophie als Produkt eines verkappten Homosexuellen und wüsten Frauenfeindes gedeutet (J. Köhler: Zarathustras Geheimnis. Reinbek 1992, S. 112), andererseits soll Nietzsches Liebesphilosophie, nach Meinung seiner Schwester, die Philosophie eines Heiligen sein (E. Förster-Nietzsche: Der einsame Nietzsche. Leipzig 1914, S. X) Der Streit um Nietzsches Liebesphilosophie wird noch geraume Zeit weitergehen.

Friedrich Nietzsche wurde 1844 in Röcken bei Lützen als Sohn eines evangelischen Pfarrers geboren. Als sein Vater an „Gehirnerweichung" starb, war Nietzsche fünf Jahre alt. Er wurde nun von fünf Frauen aufgezogen: der Großmutter, zwei Tanten, der Mutter und der älteren Schwester. 1858-1864 wurde Nietzsche Schüler der strengen Internatsschule in Pforta. Während dieser Schulzeit verlor er seinen christlichen Glauben.

Das sexuelle Erwachen in der Schule konfrontiert Nietzsche mit der protestantischen Prüderie seiner Mutterwelt. Er muss sich mit den Konflikten zwischen sexueller Askese und Sadismus auseinandersetzen. In frühen literarischen Texten schildert Nietzsche die Masturbation, homoerotische Phantasien und die Lust an gesteigertem Sadismus (F. Nietzsche: Über die Frauen. Frankfurt 1992, S. 33). Nietzsche erschreckt sich sehr früh über die schwarzen Seiten der sadistischen Liebe.

Übung:
Wann und wie haben Sie zum ersten Mal Angst vor der Sexualität bekommen? Antworten Sie in einem Satz.

Im Joch
(Zeichnung von W. Schertel. 1910)

Sexualität erscheint dem jungen Nietzsche als Kraft der Destruktion und als Macht des Unterganges. Er lehnt die Sexualität aus tiefstem Grund ab. Sexualität erscheint Nietzsche als „Herrschaft und Überwältigung – ein ständiger Versuch, das männliche Ich zu zerstören." (F. Nietzsche: Über die Frauen, a.a.O., S. 48) Damit legt er die Grundlagen seines Verständnisses der verhassten heterosexuellen Liebe. Schon als Schüler wendet er sich gegen die Verdammung der Homosexualität durch seine Lehrer in Pforta.

Übung:
Ist Homosexualität für Sie gleichwertig mit der Heterosexualität? Wo sehen Sie Unterschiede und Gleichheiten?

Erste Liebschaften werden von Nietzsche als Student schnell wieder beendet. Nach einer Phase der Annäherung an den weiblichen Partner erfolgt von Seiten Nietzsches dann ein schneller Rückzug. Auch der unterdrückende Einfluss von Mutter und Schwester steigern Nietzsches Sexualangst. „Die Behandlung, die ich von Seiten meiner Mutter und Schwester erfahre, ... flößt mir ein unsägliches Grauen ein: Hier arbeitet eine vollkommene Höllenmaschine", schreibt Nietzsche. (F. Nietzsche: Über die Frauen, a.a.O., S. 79f.)

13. Friedrich Nietzsche

Übung:
Stellen Sie sich den Einfluss Ihrer Mutter auf Ihre Sexualität vor. Welches Bild fällt Ihnen zu diesem Komplex spontan ein? Schreiben Sie dieses Bild auf.

Als Nietzsche ab 1864 in Bonn Theologie und Philosophie studiert und diese Studien ab 1865 in Leipzig fortsetzt, interessieren ihn besonders die alten Griechen. Die antike Verherrlichung der Knabenliebe und die Abwertung der Frau übt auf den Studenten Nietzsche einen starken Reiz aus. Ganz in diesem Sinne erkennt er: „Das Weib ist die Quelle des Übels, man denke nur an den trojanischen Krieg." (F. Nietzsche: Über die Frauen, a.a.O., S. 94)

Übung:
Wie interpretieren Sie die Ursache des trojanisches Krieges, der ja nach der Sage mit der Entführung der Königin Helena durch den Griechen Paris begann.

Für Nietzsche ist „die griechische Kultur der klassischen Zeit eine Kultur der Männer." (F. Nietzsche: Über die Frauen, a.a.O., S. 100) Die antike Knabenliebe bejaht Nietzsche als Grundlage männlicher Erziehung. Die Frauen hätten für die Ermöglichung der männlichen Wollust und die Kindererziehung zu sorgen.

Übung:
Wie stehen Sie zur Päderastenkultur der platonischen Epoche? Entwickeln Sie drei Einfälle und formulieren Sie den besten in einem Satz.

Nietzsche macht Karriere. Mit 25 Jahren, noch ohne Promotion, wird er 1870 als Professor nach Basel gerufen. Sein erstes großes Werk **„Die Geburt der Tragödie aus dem Geist der Musik"** (1871) stellt aus dem Gegensatz des Apollinischen und Dionysischen den unversöhnlichen Kampf der Geschlechter vor. Dieser Kampf des männlichen Apoll und des weiblichen Dionysos, der sich in jeder Psyche abspielt, kann der Mann nur in zwei Richtungen überwinden: Einmal durch Rausch und Vergessen im Einswerden mit der dionysischen Natur oder durch rationale Selbsterkenntnis in der Identifikation mit der Vernunft des Apoll.

Übung:
Welche Erfahrungen haben Sie mit dem Konflikt zwischen sexuellem Rausch und vernünftiger Selbstbeherrschung? Beschreiben Sie eines Ihrer Schlüsselerlebnisse aus Ihrem Leben in Form eines Märchens.

Beginnen Sie mit dem Satz „Es war einmal...". Schildern Sie dann eine kritische Anfangssituation, lassen Sie Lösungsversuche folgen, und enden Sie schließlich mit einem gelungenen Happyend.

1878 gibt Nietzsche sein Lehramt in Basel aus Krankheitsgründen wieder auf. Er lebt von nun an von einer kleinen Rente der Universität. Er arbeitet an seiner Rezeption der Philosophie der Aufklärung, die er in Büchern wie „Menschliches, Allzumenschliches" (1878), „Die Morgenröte" (1881) und „Die fröhliche Wissenschaft" (1882) in Aphorismen vorlegt. Die Mutter unternimmt in dieser Zeit mehrere Versuche, Nietzsche zur Ehe zu bewegen. In der Begegnung mit Frauen ist Nietzsche stets höflich. Er weicht aber jeder Bindung aus. Selbst Richard Wagner, zu dem Nietzsche bis 1876 eine intensive Beziehung pflegte, riet ihm: „Ach Gott, Nietzsche, heiraten Sie doch endlich eine reiche Frau!" (F. Nietzsche: Über die Frauen, a.a.O., S. 144)

Übung:
Aus welchen Motiven sind Sie Ihre erste Ehe eingegangen? Legen Sie eine Liste dieser Motive an.

Seine Theorie der Frau und der Liebe, die er in der zweiten Phase seines Philosophierens, der so genannten Aufklärungsphase entwickelt, zeigt die Ambivalenzen der Mann-Frau-Beziehung. Nietzsche will die Frau durchaus als höheres Wesen als den Mann erkennen: „Das vollkommene Weib ist ein höherer Typus des Menschen als der vollkommene Mann: auch etwas viel selteneres." (F. Nietzsche: Über die Frauen, a.a.O., S. 157)

Übung:
Welche Gründe sprechen für einen höheren Wert der Frau gegenüber dem Mann? Lege Sie eine Liste der Pro- und Contra-Argumente an.

Die sexuelle Partnerwahl von Männern und Frauen geschieht für Nietzsche nicht nach dem „Ergänzungsprinzip" (A. Schopenhauer), sondern dem narzisstischen „Idealisierungsprinzip" (La Rochefoucauld). „Der Mann sucht in der Partnerwahl den idealisierten Mann, die Frau die idealisierte Frau." (F. Nietzsche: Über die Frauen, a.a.O., S. 159)

Übung:
Welche idealen Seiten suchen Sie bei Ihrem sexuellen Partner? Haben Sie eher nach dem „Ergänzungs"- oder dem „Idealisierungsprinzip" gewählt?

13. Friedrich Nietzsche

Im Grunde erkennt Nietzsche, dass Männer und Frauen völlig verschieden sind. „Die Frauen wollen dienen und haben darin ihr Glück, und der männliche Freigeist will bedient sein und hat darin sein Glück." (F. Nietzsche: Über die Frauen, a.a.O., S. 163)

Übung:
Was suchen Sie bei Ihrem Partner: Dienen oder Bedienung? Stellen Sie sich den gestrigen Tag Ihrer Beziehung vor: Haben Sie gedient oder sind Sie bedient worden?

Auch unter der Liebe verstehen Mann und Frau etwas völlig anderes. Die Frau versteht Liebe als Hingabe, der Mann Liebe als Besitzen. „Das Weib gibt sich weg, der Mann nimmt hinzu." (F. Nietzsche: Über die Frauen, a.a.O., S. 179) Die Frau sucht Treue, der Mann die Untreue in der Liebe. Die Treue nimmt im fortgeschrittenen Leben der Männer ab und im Leben der Frauen zu. Die Annäherung von Mann und Frau erweckt eher Antipathie als Sympathie. Die bald entstehende verhasste Liebe zwischen den Partnern muss dann durch die Moral der Treue am Leben erhalten werden, denn für Nietzsche ist der Mann polygam und die Frau monogam. Hinter der herrschenden Treue-Ideologie für Paare verbirgt sich nur die natürliche männliche Untreue.

Übung:
Blicken Sie auf die Geschichte Ihrer Treue und Untreue zurück. Erkennen Sie in Ihrer Liebesgeschichte Gesetzmäßigkeiten im Umgang mit der Treue? Versuchen Sie Ihr Treuegesetz zu formulieren.

In der Ehe soll nach Nietzsche der Mann die Frau besitzen. Dabei gibt es drei Typen von Besitzansprüchen des Mannes gegenüber der Frau:
- Der bescheidene Mann will nur „die Verfügung über den Leib und den Geschlechtsgenuss".
- Der anspruchsvollere Mann will, dass „die Frau nicht nur ihm sich hingibt, sondern auch für ihn lässt, was sie hat oder gerne hätte."
- Der vollkommene Mann will sich von der Frau „erraten lassen", sie soll ihn wegen seiner „Teufelei und versteckten Unersättlichkeit ebenso lieben wie um seiner Güte, Geduld und Geistigkeit."
(F. Nietzsche: Über die Frauen, a.a.O., S. 252)

Übung (für den männlichen Leser):
Welchem Typ von Mann rechnen Sie sich zu? Sind Sie bescheiden, anspruchsvoll oder vollkommen gegenüber Ihrem Beziehungspartner? Geben Sie eine Antwort in einem Satz.

Die Sexualität, erkennt Nietzsche, wird den Mann erhöhen und die Frau erniedrigen: „Der Sturm der Begierde reißt den Mann in eine große Höhe hinauf, wo alle Begierde schweigt... Ein gutes Weib steigt hinab zur Begierde und erniedrigt sich selbst." (F. Nietzsche: Über die Frauen, a.a.O., S. 166)

Übung:
Welche Erhöhung und Erniedrigung hat Ihnen bisher der sexuelle Verkehr gebracht? Gibt es bei Ihren sexuellen Machtverhältnissen Formen der Erhöhung oder Erniedrigung? Entwickeln Sie zwei Thesen, beginnen Sie mit dem Satzanfang „Der Mann...." und ergänzen Sie dann den Satz „Die Frau...".

Die Entwicklung der sexuellen Bedürfnisse von Mann und Frau sind für Nietzsche vollkommen verschieden. „Die gleichen Affekte sind bei Mann und Frau doch im Tempo verschieden, deshalb hören Mann und Frau nicht auf, sich ständig misszuverstehen." (F. Nietzsche: Über die Frauen, a.a.O., S. 250)

Übung:
Welche typischen sexuellen Missverständnisse kennen Sie aus Ihren Liebesbeziehungen?

Die große Liebe entbrennt im Mann nicht aus Sinnlichkeit, sondern aus Mitleid. Die schwache Frau erregt im Mann seinen Retterkomplex. „Aus diesem Punkt entspringt die Quelle der großen Liebe." (F. Nietzsche: Über die Frauen, a.a.O., S. 167)

Übung:
Stellen Sie sich Ihre „große Liebe" vor. Klären Sie die Gründe für die außergewöhnlichen Emotionen, die Sie in dieser Liebe erleben. Schreiben Sie nun drei Sätze.

Der Mann neigt zur vollkommenen Idealisierung der Frau. „Der Mann hat das Weib geschaffen – warum doch? Aus der Rippe seines Gottes, seines Ideals." (F. Nietzsche: Über die Frauen, a.a.O., S. 273) Beim Koitus, glaubt Nietzsche, bricht diese Idealisierung auf Seiten der Frau zusammen. Die Frauen erleben beim Koitus ein Desaster, stellt Nietzsche fest. „Liebe und Scham wird widersprüchlich, Entzückung, Preisgebung, Pflicht, Mitleid und Schrecken über die unerwartete Nachbarschaft von Gott und Tier im Mann tritt beim Koitus ein." (F. Nietzsche: Über die Frauen, a.a.O., S. 176)

13. Friedrich Nietzsche 139

Übung:
Haben Sie sich als Mann oder Frau je beim Koitus als Gott/Göttin oder als Tier empfunden? Beschreiben Sie einen Koitus aus der Sicht eines Gottes bzw. einer Göttin und dann eines Tieres.

In der Ehe kämpfen beide Partner um die Liebe. Die Liebe hält sich aber nur dann, wenn sie sich gesellschaftlich ergänzt, „der Mann durch die Frau beliebt und die Frau durch den Mann berühmt werden will." (F. Nietzsche: Über die Frauen, a.a.O., S. 189) Die Liebe scheitert in der Ehe, wenn die Unterhaltung und die Vertreibung der Langeweile zwischen den Partnern zu wünschen übrig lässt.

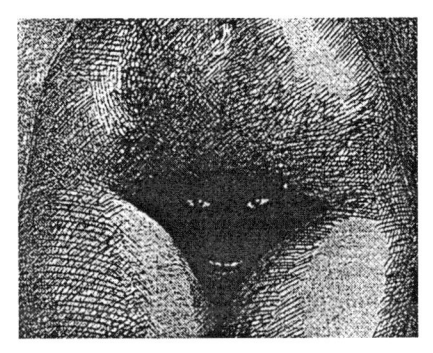

Die weiblichen Genitalien als Teufelsfratze.
(Zeichnung von Roland Topor, 1975)

Übung:
Aus welchen Gründen sind Ihre Ehen bisher gescheitert?

Die Liebe ist für Nietzsche etwas zutiefst Problematisches und Hassenswertes: „Auch die beste tiefste Liebe ist arm, hilflos, anmaßend und fehlgreifend... Sie zerstört eher als sie rettet." (F. Nietzsche: Über die Frauen, a.a.O., S. 279) Die Ehe hat im Leben des Mannes deshalb eine schwindende Bedeutung: Mit 20 Jahren ist sie nötig, mit 30 Jahren nützlich, mit 40 und älter ist sie schädlich und „fördert die geistige Rückbildung des Mannes." (F. Nietzsche: Über die Frauen, a.a.O., S. 190)

Übung:
Nimmt die Bedeutung der Ehe für Mann und Frau im Laufe des Lebens ab? Geben Sie einmal eine Antwort aus der Sicht des Mannes und dann aus der Sicht der Frau.

Ehen sollten für Nietzsche nur noch aus Züchtungsgründen geschlossen werden. „Einzelne ausgezeichnete Männer sollten bei mehreren Frauen Gelegenheit haben, sich fortzupflanzen und einzelne Frauen... sollten auch nicht an den Zufall eines Mannes gebunden sein." (F. Nietzsche: Über die Frauen, a.a.O., S. 193) Nietzsche will nicht „klugmäßig und weise" durch die Ehe werden, sondern er will „einsam und wild leben". (F. Nietzsche: Über die Frauen, a.a.O., S. 196)

Übung:
Warum leben Sie nicht „einsam und wild" als Single?

Von 1883-84 erlebt Nietzsche bei der Entwicklung der vier Grundgedanken seines Spätwerkes Zustände mystischer Erleuchtung.
Er gewinnt nun vier Einsichten:
1. die Idee vom Tod Gottes
2. die Lehre von der Umwertung aller Werte
3. den Gedanken von der ewigen Wiederkehr
4. die Lehre vom Übermenschen.

Diese Ideen vertritt er in seinem Hauptwerk **„Also sprach Zarathustra"** (1885). Diese Ideen beeinflussten auch seine Theorie der Liebe. Nietzsche pflegt nun häufiger platonischen Kontakt mit Frauen. Zu diesen Frauen gehören Malwida v. Meysenburg, Lou Andreas-Salomé, aber auch Isabella v. Pahlen, Luise Ott und Mathilde Trampedach. (Vgl. M. Leis: Frauen um Nietzsche. Reinbek 2000; A.W. Braun: Nietzsche und die Frauen. Bonn 1978; C.P. Janz: Friedrich Nietzsche. Frankfurt 1999, Bd. 1-3; J. Köhler: Zarathustras Geheimnis. Friedrich Nietzsche und seine verschlüsselte Botschaft. Reinbek 1992; A. Miller: Der gemiedene Schlüssel. Frankfurt 1988, S. 9-78; W. Ross: Der ängstliche Adler. Friedrich Nietzsches Leben. München 1994)

Bei Mathilde Trampedach scheitert Nietzsche mit einem Heiratsantrag. Lou Andreas-Salomé fühlt sich bei näherer Kenntnis von Nietzsche von dessen Sado-Masochismus abgestoßen. Die Abweisung durch Lou führt Nietzsche an den Rand des Selbstmordes.

Lou Andreas-Salomé (1861-1937) erkannte, dass sich ihre Liebesphilosophie von Nietzsches völlig unterschied. Viele Jahre später, 1910, hat Lou ihre Liebesphilosophie in dem Essay **„Die Erotik"** dargestellt. Damals stellte sie fest: Die

Lou Andreas-Salomé

13. Friedrich Nietzsche 141

Basis jeder Erotik ist die Sexualität. Was am Menschen geliebt wird, ist das körperlich-tierische, das mit dem Geistigen im Widerspruch steht. „Ein ewiges Fremdbleiben im ewigen Nahesein ist daher jeder Liebe als solcher ihr ureigenstes Merkmal und weicht nicht von ihr." (L. Andreas-Salomé: Die Erotik. Frankfurt 1992, S. 81) Untreue ist daher das Wesen der Erotik. Drei Phasen kennzeichnen die Liebesbegegnung: Rausch, Ernüchterung und Alltag. (L. Andreas-Salomé, a.a.O., S. 141) In der Liebe begegnen sich zwei Welten, die nicht zusammenkommen können. Mit dieser Theorie erklärt sich auch das Liebesleben von Lou. Neben ihren außerehelichen Liebesverhältnissen zu Paul Ree, Rainer Maria Rilke, Friedrich Pineles, Georg Ledebour usw. war sie 34 Jahre lang mit Carl Andreas verheiratet, ohne mit ihm sexuell zu verkehren. Kein Wunder, dass Nietzsche bei der jungen emanzipierten Lou keine Chance hatte.

Aus dem Scheitern der Beziehung zu Lou Andreas-Salomé zieht Nietzsche den Schluss: „Alles furchterregende Weibliche ist nur zu überwinden durch brutalzwanghafte Züchtigung und Unterdrükkung, als deren Instrument, symbolisch oder ganz real, die Peitsche gilt." (F. Nietzsche: Über die Frauen, a.a.O., S. 214)

Lou Andreas-Salomé, Paul Rée und Friedrich Nietzsche 1882

Übung:
Was nehmen Sie mit, wenn Sie zu Ihrem Partner gehen? Machen Sie einige Vorschläge und begründen Sie sie.

Für Nietzsche ist in der „Zarathustra-Zeit" das Weib ein Rätsel und eine Lösung: „Alles am Weib ist Rätsel – alles am Weib hat eine Lösung: Schwangerschaft." (F. Nietzsche: Über die Frauen, a.a.O., S. 225)

Übung:
Schreiben Sie eine Minute Freewriting über das Stichwort „Schwangerschaft". Werten Sie Ihren Text vom männlichen und dann vom weiblichen Standpunkt aus.

Diese Ambivalenz der Frau in ihrem Verhältnis zum Mann ist für Nietzsche auch Produkt des Christentums, das „aus der Geschlechtlichkeit etwas Unreines gemacht, den Phallus abgewertet und die höchsten und feierlichsten Gefühle im Akt der Zeugung zerstört hat." (F. Nietzsche: Über die Frauen, a.a.O., S. 276) Die Frau ist für Nietzsche nun eine Mischung von Sklavin und Tyrannin. Die Frau kann nämlich als Basis einer guten Ehe die Freundschaft nicht entwickeln. „Allzu lange war im Weib ein Sklave und ein Tyrann versteckt. Deshalb ist das Weib noch nicht der Freundschaft fähig. Es kennt nur die Liebe." (F. Nietzsche: Über die Frauen, a.a.O., S. 235)

Übung:
Steht für Sie die gegengeschlechtliche Freundschaft höher als die gegengeschlechtliche Liebe? Haben Sie schon mal eine gegengeschlechtliche Freundschaft ohne Liebe erlebt? Geht das? Versuchen Sie eine schriftliche Antwort.

Die Frau gewinnt noch bei ihrer Unterordnung unter den Mann, denn: „Das Glück des Mannes heißt: Ich will. Das Glück des Weibes heißt: Er will." (F. Nietzsche: Über die Frauen, a.a.O., S. 237)

Übung:
Wie gehen Sie mit den sexuellen Bedürfnissen in Ihrer Beziehung um? Sollte das Vorrecht des stärkeren Mannes in der Ehe bestehen?

Die Ehe gewinnt für den späten Nietzsche nur Sinn, wenn sie der Züchtung des Übermenschen dient. „Nicht nur fort sollst du dich pflanzen, sondern hinauf. Dazu verhelfe dir der Garten der Ehe... Über euch hinaus sollt ihr einst lieben! So lernt erst lieben." (F. Nietzsche: Über die Frauen, a.a.O., S. 240) Nietzsche ist sich nun sicher, dass am Menschen „große Wagnisse und Gesamtversuche von Zucht und Züchtung" vorzubereiten sind, um das Ziel der Evolution, aus dem „Raubtier Mensch ein Haustier herauszuzüchten", zu beenden.

Übung:
Können Sie sich vorstellen, dass Sie eine Ehe unter der Idee der Züchtung höherer Menschen führen würden?

In seinem Spätwerk, z.B. **„Jenseits von Gut und Böse"** polemisiert Nietzsche scharf gegen die Frauenemanzipation. Mit der Kultur beginnt für Nietzsche der Sieg des Mannes über die Frau. Wo die Frau diesen Sieg in Frage stellt, beginnt für ihn die Dekadenz. Nietzsche aktiviert, angesichts der Frauenemanzipation im späten 19. Jahrhundert, seinen ganzen verborgenen

13. Friedrich Nietzsche

Sadismus. „Wir waren bisher so artig gegen die Frauen. Wehe, es kommt die Zeit, wo man, um mit einer Frau verkehren zu können, ihr vorerst auf den Mund schlagen muss." (F. Nietzsche: Über die Frauen, a.a.O., S. 249)

Übung:
Was halten Sie von Schlägen in der Liebe? Haben Sie schon mal jemanden geschlagen oder sind Sie schon mal geschlagen worden? Was war die Wirkung? Schreiben Sie eine Minute Freewriting zum Thema „Gewalt in der Beziehung".

Im späten Nietzsche erwecken die Frauen weiterhin massive Ängste. Frauen haben nach Nietzsche „eine listige Geschmeidigkeit, Tigerkrallen ..., Naivität im Egoismus, Unerziehbarkeit, innerliche Wildheit, das unfasslich Weite, Schweifende der Begierden und Tugenden." (F. Nietzsche: Über die Frauen, a.a.O., S. 259)

Übung:
Überprüfen Sie als Mann Ihr Frauen- und als Frau Ihr Männerbild. Schreiben Sie als Frau den Satz weiter: „Männer sind ..." und als Mann den Satz weiter: „Frauen sind ...".

Für Nietzsche hat die Frauenemanzipation nur ein Ziel: Die Frauen wollen „die Herrschaft". (F. Nietzsche: Über die Frauen, a.a.O., S. 253) Im Krieg der Geschlechter besitzt die Frau qua Natur „bei weitem den ersten Rang." Liebe, wie die Frau sie versteht, wird von ihr „mit dem Mittel des Krieges geführt und beruht im Grunde auf dem Todhass der Geschlechter." (F. Nietzsche: Über die Frauen, a.a.O., S. 290) Nietzsche wird mit diesen Thesen zum radikalsten Antifeministen des 20. Jahrhunderts.

Übung:
Führen Sie nun einen schriftlichen Dialog mit Nietzsche über den „Krieg der Geschlechter".

Nietzsche erreicht im Jahr 1888 noch mal eine intensive Schaffensphase. Er polemisiert gegen Wagner, das Christentum und schreibt seine Selbstbiographie „Ecce Homo". Im Januar 1889 bricht dann sein Wahnsinn aus. Am Beginn seiner geistigen Erkrankung, die auf eine Syphilisinfektion als Student zurückgeführt wird, berichtet er noch über sexuelle Visionen: „Nachts sind 24 Huren bei mir gewesen." In einer anderen Nacht will er „ganz verrückte Weibchen" gesehen haben. (F. Nietzsche: Über die Frauen, a.a.O., S. 294)

10 Jahre lang ist Nietzsche in seinem Wahnsinn ein Pflegefall. Er wird erst von seiner Mutter und dann von seiner Schwester gepflegt. 1900 stirbt er dann in völliger Umnachtung.

Nietzsches Liebestheorie ist wahrscheinlich das Provozierendste an seiner ganzen Philosophie. Diese Theorie wird noch lange erbitterte Debatten über die menschlichen Liebesverhältnisse auslösen.

Sehen wir uns ein Bild der verhassten Liebe an:

Das Bild der verhassten Liebe bei Friedrich Nietzsche

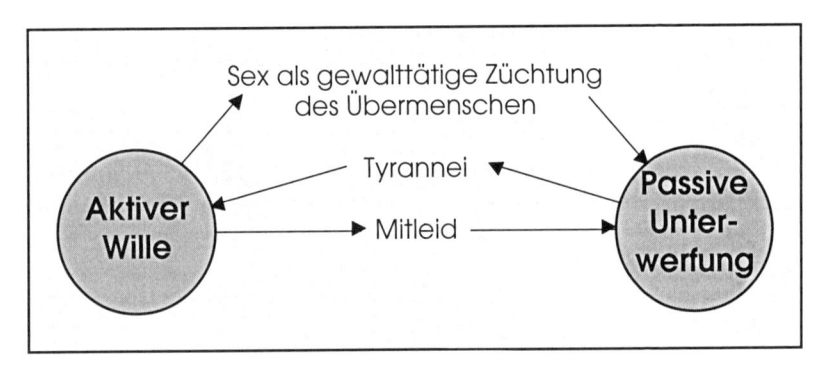

```
                Sex als gewalttätige Züchtung
                     des Übermenschen

                    Tyrannei
      Aktiver                           Passive
       Wille        Mitleid             Unter-
                                        werfung
```

Übung:
Geben Sie eine Definition der verhassten Liebe.

Der Hass auf die Frau und die heterosexuelle Liebe wird nicht nur von Nietzsche vertreten. Dr. Paul Julius Möbius (1853-1907) verfasste als Antifeminist die Hetzschrift **„Über den physiologischen Schwachsinn des Weibes"**, das ab 1900 in vielen Auflagen erschien. In diesem Buch vertritt er die These, „dass für das geistige Leben außerordentliche wichtige Gehirnteile... beim Weib schlechter entwickelt sind als beim Mann." (P.J. Möbius: Über den physiologischen Schwachsinn des Weibes. Augsburg 2000, S. 29) Die Folge dieser gehirnlichen Defizite für Möbius: „Der Instinkt nun macht das Weib tierähnlich, unselbständig, sicher und heiter." (P.J. Möbius, a.a.O., S. 34) Nietzsche steht also mit seiner Abwertung der Frau und der Liebe zu seinen Lebzeiten keineswegs allein da.

13. Friedrich Nietzsche

Literatur zu Friedrich Nietzsche

Nietzsche, F.: Sämtliche Werke. Hrsg. v. G. Colli und M. Montinari. München 1988, Bd. 1-15
Nietzsche, F.: Werke. Hrsg. v. K. Schlechta. München 1965. Bd. 1-3 und Registerband
Nietzsche, F.: Über die Frauen. Hrsg. K. Goch. Frankfurt 1992
Braun, H.W.: Nietzsche und die Frauen. Bonn 1978
Förster- Nietzsche, E.: Der einsame Nietzsche. Leipzig 1914
Janz, C.P.: Friedrich Nietzsche. Eine Biographie. Frankfurt 1999, Bd. 1-3
Köhler, J.: Zarathustras Geheimnis. Friedrich Nietzsche und seine verschlüsselte Botschaft. Reinbek 1992
Leis, M.: Frauen um Nietzsche. Reinbek 2000
Miller, A.: Der gemiedene Schlüssel. Frankfurt 1988, S. 9-78
Prossliner, J.: Lexikon der Nietzsche-Zitate. München 1998
Ross, W.: Der ängstliche Adler. Friedrich Nietzsches Leben. München 1994

Karikatur auf die englische Flagellationsmanie
(Nach einer Buchillustration um 1750)

14. Sigmund Freud (1856-1939): Die ambivalente Liebe

Sigmund Freud erforschte die Liebe zu einer Zeit, als am Ende des 19. Jahrhunderts die Sexualwissenschaft begründet wurde. Freuds Beitrag zur Liebe ist in vielen Teilen der Verwertung von Erkenntnissen von Sexualwissenschaftlern wie Wilhelm Stekel, Karl Groos, Ivan Bloch, Max Dessoir, Albert Moll, Havelock Ellis und Sanford Bell geschuldet. (Vgl. H.F. Ellenberger: Die Entdeckung des Unbewussten. Bern 1973, Bd. 2, S. 694ff.) Die neuen Sexualwissenschaftler erkannten, „dass die normale menschliche Libido sich in aufeinanderfolgenden vorpubertären Stadien entwickelt und sich dabei an unterschiedliche Liebesobjekte heftet." (F.J. Sulloway: Freud – Biologe der Seele. Köln 1982, S. 388)

Sigmund Freud

Übung:
Was wissen Sie von den vorpubertären Stadien Ihrer Sexualität? Legen Sie eine Liste Ihrer vorpubertären Liebesobjekte vom Kuscheltier bis zur ersten Freundin bzw. bis zum ersten Freund an.

Albert Moll (1862-1939) hatte erkannt, dass schon Kinder Erektionen haben und im ersten Lebensjahr zu onanieren beginnen. Max Dessoir (1867-1947) unterstützte diese Erkenntnis und differenzierte die sexuelle Entwicklung in zwei Stadien: Die der kindlichen und die der pubertären Sexualität. Krafft-Ebings „Psychopathia sexualis" (1886) stellte fest, dass Kultur und Zivilisation aus Verfeinerungen und Verdrängungen des Sexualtriebes entstanden waren. (R.v. Krafft-Ebing: Psychopathia sexualis. Stuttgart 1989^4, S. 1f.) Krafft-Ebing stellte zugleich neben diesem progressiven Charakter der Sexualität ihren negativen Charakter als Regression heraus: „Als entfesselte Leidenschaft gleicht die Liebe einem Vulkan, der alles versenkt, verzehrt, sie gleicht einem Abgrund, der alles verschlingt – Ehre, Vermögen und Gesundheit." (R.v. Krafft-Ebing, a.a.O,. S. 2) Havelock Ellis (1859-1939) verglich das Stillen des Kindes durch die Mutter mit dem Geschlechtsakt von Mann und Frau. „Die vollständige Befriedigung von Mutter und Kind ist, in der Übertragung einer kostbaren organischen Flüssigkeit, von einem zum anderen, die einzige wahre physiologische Analogie der Beziehung eines Mannes und einer Frau auf dem Höhepunkt des Geschlechtsaktes." (zit.n. F.J. Sulloway, a.a.O., S. 429)

14. Sigmund Freud

Auch die Bisexualität des Menschen war schon bekannt. Otto Weininger (1880-1903) hatte in seinem Sensationsbuch **„Geschlecht und Charakter"** (1903) in großer Nähe zu Freud die prinzipielle Bisexualität des Menschen herausgestellt. Auf dieser Grundlage entwickelte er eine Theorie menschlicher Charaktertypen, die je nach dem Anteil von männlichen und weiblichen Substanzen zu sexuellen Zwischenformen führen. So kennt er „den femininen Mann" und die „masculine Frau", den „absolut männlichen" und den „absolut weiblichen Typus". Bei der absoluten Frau dehnt sich die Sexualsphäre über den ganzen Menschen aus. Der absolute Mann ist „sexuell und noch etwas darüber". Die absolute Frau spaltet sich schließlich in die absolute Prostituierte und die absolute Mutter. Kein Wunder, dass für Weininger alle zwischengeschlechtlichen Beziehungen angesichts der Vielfältigkeit der sexuellen Zwischenformen höchst problematisch sind. Er plädiert deshalb in Sachen Sexualität für die Keuschheit. Er erhebt „die Forderung nach der Enthaltsamkeit für beide Geschlechter." (O. Weininger: Geschlecht und Charakter. München 1997, S. 457) Der Koitus verliert für Weininger völlig an Wert. Denn: „Im Koitus liegt die tiefste Heruntersetzung, in der Liebe aber die höchste Erhebung des Weibes." (O. Weininger, a.a.O., S. 447) Außerdem: „Im Koitus vergisst der Mann sich selbst ob der Lust, und er vergisst das Weib, dieses hat für ihn keine psychische, sondern nur noch eine körperliche Existenz." (O. Weininger, a.a.O., S. 448) Mit 23 Jahren, kurz nach der Veröffentlichung seines einzigen Buches beging Weininger Selbstmord. „Der anständige Mensch geht selbst in den Tod", schrieb er, „wenn er merkt, dass er böse wird."

Otto Weininger

Sigmund Freud konnte also bei der Entwicklung seiner Theorie der ambivalenten Liebe auf folgenden Erkenntnissen der jungen Sexualwissenschaft aufbauen:
1. Der Mensch ist bisexuell.
2. Es gibt eine infantile Sexualität, die sich in Stadien zur Erwachsenen-Sexualität entwickeln.
3. Die sexuelle Entwicklung unterliegt bei entsprechender Störung durch Liebesverlust oder sexueller Gewalt dem Phänomen der Regression bis zur Entstehung seelischer Krankheiten.
4. Die Sexualität zerfällt in Teil-Triebe, wie Sadismus und Masochismus, die an die Stelle der genitalen Sexualität treten können.

5. Die Sexualität wird begleitet von Phantasien des Kindes, die sich meistens auf familiäre Liebesobjekte beziehen. Die familiären Triebschicksale des Kindes bestimmen dann die späteren Liebesschicksale des erwachsenen Menschen.
(F.J. Sulloway, a.a.O., S. 441ff.)

Übung:
Schließen Sie die Augen. Stellen Sie sich Ihre frühesten sexuellen Phantasien vor. Überlegen Sie, welche Bedeutung sie für Ihr heutiges liebendes Verhalten haben.

Sigmund Freuds Kindheit und Jugend wurde durch eine intensive Beziehung zu seiner Mutter geprägt. (Vgl. E. Jones: Sigmund Freud. Leben und Werk. München 1984, Bd. 2, S. 479) Diese tiefe Mutterbeziehung hat Spuren im späteren Liebesleben von Freud und in seinen Liebestheorien hinterlassen. Freud besuchte seine Mutter auch als Erwachsener jeden Sonntagmorgen sein Leben lang und an jedem Sonntagabend war die Mutter zum Essen bei der Familie von Sigmund Freud eingeladen.

Übung:
Beschreiben Sie Ihre Mutterbeziehung in drei Sätzen. Ihre Mutterbeziehung mit fünf Jahren, mit 15 Jahren und mit 35 Jahren.

Freud verliebte sich mit 16 Jahren das erste Mal. Sein Liebesobjekt hieß Gisela Fluß und war die Schwester eines Schulkameraden. Freud erlebte diese erste Liebe als Ansturm von Leidenschaft, der er hilflos gegenüber stand. Bald aber verwandelte sich sein Gefühl der Liebe in Geringschätzung. Freud erlebte dabei den Umschlag von Liebe in ihr Gegenteil.

Übung:
Beschreiben Sie den Umschlag von Liebe in Gleichgültigkeit mit Beispielen aus Ihrer Liebesbiographie.

1882 lernte Freud seine künftige Frau Martha Bernays kennen, die er 1886 heiratete. In der Verlobungszeit schrieb Freud glühende Briefe an Martha, die aber dann nach der Hochzeit nicht fortgesetzt wurden. Freud erwähnt in seinen umfangreichen Schriften niemals seine Frau als Quelle des Glücks und der Lust. Freuds Eheleben war also keineswegs voller sexueller Aktivität und Leidenschaft. Sicher scheint aber zu sein, dass „seine Frau in seinem Liebesleben die einzige Frau überhaupt war." (E. Jones, a.a.O., S. Bd. 2, S. 453) Die Liebesgeschichte zu Martha verwandelte sich bald in Freundschaft.

Nach der Geburt des 6. Kindes scheint Freud jeden Geschlechtsverkehr mit Martha eingestellt zu haben. In einem Brief vom 31. Oktober 1897 schreibt Freud an seinen Freund Fliess in Berlin: „Auch die sexuelle Erregung ist für einen wie mich nicht mehr zu gebrauchen." (S. Freud: Briefe an Wilhelm Fliess 1887-1904. Frankfurt 1986, S. 298) Jones weist darauf hin, „dass die leidenschaftliche Seite des Ehelebens bei Freud wahrscheinlich früher nachließ als bei vielen anderen Männern." (E. Jones, a.a.O., Bd. 2, S. 453) Im Alter von 56 Jahren schrieb Freud an den Psychiater Ludwig Binswanger: „Heute erschöpft sich die Libido des alten Mannes natürlich im Geldverteilen." (zit.n. E. Fromm: Gesamtausgabe. Stuttgart 1981, Bd. VIII, S. 170)

Übung:
Wann endet die aktive Sexualität bei den meisten Menschen?

Freud war wie wenige Männer „ganz ausgesprochen monogam." (E. Jones, a.a.O. S. 493) Freuds Einstellung zu Frauen war ziemlich „altmodisch". Die Hauptfunktion der Frau bestand nach Freud darin, „für die Bedürfnisse des Mannes – und zu seinem Trost – als hilfreicher Engel da zu sein... Für Freud gab es nur eine Art von Sexualobjekt, den sanften weiblichen Typus." (E. Jones, a.a.O., S. 493) Der aktive Frauentypus interessierte Freud erotisch nicht, allerdings in hohem Maße intellektuell. Deshalb gibt es eine lange Reihe von intellektuellen Freundschaften von Freud mit folgenden Frauen: Emma Eckstein, Lou Andreas-Salomé, Joan Riviere, Marie Bonaparte. (E. Jones, a.a.O., Bd. 2, S. 493; vgl. Auch L. Appignanesi, J. Forrester: Die Frauen Sigmund Freuds. München 2000)

Freuds Theorie der ambivalenten Liebe geht auf diesem Hintergrund davon aus, dass das Sexualleben des Kulturmenschen der Oberschicht für das Glück und die Lust wenig taugt. Die Sexualität in der Ehe ist meist nur kurz. Kultur und Zivilisation sind für ihn deshalb Resultate der Unterdrückung der sexuellen Triebe. Liebe steht immer im Spannungsfeld von Verdrängung und Vergeistigung.

Übung:
Nehmen Sie Stellung zu dieser pessimistischen Position gegenüber der Sexualität. Schreiben Sie die Worte weiter: „Sexualität ist..."

Freud hat diese ambivalente Liebestheorie allerdings in verschiedenen Anläufen vertieft. Seine **„Drei Abhandlungen zur Sexualtheorie"** (1905) zeigen, dass die Ursprünge der Liebe in der Kindheit liegen. Sexuelle Wünsche entstehen beim Baby schon mit der Geburt und richten sich vom Kind auf die Mutter. „Die Mutter ist sowohl die erste Liebe als auch das erste

Sexualobjekt." (M.S. Bergmann: Eine Geschichte der Liebe. Frankfurt 1999, S. 223)

Übung:
Beschreiben Sie die Geschichte Ihrer Mutterbeziehung in drei Sätzen.

Die Liebe durchläuft in der Kindheit bestimmte Stufen, die durch die erogenen Zonen des Mundes, des Afters und des Penis bzw. der Vagina bestimmt werden. Frühe Liebesformen sind Lutschen, Saugen, Lust bei der Entleerung, bei der Onanie und Mutterliebe. (S. Freud: Gesammelte Werke, Bd. V, S. 98ff.) In der Pubertät entsteht die Liebe neu: „Das neue Sexualziel besteht beim Manne in der Entladung der Geschlechtsprodukte... Der Sexualtrieb stellt sich nun in den Dienst der Fortpflanzungsfunktion, er wird sozusagen altruistisch." (S. Freud, a.a.O., S. 109) Mit der Pubertät kommt es dann auch zu einer „scharfen Sonderung des männlichen und weiblichen Charakters, der dann wie kein anderer die Lebensgestaltung der Menschen entscheidend beeinflusst. (S. Freud, a.a.O., S. 120) Für die Frau ist die Pubertät besonders eindrucksvoll, sie wechselt nach Freud vom klitoralen zum vaginalen Orgasmus, während der Mann seinen phallischen Orgasmus beibehält. „Ist die Übertragung der erogenen Reizbarkeit von der Klitoris auf die Scheideneingänge gelungen, so hat damit das Weib seine für die spätere Sexualbetätigung leitende Zone gewechselt, während der Mann die seine von der Kindheit an beibehalten hat." (S. Freud, a.a.O., S. 123)

Das Gemälde von Jos van Cleve (1464-1540) zeigt Jesus und Johannes den Täufer als Kinder.

Übung:
Beschreiben Sie die Geschichte Ihrer Lieben von der Geburt bis zum Ende der Pubertät. Nehmen Sie dabei auch Bezug zum Wechsel vom klitoralen zum vaginalen Orgasmus bei der Frau.

Jede spätere Liebe bleibt für Freud ein Wiederfinden und Wiederanknüpfen an die Liebe zur Mutter. Liebe ist so der Versuch der Wiederherstellung des verlorenen Glücks der ersten Mutterliebe. Die Liebe des Erwachsenen kann sich, wegen der tabuisierten kindlichen Liebesphantasien zur Mutter, bestimmten Belastungen ausgesetzt sehen. Das zeigt sich besonders in der Wahl der Liebespartner. Der Mann wählt Frauen, die seiner Mutter ähnlich, die Frau Männer, die ihrem Vater ähnlich sind. „Vor allem sucht der Mann nach dem Erinnerungsbild der Mutter, wie es ihn seit den Anfängen der Kindheit beherrscht." Die Frau wird oft „die in der Pubertät aufgefrischte Neigung zu Eltern und Geschwistern fürs Leben festhalten." (S. Freud, a.a.O., S. 129)

Übung:
Nach welchen Kriterien haben Sie Ihre Liebespartner ausgewählt? Legen Sie eine Liste der Kriterien an.

In Freuds Schrift „**Zur Einführung des Narzißmus**" (1914) baut Sigmund Freud seine ambivalente Liebestheorie aus. Freud geht nun davon aus, dass die erste Liebe neben der Mutter die eigene Person selbst ist. „Wir sagen, der Mensch habe zwei ursprüngliche Sexualobjekte: sich selbst und das pflegende Weib und setzen dabei den primären Narzissmus jedes Menschen voraus, der eventuell in seiner Objektwahl dominierend zum Ausdruck kommen kann." (S. Freud: Gesammelte Werke, Bd. X, S. 154) Freud nimmt an, dass Männer eher ihr Liebesobjekt nach dem Vorbild der Mutter suchen, Frauen sich selbst aber zum idealen Liebesobjekt nehmen. „Solche Frauen lieben, streng genommen, nur sich selbst... Ihr Bedürfnis geht auch nicht dahin, zu lieben, sondern geliebt zu werden." (S. Freud, a.a.O., S. 155) Freud deckt mit diesem prinzipiellen Unterschied der Liebeswahl von Mann und Frau eine der Grundstörungen aller Liebesbeziehungen auf: der Mann liebt den Narzissmus der Frau, weil er auf seinen verzichten musste und wird dafür von der Frau nicht geliebt, die nur sich selbst lieben kann. „Es scheint nämlich deutlich erkennbar, dass der Narzissmus einer Person eine große Anziehung auf diejenigen anderen entfaltet, welche sich des vollen Ausmaßes ihres eigenen Narzissmus begeben haben und sich in der Werbung um die Objektliebe befinden." (S. Freud, a.a.O., S. 155) Der große Reiz einer narzisstischen Frau auf den Mann hat deshalb die Kehrseite, dass die Liebe seitens der narzisstischen Frau gegenüber dem Mann nicht richtig erwidert wird. „Ein guter Teil der Unbefriedigung des verliebten Mannes, der Zweifel an der Liebe der Frau, der Klagen über die Rätsel im Wesen der Frau hat in dieser Inkongruenz der Objektwahl seine Wurzeln." (S. Freud, a.a.O., S. 156)

Übung:
Warum gibt es so wenig glückliche Ehen? Nennen Sie drei Gründe, die nach Ihrer Erfahrung besonders wirksam sind.

Freud fasste seine Typologie der sexuellen Liebesobjektwahl folgendermaßen zusammen:
Die Menschen lieben nach dem narzisstischen Typus ihrer selbst oder nach dem Anlehnungstypus nach dem Modell der primären Bezugspersonen.

„Man liebt:
1. nach dem narzisstischen Typus:
   a) was man selbst ist (sich selbst)
   b) was man selbst war
   c) was man selbst sein möchte
   d) die Person, die ein Teil des eigenen Selbst war
2. nach dem Anlehnungstypus:
   a) die nährende Frau
   b) den schützenden Mann

(S. Freud, a.a.O., S. 156f.)

Übung:
Lieben Sie nach dem narzisstischen Typus, also nach dem, was man selbst ist, war, sein möchte oder als Teil schon war, oder nach dem Anlehnungstypus? Suchen Sie die nährende Frau oder den schützenden Mann? Gehen Sie Ihre Beziehungen im Geiste durch und treffen Sie eine Entscheidung. Hier können Sie sich mit folgendem Arbeitsbogen behelfen:

Narzisstische Objektwahl	Eigene Wahlerfahrung
Was man selbst ist: „Liebe zum eigenen Spiegelbild"	
Was man selbst war: „Liebe des Alten zum Jungen"	
Was man selbst sein möchte: „Liebe zum verkörperten Ich-Ideal"	
Was Teil der eigenen Person war: „Liebe zum eigenen Schatten"	

14. Sigmund Freud

Anlehnungsobjektwahl	Eigene Wahlerfahrung
Ich liebe, weil sie eine nährende Frau ist	
Ich liebe, weil er ein beschützender Mann ist	

Die narzisstische Liebe ist Freuds zentrale Liebestheorie, die ganz deutliche Anklänge an die Liebestheorie von La Rochefoucauld hat. Man liebt den anderen nach dem Vorbild der Selbstliebe aus frühester Kindheit.

Auch die „Liebe auf den ersten Blick" wird nun erklärlich. Man verliebt sich in dem Augenblick, in dem die narzisstische Liebe in Objektliebe verwandelt wird. Dieser Augenblick idealisiert das erblickte Objekt und wird belohnt mit einem idealisierten Ersatz für „den verlorenen Narzissmus seiner Kindheit, in der jeder sein eigenes Liebesideal war." (S. Freud, a.a.O., S. 161)

Übung:
Kennen Sie die Liebe auf den ersten Blick? Wie können Sie sie erklären?

Die Ambivalenz der Liebe erklärt Freud als Kern seiner Liebestheorie folgendermaßen: „Das Lieben an sich, als Sehnen, Entbehren, setzt das Selbstgefühl herab, das Geliebtwerden, Gegenliebe finden, Besitzen des geliebten Objektes hebt es wieder." (S. Freud, a.a.O., S. 167) Lieben bewegt sich immer zwischen Erhöhung und Erniedrigung des Selbstwertgefühls, je nach dem, ob die Liebe erwidert wird oder nicht. So sehr sich das Ich vom primären Narzissmus des Kindes entfernt, so intensiv strebt das erwachsene Ich danach „diesen primären Narzissmus wieder zu gewinnen." (S. Freud, a.a.O., S. 168) Liebe, besonders sexuelle Liebe, ist also immer ein Kampf um die Wiedergewinnung des primären Narzissmus.

Übung:
Schließen Sie die Augen. Stellen Sie sich selbst in ganzer Großartigkeit vor. Beschreiben Sie sich in dieser Großartigkeit. Fragen Sie sich dann: „Kann ich als dieses großartige Wesen überhaupt geliebt werden?"

In seinem Aufsatz „**Triebe und Triebschicksale**" (1915) erläutert Freud im Rahmen seiner Ich-Theorie die Ambivalenz der Liebe zwischen Liebe und Hass näher. Liebe entwickelt das Ich gegenüber einem Objekt. Das Ich ist aber immer im Konflikt zwischen Ich- bzw. Selbsterhaltungstrieben und Sexualtrieben. Das Ich verzichtet auf Teile der Selbsterhaltung, indem es sich verliebt. Dieser Verlust der Selbsterhaltung macht das Ich immer schwächer und öffnet es bei weiteren Kränkungen für einen Umschlag der Liebe in Hass. Auf den Liebesstufen der oralen und analen Kindheit erlebt das Ich das Lieben als Fressenwollen oder als Bemächtigenwollen des Liebesobjekts. Wenn das erwachsene Ich nun liebt, kann das Ich bei Konflikten zwischen Ich und Liebesinteressen, durch reale Verhaltensweisen des Objektes motiviert, leicht auf aggressive kindliche Formen der Liebe regredieren: Liebe verwandelt sich dann in Hass. „Die Entstehung und Beziehungsgeschichte der Liebe macht es verständlich, dass sie so häufig ambivalent, d.h. in Begleitung von Hassregungen gegen das nämliche Objekt auftritt." (S. Freud: Gesammelte Werke, Bd. X, S. 232)

Übung:
Beschreiben Sie eine ambivalente Liebesbeziehung in drei Sätzen. Führen Sie folgende Satzanfänge weiter aus: „Ich liebe...", „Ich hasse...", „Ich..."

In seiner späteren Triebtheorie wird Freud in Bezug auf die Ambivalenz der Liebe noch deutlicher. Die Triebe sind letztlich dualistisch. Sie bestehen aus Eros und Thanatos, aus Lebens- und Todestrieb. Das Ziel des Eros ist die Herstellung von Beziehungen, das Ziel des Todestriebes ist „Zusammenhänge aufzulösen und so die Dinge zu zerstören." (S. Freud: Gesammelte Werke, Bd. XVII, S. 71) Wenn der Todestrieb überwiegt, bindet er jeden sexuellen Trieb an den Todeswunsch. Freud erkennt nun die sadistische Komponente des Sexualtriebes an, der als Perversion das gesamte Sexualstreben des Menschen beherrschen kann. Damit baut er wichtige Erkenntnisse des Marquis de Sade in seine Liebestheorie ein.

Freud erkennt aber auch im Kontext der Theorie des Todestriebes die Erkenntnisse des Schriftstellers Leopold von Sacher-Masoch (1836-1895) an. Sacher-Masoch hatte den Masochismus erkannt und in seiner Erzählung „**Venus im Pelz**" packend dargestellt. Sacher-Masoch sieht im „Weibe die

Leopold von
Sacher-Masoch

14. Sigmund Freud

Personifikation der Natur und in dem Manne ihren Sklaven." (L.v. Sacher-Masoch: Venus im Pelz. Köln 1996, S. 47) Der Mann sucht in der Liebe nur das Leiden. Er will die Frau als Domina, als sadistische Quälerin. Wenn das Weib nach Sacher-Masoch vom Todestrieb dominiert wird, will sie die Zerstörung des Mannes und der Mann, vom Todestrieb beherrscht, hat daran noch seine Lust. Der Held in der Erzählung „Venus im Pelz" sagt deshalb zu seiner Geliebten: „Je mehr du mich misshandelst, umso mehr entzündest du mein Blut, berauschest du meine Sinne." (L.v. Sacher-Masoch, a.a.O., S. 83) Der Held geht dann soweit, dass er seine Ermordung durch die dominante Frau völlig akzeptiert. Der Held stellt fest: „Ich werde noch sterben vor Schmerz und Liebe und Eifersucht." (L.v. Sacher-Masoch, a.a.O., S. 102) Das Weib, so endet Sacher-Masochs Roman, „kann nur die Despotin des Mannes sein, niemals seine Gefährtin." (L.v. Sacher-Masoch, a.a.O., S. 146) Es steht außer Zweifel, dass Sacher-Masoch in seinem Roman eigene Erlebnisse gestaltet hat.

Übung:
Haben Sie schon mal die Empfindung gehabt: Sie haben jemanden zum Fressen gern? Wie erklären Sie sich Ihren sexuellen Kannibalismus?

In Freuds ambivalenter Liebestheorie ist der Orgasmus in der sexuellen Vereinigung primär nur die Prämie für die Zeugung von Nachwuchs. Der Koitus ist außerdem Ersatz für die ersehnte und verwehrte Rückkehr des Menschen in den mütterlichen Uterus. (S. Freud: Gesammelte Werke, Bd. XV, S. 94)
    Schließlich vermittelt der Orgasmus auch für Freud die Erfahrung des „ozeanischen Gefühls". „Auf der Höhe der Verliebtheit droht die Grenze zwischen Ich und Objekt zu verschwimmen. Allen Zeugnissen der Sinne entgegen, behauptet der Verliebte, dass Ich und Du eins seien und ist bereit, sich, als ob es so wäre, zu benehmen." (S. Freud: Gesammelte Werke, Bd. IV, S. 423)

Übung:
Beschreiben Sie Ihre Erfahrung des „ozeanischen Gefühls" bei der Verschmelzung Ihres Ichs mit einem geliebten Du. Beginnen Sie mit dem Satz: „Mein ozeanisches Gefühl..."

Das „ozeanische Gefühl" beim Orgasmus entstammt nach Freud einer frühen Stufe des Ich-Gefühls. „Unser heutiges Ich-Gefühl ist nur ein eingeschrumpfter Rest eines weit umfassenderen, ja – eines allumfassenden Gefühls, welches in der Kindheit einer innigen Verbundenheit des Ichs mit der Umwelt entsprach." (S. Freud: Gesammelte Werke, Bd. IV, S. 425) Das „ozeanische Gefühl" steht „dem enger und schärfer umgrenzten Ich-Gefühl der Reifezeit gegenüber". Das „ozeanische Gefühl" zielt auf die „Wiederherstellung des uneingeschränkten Narzissmus der frühen Kindheit." (S. Freud: Gesammelte Werke, Bd. IV, S. 430) Das Glück des Orgasmus im „ozeanischen Gefühl" ist für Freud weitgehend Illusion und beruht auf einer Regression des Ichs auf eine infantile Stufe des Realitätsbezuges. Freud als militanter Atheist muss die transzendierende Potenz des Orgasmus prinzipiell übersehen.

Sigmund Freud hat mit seiner Liebes- und Sexualtheorie großen Einfluss gehabt. Allerdings haben der spätere Feminismus einerseits und die Vertreter der metaphysischen Liebe andererseits an dieser Theorie vehemente Kritik geübt.

Sehen wir uns ein Bild der ambivalenten Liebe an:

Das Bild der ambivalenten Liebe bei Sigmund Freud

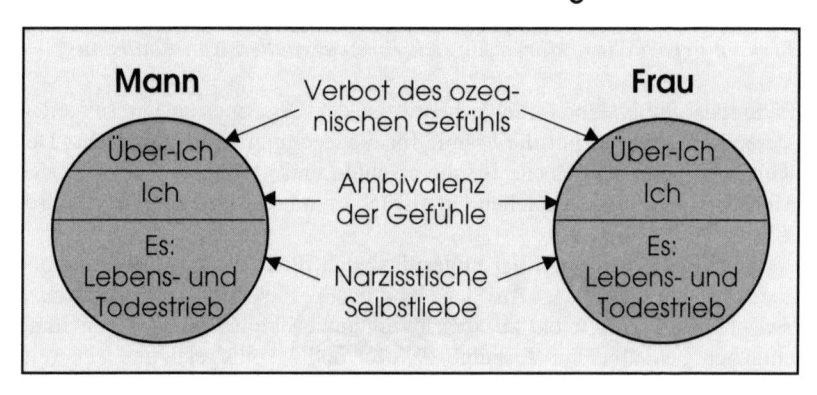

Mann		Frau
Über-Ich	Verbot des ozeanischen Gefühls	Über-Ich
Ich	Ambivalenz der Gefühle	Ich
Es: Lebens- und Todestrieb	Narzisstische Selbstliebe	Es: Lebens- und Todestrieb

Übung:
Geben Sie eine Definition der ambivalenten Liebe.

Literatur zu Sigmund Freud

Freud, S.: Gesammelte Werke. Frankfurt 1962ff., Bd. I-XVIII
Freud, S.: Briefe an Wilhelm Fliess 1887-1904. Frankfurt 1986

Appignanesi, L., Forrester, J.: Die Frauen Sigmund Freuds. München 2000
Balint, M.: Die Urform der Liebe und die Technik der Psychoanalyse. Stuttgart 1966

Bergmann, M.S.: Eine Geschichte der Liebe. Frankfurt 1999
Ellenberger, H.F.: Die Entdeckung des Unbewussten. Bern 1973, Bd. 1-2
Fromm, E.: Sigmund Freud. Seine Persönlichkeit und seine Wirkung. In: Fromm, E.: Gesamtausgabe. Stuttgart 1981, Bd. 8, S. 153-222
Jones, E.: Sigmund Freud. Leben und Werk. München 1984, Bd. 1-3
Krafft-Ebing, R.v.: Psychopathia sexualis. Stuttgart 1989^4
Nagara, H. (Hrsg.): Psychoanalytische Grundbegriffe. Frankfurt 1987
Nitzschke, B.: Die Bedeutung der Sexualität im Werk Sigmund Freuds. In Eicke, D. (Hrsg.): Tiefenpsychologie. Weinheim 1982, Bd. 1, S. 357ff.
Sulloway, F.J.: Freud. Biologe der Seele. Köln 1982

Ungehemmte Kinder:
Ein Junge und ein Mädchen versuchen den Koitus.
Rollenmalerei des japanischen Künstlers Maruyama Okyo (18. Jahrhundert)

15. Wilhelm Reich (1897-1957):
Die orgastische Liebe

Nach dem 2. Weltkrieg gab es einen weiteren Aufschwung der Sexualwissenschaft. Der Kinsey-Report (1948/1953) und die Studien von Masters und Johnson (1966) widmeten sich ausführlich dem zentralen Ereignis der sexuellen Liebe: dem Orgasmus. Kinsey betrachtete den Orgasmus als Begleiterscheinung der Ejakulation beim Akt. Er sah im Orgasmus die „plötzlich und abrupte Abfuhr des Samens". (A. Kinsey u.a.: Das sexuelle Verhalten der Frau. Frankfurt 1967, S. 479) Kinsey wollte nicht „auf die verschiedenen Erregungsstufen, auf denen der Orgasmus stattfand, Rücksicht nehmen." (A. Kinsey u.a.: Das sexuelle Verhalten des Mannes. Frankfurt 1967, S. 136) Masters und Johnson stellten die klitorale Erregung als Zentrum des Orgasmus bei der Frau heraus. „Jeder weibliche Orgasmus ist ein Klitoris-Orgasmus. Der Orgasmus geht nicht von der Vagina aus. Der vaginale Orgasmus existiert nicht." (W.H. Masters, V.E. Johnson: Die sexuelle Reaktion. Reinbek 1970, S. 122)

Übung:
Definieren Sie den weiblichen Orgasmus.

Die Diskussion um den Orgasmus, der die sexuelle Revolution der 60er Jahre begleitete, griff zurück auf den Vertreter der orgastischen Liebe Wilhelm Reich. Reich hatte schon lange vor dem 2. Weltkrieg mit der Erforschung der orgastischen Liebe begonnen.

Wilhelm Reich wurde am 24. März 1897 in Galizien geboren. Sein Vater war Gutsbesitzer. Seine Kindheit konfrontierte ihn schon mit den düsteren Geheimnissen der Sexualität. Seine Mutter beging 1909 Selbstmord, als Wilhelm Reich dem Vater das Verhältnis der Mutter mit seinem Nachhilfelehrer verriet. Mit dem Vater ging er nach dem Tod der Mutter ins Bordell, um „bei Champagner lachend und weinend dem Dirnenkult zu huldigen." (W. Reich: Leidenschaft der Jugend. Eine Autobiographie 1897-1922. Köln 1994, S. 57) 1914 starb der Vater an Tuberkulose. 1915 machte Reich das Abitur und

Wilhelm Reich

15. Wilhelm Reich

nahm am 1. Weltkrieg teil. Schon als Jugendlicher hatte Reich seine erste Theorie der Sexualität entwickelt. Er hatte die Erkenntnis gewonnen, dass die Sexualität der Mittelpunkt ist, „um den herum das gesamte soziale Leben wie die innere Geisteswelt ... sich abspielt." (W. Reich, a.a.O., S. 103)

Übung:
Wie weit ist Sexualität der Mittelpunkt Ihres sozialen und geistigen Lebens?

Reichs sexuelle Biographie beginnt im Alter von 12 Jahren mit seinem ersten Geschlechtsverkehr. „Meine Sexualität stieg bis zum 20. Lebensjahr, wo sie ihren Höhepunkt erreichte ... Dann gab es einen Abschwung. Mir geschieht es noch heute oft, dass mich ein Weib erotisch bis auf äußerste erregt, ohne dass ich an Koitus denke." (W. Reich, a.a.O., S. 104)

Übung:
Definieren Sie den Unterschied zwischen erotischer und sexueller Anziehung.

Eine wichtige Erfahrung des Orgasmus erlebte Reich im Bordell. Über diese Erfahrung schreibt er: „Es war Sinnenlust gewesen – ich hatte aufgehört zu sein – war ganz Penis geworden... Ich glaubte, in das Weib hineinkriechen zu müssen, mit einem Wort, ich hatte mich verloren." (W. Reich, a.a.O., S. 60) Nach dieser Erfahrung besuchte er drei Jahre kein Bordell mehr.

Übung:
Kennen Sie den Orgasmus, der wegen der Erfahrung des Selbstverlustes, mit Todesangst verbunden ist? Schließen Sie die Augen und betrachten Sie Ihr bisheriges Liebesleben.

Reich verfiel dann exzessiver Onanie: „Depressive Zustände entwickelten sich zusehends, ich grübelte der Frau und der Liebe nach." (W. Reich, a.a.O., S. 61)

Übung:
Welche Vorstellungen von der Frau bzw. vom Mann hatten Sie mit 15 Jahren? Schließen Sie die Augen und rufen Sie sich Ihre alten Ideen vom anderen Geschlecht wieder in Erinnerung. Schreiben Sie dann diese Ideen auf.

Nach dem 1. Weltkrieg studierte Wilhelm Reich in Wien Medizin. 1919 organisierte er das „Studentenseminar für Sexuologie". Er gewinnt Kontakt zu Sigmund Freud und wird 1920 Mitglied der Wiener psychoanalytischen Gesellschaft. Er beginnt bald mit psychoanalytischen Behandlungen von Patienten. Bis er 1922 zum Dr. med promoviert, „schlägt er sich intensiv mit seiner krankhaften Fixierung auf seine früheren Erlebnisse herum." (W. Reich, a.a.O., S. 96) Er versuchte schließlich ein Jahr ohne Kontakt zu Frauen auszukommen und erkannte, dass „Keuschheit eine schlimme Krankheit war". (W. Reich, a.a.O., S. 98)

Übung:
Stellen Sie sich vor, Sie müssten ein Jahr auf Liebe verzichten. Was fällt Ihnen zu solch einer Perspektive ein? Schreiben Sie es auf.

Reich machte sich nun mit der Philosophie der Sexualität vertraut. Er las Weiningers „Geschlecht und Charakter" und Arthur Schopenhauer. Reich litt an sexuellen Tagträumen. „Zweimal Onaniephantasien mit bewusstem Inzest in Bezug auf die Mutter, von der ich nie den Kopf, immer nur den Unterleib sah und fühlte." (W. Reich, a.a.O., S. 128)

Übung:
Welche Partner erleben Sie bei der Selbstbefriedigung? Legen Sie eine Liste an.

1920 hatte Reich eine intensive Beziehung mit seiner ehemaligen Patientin Lore Kahn. Er war 23 Jahre, sie 19 Jahre alt. Ihre Liebe in einem ungeheizten Zimmer hatte bald dramatische Folgen. „Bittere Kälte herrschte. Lore erkrankte an schwerem Fieber mit gefährlichem Gelenkrheumatismus und starb in der Blüte ihres jungen Lebens acht Tage später an Sepsis." (W. Reich, a.a.O., S. 155) Zwei Monate später nahm sich die Mutter von Lore Kahn aus Verzweiflung über den Tod der Tochter das Leben. Nach dem Selbstmord der Mutter war Reich zum dritten Mal der Anlass für den Tod einer Frau. Alle Anlässe hatten sexuelle Gründe. Diese Erfahrungen motivierten Reich entgültig für die Erforschung des Orgasmus als Kernerfahrung jeder Sexualität.

Nach dem Studium arbeitete Reich als Psychoanalytiker am „Wiener psychoanalytischen Ambulatorium" und am „Seminar für psychoanalytische Therapie". Seine ersten Orgasmuserkenntnisse veröffentlichte er 1921 im „Seminar für Sexuologie" unter dem Titel **„Der Koitus und die Geschlechter"**. In diesem Beitrag untersuchte er die zeitliche Differenz im Orgasmus bei Mann und Frau. Er ging von der These aus, „dass bei gleichzeitigem

15. Wilhelm Reich

Orgasmus bei Mann und Frau die Befriedigung gesichert, bei ungleichzeitigem, besonders im Falle der Verfrühung beim Manne, die Befriedigung der Frau in Frage gestellt sein wird." (W. Reich: Frühe Schriften 1920-25. Köln 1997, S. 89)

Übung:
Kennen Sie die geschlechtsspezifischen Differenzen beim Eintritt des Orgasmus von Mann und Frau?

Reich ging davon aus, dass die Ursachen der geschlechtsspezifischen Zeitdifferenz des Orgasmuserlebnisses soziale Gründe hat. Die Frau wird in Unwissenheit über den Orgasmus erzogen. Der Mann erlebt früh bei Dirnen seine Potenz, weil er aus finanziellen Gründen erst spät heiraten darf. Bei seiner Gattin ist er dann später oft impotent. Diese Differenz lässt sich aber individuell rückgängig machen. Im Orgasmus mit seiner Frau erlebt der Mann die Regression auf die frühere Mutterfixierung. „Er ist wieder das Kind in den Armen der Mutter." (W. Reich, a.a.O., S. 97) Wenn die Frau vom Kindeswunsch ergriffen ist, kann sie tatsächlich den Orgasmus mit ihrem Mann gleichzeitig erleben, wenn sich der Mann „in Folge seiner Regression sich ihr als Kind gibt." (W. Reich, a.a.O., S. 97)

Übung:
Wie ermöglichen Sie die zeitgleiche Regression kindlicher Verschmelzungswünsche im Orgasmus?

1922 heiratete Reich seine frühere Patientin Annie Pink. Als Grund für ihre Liebe schreibt er: „Ich entsprach ein wenig ihrer Heldenphantasie und ihr Gesicht trug Züge meiner Mutter." (W. Reich: Leidenschaft der Jugend, a.a.O., S. 210)

Übung:
Welche Vater- und Mutter-Idealisierungen bestimmen Ihre Beziehungen?

Reichs psychoanalytische Praxis und seine Interview-Erfahrungen heben seinen anfänglichen Optimismus in Bezug auf die orgastische Potenz der meisten Paare schnell auf. Er entdeckt nun den zyklischen Charakter der orgastischen Potenz. „Die Erregung geht von den erogenen Zonen am ganzen Körper aus, erreicht in der Konzentration am Genital ihren Höhepunkt und klingt an ihrem Ausgangspunkt wieder aus." (W. Reich, a.a.O., S. 160) Reich versteht nun, dass sich die orgasmischen Zyklen bei Mann und Frau im Alltagsleben oft nicht überlappen. 1924 stellt er fest, dass Neurosen weit verbreitet sind und immer von Orgasmusstörungen begleitet werden. „Keine Neurose ohne den Sexualkonflikt." (W. Reich, a.a.O., S. 212)

Übung:
Welche Ihrer seelischen Belastungen führen Sie auf sexuelle Konflikte zurück? Legen Sie zwei Spalten an. 1. Spalte: Sexuelle Konflikte, 2. Spalte: Seelische Ursachen und Folgen.

1927 kann Wilhelm Reich sein Hauptwerk „**Die Funktion des Orgasmus**" erscheinen lassen. In diesem Buch stellt er seine Forschungsergebnisse zum Orgasmus zusammen. Er erkennt den Orgasmus als „Strömen der biologischen Energie ohne jede Hemmung, die Fähigkeit zur Entladung der hochgestauten sexuellen Erregung durch unwillkürliche lustvolle Körperzuckungen... Die Intensität der Lust im Orgasmus ist abhängig von der Größe der auf das Genital konzentrierten Sexualspannung." (W. Reich: Die Funktion des Orgasmus. Köln 1997, S. 81) Orgasmus ist für Reich bioelektrische Energie, die sich aufbaut, entlädt und wieder verschwindet. Er findet für den Orgasmus folgende Formel (W. Reich, a.a.O., S. 206):

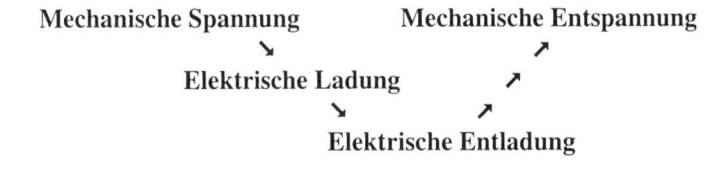

Mechanische Spannung   **Mechanische Entspannung**
             ↘   ↗
Elektrische Ladung   ↗
             ↘   ↗
Elektrische Entladung

Übung:
Entwickeln Sie Ihre Orgasmusformel in vier Elementen.

Der sexuelle Akt umfasst für Wilhelm Reich, erweitert um das Vorspiel, folgende 5 Phasen:
1. Vorspiel
2. Penetration
3. willkürliche Körperbewegungen
4. unwillkürliche Körperbewegungen und Muskelkontraktion
5. Entspannungsphase
(W. Reich, a.a.O., S. 81-85)

Die 4. Phase des Orgasmus umfasst „Empfinden der Schmelzung im Körper und der Bewusstseinstrübung im Augenblick der Ejakulation." (W. Reich, a.a.O., S. 84) Für Reich ist der Ablauf des Orgasmus im Prinzip bei Mann und Frau gleich. (W. Reich, a.a.O., S. 86)

15. Wilhelm Reich

Die Störung des Orgasmus als Sexualstauung erkennt man nach Reich aber an folgenden Aspekten:
- Die willkürlichen Körperbewegungen fehlen.
- Die Empfindungen bleiben auf das Genital beschränkt.
- Die Muskelreaktionen werden simuliert.
- Das Gehirn behält die Kontrolle und die Bewusstseinstrübung tritt nicht ein.
- Angst überwiegt ganz deutlich die Lust.
(W. Reich, a.a.O., S. 87ff.)

Wilhelm Reich unterscheidet 5 typische Orgasmusstörungen beider Geschlechter:
1. völlige Gefühlskälte im Akt
2. geringe präorgastische Lust ohne Orgasmus
3. normale präorgastische Lust ohne Orgasmus
4. starke präorgastische Lust ohne Orgasmus
5. präorgastische Lust mit niedrigem Orgasmusgefühl
(W. Reich, a.a.O., S. 125)

Übung:
Haben Sie Erfahrungen mit den typischen Orgasmusstörungen?

Der wirkliche Orgasmus ist für Reich begleitet vom Orgasmus-Reflex. Dieser Reflex besteht darin, dass der Orgasmus mit einer intensiven Muskelentspannung einhergeht. „Eine Welle von Erregung und Bewegung aller vegetativen Zentren über Kopf, Hals, Brust, Ober- und Unterbauch bis zum Becken und dann zu den Beinen erfasst beim Orgasmus den Körper." (W. Reich, a.a.O., S. 249)

Übung:
Kennen Sie diesen Orgasmus-Reflex?

Der gesunde Orgasmus ist für den Biologen Reich eine rein bioenergetische Angelegenheit. Kein Wunder, dass er jede Phantasietätigkeit während des Aktes als Ablenkung und Absenkung der Orgasmusspannung und Entladung betrachtet. „Jede seelische Vorstellung während des Aktes kann nur das Versinken in der Erregung behindern." (W. Reich, a.a.O., S. 102)

Übung:
Schreiben Sie einmal Ihre Hauptphantasien in den Auf- und Abstiegsphasen des Orgasmus auf.

Wilhelm Reich richtet ab 1929 Sexualberatungsstellen in Wien ein. Er gründet die „Sex-Pol-Bewegung" zur Mobilisierung der Arbeiter gegen den Faschismus. Reich geht nämlich davon aus, dass sexuelle Unterdrückung autoritäre Fixierung zur Folge hat und damit den frustrierten Menschen für den Faschismus disponiert. Diese autoritäre Fixierung der Arbeiter will er durch ihre sexuelle Befreiung verhindern.

Übung:
Welchen Zusammenhang sehen Sie zwischen Sexualunterdrückung und Neo-Faschismus?

1933 geht Reich ins Exil, erst nach Kopenhagen, dann nach Schweden, ab 1934 nach Norwegen. Wilhelm Reich wird nun aus der „Internationalen Psychoanalytischen Vereinigung" und aus der „Kommunistischen Partei Deutschlands" ausgeschlossen, jeweils wegen psychoanalytischer oder kommunistischer Umtriebe.

1939 emigriert Reich in die USA. Seine bioenergetische Orgasmusforschung wird in den USA durch die Forschung an der Orgon-Energie, der allgemeinen Lebensenergie, erweitert. Zwei wichtige Aspekte kann Wilhelm Reich nun seiner Orgasmus-Theorie hinzufügen. Zum ersten enthüllt Reich die sozialgeschichtliche Dimension des Orgasmus. 1933 veröffentlichte er das Buch „**Der Einbruch der sexuellen Zwangsmoral**". Aus der Erforschung der Sexualität in vorpatriarchalischen Gesellschaften kommt Reich zu folgendem Schluss: „Die ‚Primitiven' haben ihre volle orgastische Erlebnisfähigkeit, die ‚Zivilisierten' können zu keiner orgastischen Befriedigung mehr gelangen." (W. Reich: Der Einbruch der sexuellen Zwangsmoral. Köln 1995, S. 46)

Margret Mead (1901-1978) hat das Bild der archaischen Sexualität erheblich differenziert. Sie betrieb als eine der ersten Frauen Feldforschungen in der Südsee bei Stämmen, die noch auf Steinzeitniveau lebten. Ihre ersten Erkenntnisse machten Skandal: „In einem Stamm wird erwartet, dass sich Männer und Frauen kooperativ und fürsorglich verhielten, im zweiten legten beide Geschlechter Wert auf aggressives und dynamisches Wesen und im dritten Stamm eiferten die Männer unserem Stereotyp von Weiblichkeit nach, während die Frauen energische, praktische und geschmückte Partner sein wollten." (M. Mead: Mann und Weib. Berlin 1992, S. 310) Margret Mead hat mit ihrem umfangreichen Werk dazu beigetragen, das

Margaret Mead

15. Wilhelm Reich

Denken in sexuellen Gegensatzpaaren aufzulösen. Die Geschlechterbeziehungen in gegensätzliche Epochen und gegensätzliche Rollen aufzuteilen, erweist sich nach Margret Meads Forschungen als trügerisch. Für Reich war eine solche differenzierte Sicht auf die Sexualität noch nicht möglich. Für Reich gibt es die drei Phasen der Sexualentwicklung: archaischer Orgasmus, sexuelle Zwangsmoral und Auflösung derselbigen im 20. Jahrhundert. Der Zerfall der sexualrepressiven Zwangsfamilie im 20. Jahrhundert eröffnet für Reich eine neue Phase der Orgasmusentwicklung. Diese Phase nennt Reich die Phase der „Selbstregulierung des Sexuallebens". (W. Reich: Der Einbruch der sexuellen Zwangsmoral, a.a.O., S. 163; W. Reich: Die sexuelle Revolution. Frankfurt 1966, S. 319)

Übung:
Haben sich heute mit dem Zerfall der sexualrepressiven Zwangsfamilie die Spielräume des Orgasmus erweitert?

Zum zweiten erkennt Reich nun, dass der Orgasmus mit metaphysischen Phantasien einhergehen kann. In seinem 1933 erschienen Buch „**Charakteranalyse**" schreibt er: „Es ist sichergestellt, dass die orgastische Sehnsucht ... stets mit kosmischer Sehnsucht und kosmischen Empfindungen einhergeht. Die mystischen Vorstellungen so vieler Religionen, der Jenseits-Glaube, die Lehre von der Seelenwanderung entstammen ausnahmslos der kosmischen Sehnsucht, und die kosmische Sehnsucht ist funktionell in den Ausdrucksbewegungen des Orgasmus-Reflexes verankert." (W. Reich: Charakteranalyse. Köln 1970, S. 447)

Übung:
Haben Sie schon mal einen Orgasmus erlebt, der mit kosmischen Phantasien einherging? Beschreiben Sie eine derartige kosmische Empfindung in lyrischer Prosa.

C.G. Jung (1875-1961), der große Tiefenphilosoph und, neben seiner Frau und fünf Kindern, Liebhaber vieler Frauen, hat die orgastische Liebe problematisiert. Jung geht davon aus, dass die Liebe als eine das Ich überwältigende Macht des Unbewussten für das Ich immer zu einem Identitätsproblem wird. „Die Liebe ist eine der großen Schicksalsmächte, die vom Himmel bis in die Hölle reichen."

C.G. Jung

(C.G. Jung: Gesammelte Werke. Olten 1992, Bd. 10, § 198) Die orgastische Verschmelzung im Koitus versteht Jung als regressives Verschwinden des Ichs in Gott. Der Orgasmus „ist wie eine Rückkehr in die Kindheit ... ja noch mehr wie eine Rückkehr in den Mutterschoß, in die ahnungsschweren Meere einer noch unbewussten schöpferischen Fülle. Ja, es ist ein echtes und nicht zu leugnendes Erleben der Gottheit, deren Übergewalt alles Individuelle auslöscht und verschlingt. Es ist eine eigentliche Kommunion mit dem Leben und dem unpersönlichen Schicksal." (C.G. Jung: Gesammelte Werke, a.a.O., Bd. 17, § 330) Der Orgasmus gefährdet die Individuation des Ichs und regt sie zugleich an. Er schafft intensive Nähe und provoziert zugleich Distanz zur Geliebten. Der Orgasmus schafft damit Leiden. Denn: „Wir sind Opfer der kosmogonen Liebe ... Wir erleben in ihr ein den Einzelwesen überlegenes Ganzes. Der Mensch als Teil begreift aber dieses Ganze überhaupt nicht." (C.G. Jung: Erinnerungen, Träume, Gedanken. Freiburg 1987, S. 356)

Reich hätte diese Warnungen nicht akzeptiert.

Sehen wir uns nun ein Bild der orgastischen Liebe an:

Das Bild der orgastischen Liebe bei Wilhelm Reich

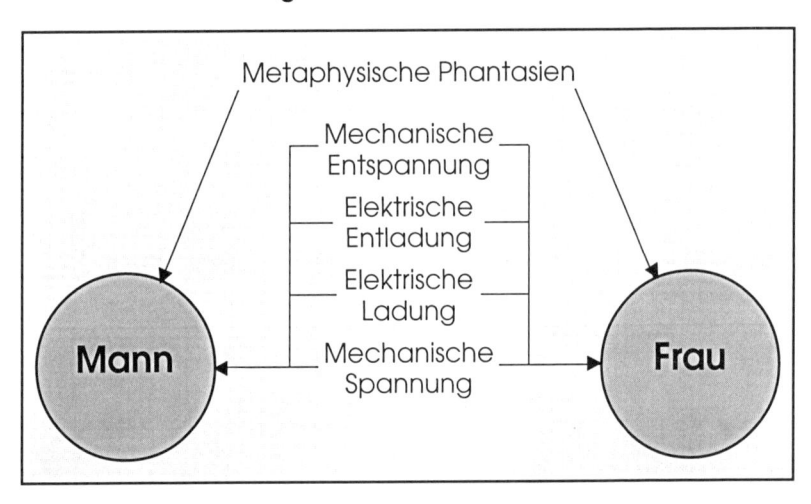

```
              Metaphysische Phantasien
             /         
            /       Mechanische
           /        Entspannung
          /         
         /          Elektrische
        /           Entladung
       /            
      /             Elektrische
     /              Ladung
    /               
   ↙                Mechanische         ↘
 ┌─────┐            Spannung          ┌─────┐
 │Mann │ ←                          → │Frau │
 └─────┘                              └─────┘
```

Übung:
Geben Sie eine Definition der orgastischen Liebe.

15. Wilhelm Reich

Reichs Exil in den USA entwickelte bald tragische Dimensionen. Seine erste Frau blieb in Oslo zurück. 1945 geht er eine dritte Ehe ein. Ab 1947 beginnt eine längere Kampagne gegen Reich. Seine Orgasmus-Forschung und sein Orgon-Akkumulator, der auch die sexuelle Potenz erhöhen soll, stoßen auf entschiedenen Widerstand größerer Teile der amerikanischen Ärzteschaft. Die Verfolgung von Wilhelm Reich führt schließlich zu seiner Inhaftierung. Reichs Bücher und sein Laboratorium zur Erforschung der Lebensenergie werden auf Gerichtsbeschluss zerstört. Reich wird von seiner dritten Frau verlassen und schließt 1957 mit Aurora Karrer einen vierten Ehevertrag. Am 3. November 1957 stirbt er nach sieben Monaten Haft im Gefängnis.

Wilhelm Reichs Orgasmus-Theorien finden aber sehr viel später, nämlich in der sexuellen Revolution der 60er und 70er Jahre ihre Anerkennung.

Literatur zu Wilhelm Reich

Reich, W.: *Leidenschaft der Jugend. Eine Autobiographie 1897-1922*. Köln 1994
Reich, W.: *Frühe Schriften 1920-1925*. Köln 1997
Reich, W.: *Die Funktion des Orgasmus*. Köln 1997
Reich, W.: *Der Einbruch der sexuellen Zwangsmoral*. Köln 1995
Reich, W.: *Die sexuelle Revolution*. Frankfurt 1966
Reich, W.: *Charakteranalyse*. Köln 1970
Reich, W.: *Massenpsychologie des Faschismus*. Kopenhagen 1933

Boadella, D.: *Wilhelm Reich*. Frankfurt 1983
Kinsey, A. u.a.: *Das sexuelle Verhalten der Frau*. Frankfurt 1967
Kinsey, A. u.a.: *Das sexuelle Verhalten des Mannes*. Frankfurt 1967
Konitzer, M.: *Wilhelm Reich zur Einführung*. Hamburg 1992
Laska, B.A.: *Wilhelm Reich*. Reinbek 1993
Masters, W.H., Johnson, V.E.: *Die sexuelle Reaktion*. Reinbek 1970

16. Julius Evola (1898-1974):
Die metaphysische Liebe

Der italienische Philosoph Julius Evola bricht mit biologischen Orgasmus-Vorstellungen eines Wilhelm Reich. Er will in der Sexualität einen geistigen Weg ins Überbewusstsein und in metaphysische Erfahrungen aufzeigen. Er wendet sich deshalb von der psychoanalytischen Vorstellung des Orgasmus als Regression ab. Orgastische Sexualität wird für Evola die zentrale progressive Methode zur Erlangung des nichtdualen Bewusstseins, des Überbewusstseins. Bei der Erlangung des Überbewusstseins erlebt der Mensch die metaphysische Liebe.

Julius Evola

Julius Evola wurde 1898 in Rom geboren. In Jugendjahren wurde Evola zu einem der wichtigsten Vertreter des italienischen Dadaismus. Er schrieb Gedichte und malte, arbeitete an Grafiken. Mit 20 Jahren wandte er sich der Philosophie zu. Er entwickelte einen magischen Idealismus, der sich auf die idealistische Geistphilosophie Europas und Asiens stützte. Er pflegte Freundschaften mit Mircea Eliade, dem großen Religionswissenschaftler, Benedetto Croce, dem großen italienischen Kulturphilosophen, und C.G. Jung, dem Vertreter der archetypischen Tiefenphilosophie. Evola war gut gewachsen, gepflegt, unterhaltend, witzig und enorm gebildet. Während der Zeit des italienischen Faschismus wurde Evola als „weibisch" diffamiert, weil er sich die Fingernägel manikürte, dandyhaft kleidete und Monokel trug. Um 1930 scheint er Mitglied des sexualmagischen Ordens von Aleister Crowley (O.T.O.) in Paris gewesen zu sein. 1945 erlitt er als Soldat bei der Bombardierung Dresdens eine Verletzung an der Wirbelsäule, die ihn bis zu seinem Tod 1974 an einer Querschnittslähmung leiden ließ. Er blieb damit für lange Zeit seines Lebens an den Rollstuhl gefesselt. Evola hatte vor 1945 zahlreiche Liebesverhältnisse. 1925, im Alter von 27 Jahren, verband er sich mit Sibilla Aleramo, die damals 49 Jahre alt war. Ihre Beziehung war sehr leidenschaftlich. Sibilla hat diese Beziehung in ihrem Roman „Una donna, Geschichte einer Frau" (Frankfurt 1977) beschrieben. Evola wird dort als Sexualmagier beschrieben, dessen Gesicht immer von Gier und Ekstase gezeichnet gewesen sei. Er sei, so Sibilla, „unmenschlich, eiskalt und pervers" gewesen. Diese Bewertung Evolas vertraten auch reaktionäre italienische Parteien, die Evolas Kriegslähmung auf Syphilis, Homosexualität oder auf ein fehlgeschlagenes tantristisches Ritual zurückführten. Eine weitere Liebesbeziehung pflegte

16. Julius Evola

Evola in den 30er Jahren mit der Satanistin und Sexualmagierin Marie de Naylaoska (J. Evola: Die große Lust. Bern 1998, S. 452ff.) Marie war durch satanistische Sexualmessen in Paris bekannt geworden. Schließlich gibt es Spuren einer Beziehung Evolas zu einer deutschen Geschäftsfrau aus den 60er Jahren. Sie begleitete Evola öfters nach Capri. Sie gab auch an, dass sie in ihrer Beziehung zu Evola immer mit anderen Frauen zu kämpfen hatte. Allerdings führte seine Rückgratverletzung 1945 zu einem völligen Umbruch in Evolas Wesen. Er verlor seine erotische Ausstrahlung. Sein Hauptwerk „**Die große Lust**" von 1958 stellt die Sexualität als metaphysischen Weg und Erlebnis vor.

Sexualität ist für Evola nicht materialistisch und biologisch zu verstehen. In der Sexualität spielt im Bewusstsein der Beteiligten die „Fortpflanzung" überhaupt keine Rolle. Es geht in der Liebe nicht, wie bei Schopenhauer und Freud, um die „neuen Generationen" und den „Erhalt der Gattung". Auch das „Lustprinzip" als Spannungsabbau begreift für Evola die Sexualität überhaupt nicht. Aus den vielen asiatischen und magischen Anleitungen zur Liebeskunst lernen wir dagegen sexuelle Liebe als Weg der Aufhebung des Ichs kennen. Diese Ich-Aufhebung geht mit Visionen, Rausch und Ekstase einher. Sexualität ist für Evola eine Art geistiger Magnetismus, der zwischen Ich und Nicht-Ich, Ich und Du, Mann und Frau, eine eigene geistige Welt entwickelt. Sexualität zertrümmert alle Abwehrmechanismen des Ichs, hebt die sozialen Rollen auf und durchbricht alle Normen. Sexuelle Liebe überwindet das Alltagsbewusstsein und schafft ein Überbewusstsein, das Evola als „Traumbewusstsein" bezeichnet. Die Liebenden leben auf einer höheren Bewusstseinsstufe, die zwischen Traum und Tod angesiedelt ist. (J. Evola: Die große Lust. Bern 1998, S. 83)

Übung:
Beschreiben Sie Ihr Bewusstsein im Zustand des Verliebtseins. Schließen Sie die Augen und stellen Sie sich Ihr Bewusstsein im Augenblick der Erkenntnis Ihrer ersten Liebe vor. Beschreiben Sie diese Erfahrung.

Sexualität entwickelt sich als Magnetismus zwischen den Urpolaritaten Mann und Frau, deren konkrete antagonistische Spannung die Liebe übersteigt, weil für Evola das Ur-Ich des Menschen androgyn und doppelgeschlechtlich ist. Sexualität will für Evola die ursprüngliche Einheit des Ur-Ichs wiederherstellen. Sexualität will die Aufhebung der Zweiheit und die Wiederherstellung der archaischen Einheit. Sexualität zielt auf die konkrete Erfahrung der sexuellen Nicht-Dualität. Allerdings ist auch für Evola die Sexualität ambivalent. Sexualität kann alles zerstören. Sexualität fördert die Eifersucht, motiviert Morde und treibt auch zum Selbstmord.

Übung:
Beschreiben Sie die Ambivalenz der Sexualität, Ekstase und Destruktion, in zwei Sätzen. Führen Sie folgende Sätze fort: „Sexualität ist im Guten ..."
und „Sexualität ist im Bösen ..."

Sexualität ist neben Destruktivität aber auch Unersättlichkeit und als Unersättlichkeit hat sie zur Folge, dass in der sexuellen Anziehung der Eine den Anderen sich einverleiben, zerstören und auflösen möchte. Die Aufhebung der Dualität von Mann und Frau in der Sexualität kann deshalb auch Züge des Vampirismus und Sado-Masochismus annehmen. Allerdings zeigt Sexualität auch alle Anzeichen der mystischen Ekstase. „Im Orgasmus erfolgt ein Trauma im Individuum, ein mehr erduldeter als bejahter Eingriff jener Macht, welche das Ich tötet." (J. Evola, a.a.O., S. 180) Evola hat aus biographischen Berichten folgende Aussagen über die höchste Steigerung der Lust im sexuellen Orgasmus zusammengetragen. Dabei ist er auf folgende Bewertungen gestoßen (J. Evola, a.a.O., S. 187):

> „Er und sie waren nun eine einzige Person."
> „Zuerst waren zwei Körper, dann ein einziger."
> „Nicht die Körper waren vereinigt, sondern das Leben."
> „Ich fühlte, dass ich den wildesten Zustand meiner Natur erreicht hatte."
> „Als ich in der Unendlichkeit der Ohnmacht verloren war, die vom Körper getrennte Seele weit weg von der Erde schwebte, dachte ich, dass diese Lust ein Mittel sei, um die Materie zu vernichten."

Übung
Beschreiben Sie den orgastischen Höhepunkt in der Sexualität in vier Sätzen. 1. Satz als Trennung des Körpers von der Seele, 2. Satz als Verschmelzung zweier Körper, 3. Satz als wildeste Natur, 4. Satz als Auflösung der Materie im Geist.

Evola kommt dem Geheimnis der Sexualität auch kulturgeschichtlich auf die Spur. Die in vielen Kulturen verbreitete Doppelheit der Götter nach männlichen und weiblichen Göttern, spiegelt nach Evola nur die Doppelheit der Urprinzipien des Lebens wider. Schon bei Aristoteles ist das Männliche die Form, das Weibliche die Materie. In China ist die Ur-Energie des TAO in Yang und Yin gespalten. Dionysos ist in der griechischen Mythologie der entgrenzende, Apoll der begrenzende Gott. In vielen Evolutionstheorien der Philosophie wird oft die Spaltung von Mann und Frau entwickelt, und als Ziel der Evolution wird die Aufhebung dieser Spannung angezeigt. Im sexuellen Orgasmus sieht Evola das „Ende der Evolution". Im Orgasmus ist die Vollendung der Evolution als Aufhebung jeder Dualität schon antizipiert.

16. Julius Evola

Übung:
Stellen Sie sich vor, dass im sexuellen Orgasmus das gute Ende der Evolution im allgemeinen Rausch schon antizipiert wird. Was für ein Bild kann dieses glückliche Ende des evolutionären Weltprozesses abbilden? Schließen Sie die Augen und stellen Sie sich das Ende des Kosmos als „Super-Orgasmus ohne Ende" vor. Beschreiben Sie diesen Super-Orgasmus.

In vielen nicht-christlichen Religionen wird die Vereinigung mit der großen Göttin zum Zentrum des religiösen Kultus. Allerdings kann die christliche Religion und Philosophie, wegen der frühen Verteufelung der Sexualität, nichts über das entscheidende Mysterium der Sexualität erfahren, das darauf zielt: „das Eine wiederherzustellen." (J. Evola, a.a.O., S. 376f.)

Übung:
Begründen Sie die Verteufelung der Sexualität durch die christlichen Philosophien und stellen Sie die kulturgeschichtlichen Folgen dieser Verteufelung dar. Schreiben Sie mindestens drei Sätze.

Julius Evola stellt viele Methoden zur Erlangung der sexuellen metaphysischen Erfahrung vor. Er plädiert für die sexuelle Askese, um nach längerer Enthaltsamkeit verdoppelte Lust in der Sexualität zu erfahren.

Übung:
Welche Methoden der sexuellen Askese zum Zwecke der Luststeigerung würden Sie praktizieren?

Evola benennt auch die Methode in der sexuellen Begegnung mit magischen Visualisierungen zu arbeiten. „Mann und Frau sollten sich in Gedanken beim Akt auf die Einheit richten, um eins zu werden." (J. Evola, a.a.O., S. 396)

Übung:
Stellen Sie sich vor, Sie richten Ihre Gedanken beim Akt auf die Verschmelzung mit dem Anderen. Welches Bild stellt sich bei dieser Vorstellung bei Ihnen ein? Geben Sie eine Beschreibung dieses Bildes.

Mann und Frau sollten schließlich die Erfahrung des Orgasmus so lange wie möglich hinauszögern, sagt Evola. Der Mann soll nicht ejakulieren und die Frau nicht in die orgasmischen, ozeanischen Gefühle eintauchen.

Übung:
Stellen Sie sich diese Praxis vor. Geben Sie dann in zwei Sätzen einen Kommentar zu dieser Praxis.

Wenn die Frau den Orgasmus zurückhalten kann, stimuliert sie auch die Zurückhaltung des Mannes. Die Frau besitzt deshalb für Evola die Kraft, „den Mann zum Buddha zu machen und zum Überbewusstsein zu führen." (J. Evola, a.a.O,. S. 421)

Übung:
Was halten Sie von der sexuellen Dominanz der Frau? Haben Sie die Aufgabe des sexuellen Primats des Mannes über die Frau schon erlebt? Beschreiben Sie die Wirkungen dieser sexuellen Luststeigerungstechnik.

Jeder sexuelle Akt sollte für Evola mit der Meditation über den gemeinsamen Weg zur Einheit beginnen. Langfristige Meditationen als eigentliches Vorspiel zum Akt verschaffen eine endlose Ausdehnung der Zeit und der Lust. „Die Jahrhunderte ziehen dahin." (J. Evola, a.a.O., S. 437)

Übung:
Welche gemeinsamen Meditationserfahrungen als Vorspiel zur sexuellen metaphysischen Erfahrung haben Sie schon erlebt?

Metaphysische Sexualität erleben nur wenige. Allerdings ist in einer atheistischen Gesellschaft für die meisten Alltagsmenschen die Transzendenz-Erfahrung in der Sexualität der einzige Weg zur Metaphysik. „Für die gewöhnliche Menschheit gewährt jedoch einzig und allein der Sexus ... Öffnungen nach jenseits der Bedingtheiten der bloßen individuellen Existenz." (J. Evola, a.a.O., S. 473)

Übung:
Ist für Sie der sexuelle Weg zur Transzendenz vorstellbar? Was wären Ihre Abwehrgründe? Listen Sie diese Gründe hier auf.

Julius Evola gilt auch, als zeitweiliger Schüler von Aleister Crowley, als moderner Sexualmagier. Der Sexualmagier Aleister Crowley (1875-1947) war zuerst ab 1911 Mitglied des Ordo Templi Orientis (O.T.O.) geworden. Durch diesen Orden lernte Crowley die Sexualmagie kennen. 1920 schuf er mit der „Abtei Thelema" auf Sizilien ein sexualmagisches Kloster (J. Symonds: Aleister Crowley. München 1999, S. 366ff.) Crowley hatte entdeckt, „dass Sexualität zu mystischen Zwecken für ihn eine große Rolle spielen konnte."

(C. Bouchet: Aleister Crowley. Das Leben eines modernen Magiers. Neuhausen 2000, S. 51) Im sexuellen Akt kann der Mensch nach Crowley sich mit Gott vereinen. Dazu sollte er folgende Techniken benutzen: Tantrische Yoga-Übungen, die vertikale Astral-Reise, das Annehmen der Gestalt Gottes usw. Crowley benutzte alle Arten von Sexualität für seine magisch-mystischen Praktiken. Die Sexualität wurde im Rahmen bestimmter präziser Rituale der von ihm gegründeten gnostischen Kirche regelmäßig praktiziert, oft wurden die Teilnehmer dabei völlig sexuell erschöpft. Kein Wunder, dass Crowleys Leben von dauernden Skandalen begleitet wurde. Heute hat Crowleys Sexualmagie Anhänger auf der ganzen Welt. Timothy Leary, der die Drogenmystik entwickelte, und viele Hardrockgruppen betrachten sich als Crowleys Anhänger. Dagegen finden Julius Evola und Crowley im Kontext heute in der Sexualwissenschaft vorherrschender biologistischer Orgasmusvorstellungen kaum Beachtung.

Sehen wir uns nun ein Bild der metaphysischen Liebe an:

Das Bild der metaphysischen Liebe bei Julius Evola

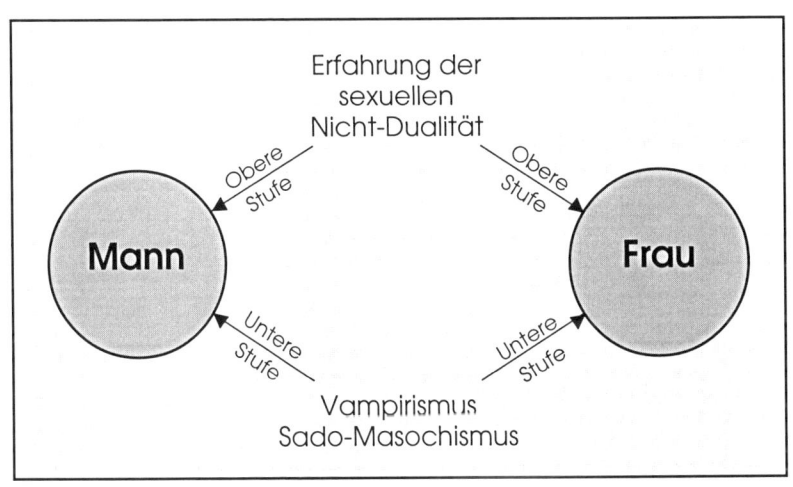

```
                    Erfahrung der
                      sexuellen
                    Nicht-Dualität
              Obere                Obere
              Stufe                Stufe
        ┌─────────┐            ┌─────────┐
        │  Mann   │            │  Frau   │
        └─────────┘            └─────────┘
              Untere               Untere
              Stufe                Stufe
                     Vampirismus
                   Sado-Masochismus
```

Übung:
Geben Sie eine Definition der metaphysischen Liebe.

Literatur zu Julius Evola

Evola, J.: *Die große Lust. Bern 1998*
Evola, J.: *Das Mysterium des Grals. Sinzheim 1995*
Evola, J.: *Die Hermetische Tradition. Interlaken 1989*
Evola, J.: *Grundlegung der Initiation und Schriften zur Initiation. Bern 1998²*
Aleramo, S.: *Una donna. Geschichte einer Frau. Frankfurt 1977*
Hansen, H.T.: *Julius Evola und der Sexus.* In: *J. Evola: Die große Lust. Bern 1998, S. 9-37*
Wehr, J.: *Spirituelle Meister des Westens. München 1995*

*König und Königin vereint durch den Heiligen Geist
des geweihten Wassers.*
(Aus dem „Rosarium Philosophorum")

17. Erich Fromm (1900-1980):
Die widerständige Liebe

Erich Fromm versucht, eine soziologische und metaphysische Theorie der sexuellen Liebe zu entwickeln. Erich Fromm hat diesen Ansatz in seinem Weltbestseller über „**Die Kunst des Liebens**" dargestellt, der in Deutschland allein 3 Millionen mal verkauft wurde. Die Weltauflage dieses Buches in 43 Ausgaben und in 25 Sprachen beträgt rund 20 Millionen Exemplare. Fromm stellt seine Untersuchung der sexuellen Liebe in einen umfassenden Kontext. Er berücksichtigt die Geschichte der Liebe im Abendland und kennt auch die „mystische Liebe", die Platons Konzept beinhaltet. Lieben ist für Fromm als widerständige Liebe gegen ihre Zerstörung in der kapitalistischen Gesellschaft das Zentrum der philosophischen Lebenskunst, die er zugleich für lernbar hielt. Liebe bedeutet für Fromm, „die entscheidende Kraft, die dem Menschen zu eigen ist, und die in dem Maße wächst, als sie praktiziert wird." (E. Fromm: Gesamtausgabe. Stuttgart 1981, Bd. 9, S. 538)

Erich Fromm

Erich Fromm versteht etwas von der Liebe, denn er hat im Laufe seines Lebens viele Frauen kennen gelernt.

Am 23. März 1900 in Frankfurt geboren, entwickelte er früh eine starke Rebellion gegen den Vater und eine tiefe Liebe zur Mutter. Als Gymnasiast mit 12 Jahren verliebte er sich in eine 25-jährige Malerin, die sich aber umbrachte, als deren Vater starb. Der Liebesschmerz hat Fromm einen ersten Einblick in die Freiheit des Menschen gegeben, sich für das Leben oder für den Tod entscheiden zu können. Mit 20 Jahren lernte Fromm Golde Ginsburg kennen, mit der er eine Weile verlobt war. 1926 heiratete Fromm Frieda Reichmann, bei der er eine Psychoanalyse absolviert hatte. Nach der Heirat setzte Fromm seine psychoanalytische Ausbildung bei Karl Landauer in Frankfurt fort. 1930/31 trennte sich Fromm von Frieda Reichmann. Die Ehe wurde aber nach Fromms Emigration erst 1940 in den USA geschieden. Ihr ganzes Leben hindurch bestand aber eine intensive Freundschaft zwischen Fromm und Frieda Reichmann weiter fort. In den 30er Jahren war Fromm lange mit der Psychoanalytikerin Karen Horney befreundet (vgl. J.L. Rubins: Karen Horney. München 1980, S. 257). Diese Liebe wurde durch eine wachsende Konkurrenz geprägt: „Solange Fromms Ideologie Karens Horneys eigene ergänzte, konnte sie ihn akzeptieren. Doch wenn sie statt dessen mit ihrer konkurrierte, konnte sie das als persönliche Bedrohung empfunden haben." (J.L. Rubins, a.a.O., S. 257f.) Fromm schrieb 1943, zur Zeit der Trennung von Karen Horney, einen Artikel mit dem Titel „**Geschlecht und Charakter**", der seine Beziehung zu Karen Horney beleuchtet. In diesem Artikel erklärt Fromm, dass es biologische Unterschiede zwischen Mann und Frau gibt, die durch soziale Machtverhältnisse modifiziert werden.

Übung:
Definieren Sie die biologischen und gesellschaftlichen Unterschiede zwischen Mann und Frau.

Jede Beziehung zwischen Mann und Frau ist für Fromm durch die Angst des Mannes, sexuell und sozial zu versagen, gekennzeichnet. Die Frau hat dagegen Angst, vom Mann abhängig zu werden. Gegenüber der Potenz der Frau, kreativ durch die Geburt von Kindern zu sein, muss der Mann seine Produktivität durch geistige Arbeit beweisen. „Der Mann muss also, um die Frau sexuell zu befriedigen, beweisen, dass er eine Erektion hat und sie beibehalten kann. Die Frau muss ihrerseits nichts beweisen, um den Mann sexuell zu befriedigen." (E. Fromm: Gesamtausgabe, Bd. 8, S. 368) Fromm vermutet, dass der Einfluss der gesellschaftlichen Faktoren und Machtverhältnisse auf Liebesbeziehungen und Konflikte stärker ist als der biologische Antagonismus zwischen Mann und Frau.

Übung:
Für wie stark halten Sie die biologische und die soziale Prägung der sexuellen Liebe? Ist der Mann stärker in der Liebe oder die Frau? Geben Sie Gründe für Ihr Urteil.

1944 heiratete Fromm Henny Gurland. „Über Henny sprach Fromm später so gut wie nie. Ihr früher Tod hat ihn so sehr erschüttert, dass er vieles der Vergessenheit anheim gab." (R. Funk: Erich Fromm. Reinbek 1983, S. 110) Wegen Hennys Lungenkrankheit lebte Fromm größere Zeit des Jahres in Mexiko, wo er dann auch das erste mexikanische psychoanalytische Institut gründete. 1948 veröffentliche Fromm die Studie „**Sexualität und Charakter**", in der er die These der Determination der Sexualität durch die Charakterstrukturen entwickelte: „Nicht das sexuelle Verhalten bestimmt den Charakter, sondern der Charakter bestimmt das sexuelle Verhalten." (E. Fromm: Gesamtausgabe, Bd. 8, S. 379)

17. Erich Fromm

Übung:
Beschreiben Sie Ihren Charakter und stellen Sie fest, welche Auswirkungen Ihr Charakter auf Ihr sexuelles Verhalten hat. Benutzen Sie dafür drei Sätze.

Fromm hatte 1941 in seinem Buch „**Die Furcht vor der Freiheit**" und 1947 in seinem Buch „**Psychoanalyse und Ethik**" eine umfassende Lehre von den Charaktertypen des Menschen vorgelegt.

Dabei hatte er folgende Charaktere, wie sie sich in der Entwicklung des Kapitalismus herausbilden, unterschieden:

- Im Frühkapitalismus entwickelte sich für Fromm der hortende Analcharakter der Kapitalisten, der die Akkumulation des Kapitals und die Jagd nach dem Profit besorgte. (Vgl. auch M. Weber: Die protestantische Ethik und die Entstehung des Kapitalismus. München 1974)
- Gegen Ende des 19. Jahrhunderts entstand mit dem Kleinbürgertum als Mittelschicht zwischen Bourgeoisie und Proletariat der sadomasochistische Charakter. Dieser Charakter ist durch masochistische Unterordnung unter die Kapitalistenklasse und durch sadistische Strebung gegenüber dem Proletariat gekennzeichnet.
- Während der 20er Jahre des 20. Jahrhunderts entstand für Fromm der nekrophile Charakter, der den faschistischen Massen mit ihrer Lust am Töten und am Toten entsprach.
- Nach dem 2. Weltkrieg entwickelte sich als Ausdruck der expansiven Konsumgesellschaft der außengeleitete Marketing-Charakter mit seinem äußerlichen Fassaden-Ich.

Heute existieren alle diese Charakterstrukturen in den verschiedenen sozialen Milieus der postindustriellen Gesellschaft nebeneinander:

- Im gehobenen konservativen Niveau-Milieu und dem klassischen Arbeitermilieu herrscht heute noch der autoritäre Charakter vor.
- Im Selbstverwirklichungs und im traditionellen Unterhaltungs-Milieu dominiert der Markcting-Charakter.
- Im aufstiegsorientierten Integrations-Milieu und im kleinbürgerlichen Harmonie-Milieu kommt der Anal-Charakter noch häufig vor.
- Der nekrophile Charakter lässt sich heute in den verschiedenen Randgruppen-Milieus wiederfinden.
- In den Protestbewegungen gegen das kapitalistische System scheint für Fromm der produktive Charakter sich wieder Einfluss zu verschaffen.

Jeder dieser Typen von Sozialcharakteren entspricht eine bestimmte Form der Liebe:
- Der anale und autoritäre Charakter wird seine Liebe und seine Lust nach Macht und Herrschaft orientieren. Ein solcher Mensch wird „den Sexualpartner völlig missachten und Lust gewinnen, wenn er seinem Partner körperlichen oder seelischen Schmerz zufügen kann." (E. Fromm: Gesamtausgabe, Bd. 8, S. 379)
- Der nekrophile Charakter liebt das Tote und Erstarrte, die Auflösung und den Verfall, auch in der Liebe. Er begleitet die Sexualität mit nekrophilen Phantasien.
- Der Marketing-Charakter erlebt Liebe als Tauschgeschäft. „Bei diesem Tauschgeschäft darf dann keine Partei mehr geben als sie empfängt." (E. Fromm: Gesamtausgabe, Bd. 8, S. 379)
- Der produktive Charakter entwickelt dagegen eine Form von nicht-neurotischer echter Liebe. Für ihn ist „sexuelles Begehren nur Ausdruck und Erfüllung von Liebe." (E. Fromm: Gesamtausgabe, Bd. 8, S. 379)

In der folgenden Grafik stellen sich die Charakter- und Liebespotenzen historisch folgendermaßen dar:

Historische Zeit	Charaktertyp	Milieu	Liebestyp
19. Jahrhundert	Analer Charakter	Kapitalisten-Milieu	Liebe als Macht von oben
Frühes 20. Jahrhundert	Sadomasochistischer und autoritärer Charakter	Kleinbürgerliches Aufstiegsmilieu	Liebe als symbiotische Macht
20. Jahrhundert	Nekrophiler Charakter	Faschistisches Milieu der mittleren Gesellschaftslagen	Liebe zum Tod
Nach dem 2. Weltkrieg	Marketing-Charakter	Selbstverwirklichungsmilieu	Liebe als Tausch
Konsumgesellschaft des späten 20. Jh.	Produktiver Charakter	Widerstands- und Alternativ-Milieu	Liebe als Liebe

(R. Funk: Mut zum Menschen. Stuttgart 1978, S. 55ff.; C. Daniel: Theorien der Subjektivität. Frankfurt 1981, S. 98)

Übungen:
1. *Stellen Sie fest, welcher der frommschen Charaktertypen Ihrem Charakter entspricht. Sind Sie ein analer, sadomasochistischer, nekrophiler, ein Marketing- oder ein produktiver Charakter?*
2. *Stellen Sie fest, welchen Typ von Liebe Sie entsprechend Ihrem Charakter entwickeln.*
3. *Klären Sie, welchen Charaktertypus Ihr Liebespartner besitzt, und wie Ihr Charaktertyp mit dem Charaktertypus Ihres Partners korrespondiert.*

Schreiben Sie drei Sätze:
1. „*Meine Charakterstruktur ist...*"
2. „*Mein Typ von Liebe ist ...*"
3. „*Der Charaktertypus meines Partners und seiner Liebe ist ...*"

Die Abfassung von Fromms Hauptwerk zur Liebe „Die Kunst des Liebens" hatte auch einen biographisch gewichtigen Hintergrund. „Nach sehr leidvollen Jahren, in denen Fromm von seiner todkranken Frau Henny Gurland Abschied nehmen musste, heiratete er am 18. Dezember 1953 seine Frau Annis, mit der er bis zu seinem Tod am 18. März 1980 sehr glücklich war." (E. Fromm: Gesamtausgabe, Bd. 9, S. 538)

In dem 1956 erschienen Buch „Die Kunst des Liebens" geht Fromm von der These aus: „Menschen, die unter unserem gegenwärtigen kapitalistischen System zur Liebe fähig sind, bilden zwangsweise die Ausnahme. Liebe ist zwangsweise eine Randerscheinung in der heutigen westlichen Gesellschaft... Nur der Nonkonformist, der produktive Charakter, kann sich gegen den Marketing-Geist der modernen Gesellschaft zur Wehr setzen und wirklich lieben." (E. Fromm: Gesamtausgabe, Bd. 9, S. 518)

Fromm begründet den Verfall der Liebe in den kapitalistischen Gesellschaften mit folgenden wichtigen Argumenten:

Die großindustrielle Produktion verwandelt den Einzelnen zu einem entfremdeten, außengelenkten Fassaden-Ich. Dieses Ich hat meistens einen Marketing-Charakter ausgebildet, der seine sozialen Beziehungen als Tausch-Beziehungen entwickelt. Die menschlichen Beziehungen des Marketing-Charakters sind im Wesentlichen die von entfremdeten Automaten. (E. Fromm: Gesamtausgabe, Bd. 9, S. 490) Diese Marketing-Liebe gründet nicht auf dem Selbst-Sein der Liebenden, sondern auf der befriedigenden Selbstdarstellung der Partner. Die Marketing-Liebe vermeidet alle konflikthaften, leidvollen und negativen Beziehungs- und Selbsterfahrungen. Diese Liebe der Automaten inszeniert ein illusionäres Selbst- und Objekterleben. Diese Liebe ist im Grunde bindungslos und kalt. (R. Funk: Leitwerte des

Wirtschaftens und Charakterzüge der Marketingorientierung. In: Fromm-Forum 2001, Heft 5, S. 22f)

Übung:
Erkennen Sie sich im Marketing-Charakter wieder, und erleben Sie in der Liebe die Dominanz von Tauschgesetzen?

Automaten können nicht lieben. „Sie tauschen ihre Vorzüge aus und hoffen auf ein faires Geschäft." (E. Fromm: Gesamtausgabe, Bd. 9, S. 491) Ehe wird von ihnen als Team begriffen. Man behandelt sich höflich, bleibt sich aber fremd. Man schließt sich als Diade von der Welt ab. Im Zentrum einer derartigen Beziehung steht die gegenseitige sexuelle Befriedigung und ihre Stimulierungstechniken, die aber schnell ihren Reiz verlieren und keine echte Beziehung entwickeln können.

Übung:
Haben Sie Erfahrung mit coolen Tausch-Lieben dieser oberflächlichen Art? Beobachten Sie auch einmal Ihren Bekanntenkreis. Treffen Sie dann ein Urteil.

Generell verbreitet sind in der modernen Gesellschaft folgende Formen der neurotischen Paarbeziehung. Bei der neurotischen Liebe bleibt das Paar an die eigenen Elternfiguren gebunden und erwartet die Erfüllung infantiler Wünsche immer vom Partner. Männer erwarten von ihren Frauen Mutterleistungen. Bei der Bindung an den Vater bleiben Männer in der Beziehung zur Frau „zurückhaltend und distanziert". (E. Fromm: Gesamtausgabe, Bd. 9, S. 498)

Sollten die Eltern eine Streit-Ehe geführt haben, sind Anlagen zur masochistischen Liebe erwartbar.

Auch die proklamierte abgöttische Liebe führt meistens nur „zum Verlieren des einen Partners im anderen".

Die sentimentale Liebe besteht nur in der Phantasie, die aber bald an der nüchternen Realität scheitert.

Die projektive Liebe verwandelt den Partner schnell in ein Abbild der eigenen Mängel. (E. Fromm: Gesamtausgabe, Bd. 9, S. 500)

Übung:
Kennen Sie aus Ihrer Biographie Formen der neurotischen, masochistischen, abgöttischen, sentimentalen oder projektiven Liebe? Mustern Sie Ihre Liebesbeziehungen bei geschlossenen Augen und stellen Sie typische charakterlich verursachte Prägungserscheinungen Ihrer Liebe fest. Geben Sie in einigen Sätzen diese Aspekte Ihrer Liebe wider.

17. Erich Fromm

Eine ergänzende Feinanalyse der heutigen Liebe auf sprachanalytischer Ebene hat der französische Philosoph Roland Barthes (1915-1980) vorgelegt. Seine Analyse der heutigen Liebe kommt zu folgendem Ergebnis: Die Liebe auf den ersten Blick ist reine Hypnose. (R. Barthes: Fragmente einer Sprache der Liebe. Frankfurt 1988, S. 129) Der hypnotischen Episode geht gewöhnlich ein Dämmerzustand voraus. In diesem Zustand wird der Blick des Liebenden von Details des Geliebten fixiert. Dieser Zustand hat allerdings einen episodenhaften Charakter. Der erste Blick ist der Anfang. Das Ende der Liebe ist „Selbstmord, Verlassen, Abkühlung, Rückzug, Kloster und Abreise." (R. Barthes, a.a.O., S. 134) Im anderen Menschen der Liebe zu begegnen bedeutet eine Erfahrung des Unbegreiflichen. Das vermeintliche Wissen vom anderen erweist sich sehr schnell als völliges Unwissen. (R. Barthes, a.a.O., S. 218) Die Umarmung gilt eigentlich gar nicht dem Anderen, sondern sie ist wie die Heimkehr zur Mutter. (R. Barthes, a.a.O., S. 214) Die vollkommene Vereinigung bleibt ein Traum, an dem man aber festhalten muss. (R. Barthes, a.a.O., S. 234) Wenn man verliebt ist, ist man wahrscheinlich verrückt. Man möchte gerne ein anderer sein, ist und bleibt aber verrückterweise immer derselbe. (R. Barthes, a.a.O., S. 240) Jede Liebe ist deshalb auch eine Geschichte ihrer Tränen. (R. Barthes, a.a.O., S. 253) Wer liebt, wird mit dem Tod konfrontiert. „Auch der Abgrund der Liebe ist ein Augenblick von Hypnose." (R. Barthes, a.a.O., S. 268)

Fromm bezieht eine vorherrschend kritische Position gegenüber den heute vorherrschenden Liebesformen. Er sieht viele Liebesverhältnisse, die sich als Symbiose darstellen und nur Ausdruck des autoritär-sadomasochistischen Charakters sind. Daneben verbreitet sich für ihn das Tauschgeschäft der Liebe, das aus der Verbreitung des Marketing-Charakters entspringt. Wirkliche Liebe, die auf „Fürsorge, Verantwortungsgefühl, Achtung vor dem anderen und Erkenntnis des anderen" aufbaut, ist äußerst selten. (E. Fromm: Gesamtausgabe, Bd. 9, S. 455)

Übung:
Welche ethischen Prinzipien charakterisieren Ihre Liebesbeziehungen?
Listen Sie diese Prinzipien auf.

Liebe erwächst als ideales Modell aus dem existentiellen Grundwiderspruch des Menschen, sich nur in Bindungen entwickeln zu können und sich von diesen Bindungen wieder befreien zu müssen und aus der Befreiung in Angst wieder Bindungen zu suchen. Liebe als Rettung vor der Angst der Isolierung lernt man in der Liebe zwischen Eltern und Kind. (E. Fromm: Gesamtausgabe, Bd. 9, S. 462ff.)

Übung:
Welches Liebesmodell herrschte in Ihrer Familie vor: Symbiose, Macht, Tausch oder Verantwortung für den anderen? Beschreiben Sie, ob Sie in einer Symbiose-, Macht-, Tausch- oder Verantwortungs-Familie gelebt haben.

Im Laufe seines Lebens entwickelt der Mensch in idealer Sicht verschiedene Beziehungen zu unterschiedlichen Liebesobjekten. Die Geschichte seiner Liebe umfasst die Nächstenliebe, die mütterliche Liebe, die erotische Liebe, die Selbstliebe und die Liebe zu Gott.

Übung:
Gehen Sie einmal die Entwicklung Ihrer verschiedenen Liebesobjekte durch, die Sie im Laufe Ihres Lebens entwickelt haben. Schreiben Sie deshalb zuerst einen Satz über Ihre Erfahrungen zur Nächstenliebe: „Nächstenliebe ist für mich..." Schreiben Sie dann einen Satz zur mütterlichen Liebe: „Mütterliche Liebe ist für mich..." Dann gehen Sie auf Ihre erotische Liebe ein: „Erotische Liebe ist für mich..." Überlegen Sie schließlich Ihre Erfahrungen über Ihre metaphysische Liebe zu Gott. Schreiben Sie den Satz weiter: „Die Liebe zu Gott ist für mich..."

Eine umfangreiche Darstellung der mystischen Liebe steht im Zentrum des Werkes **„Die Kunst des Liebens"**.

Fromm hat wie Platon oder Julius Evola durchaus einen Begriff von der spirituellen Dimension der Liebe. In der Liebe zu Gott versucht jeder vereinsamte Mensch, wie in jeder Liebe, das Getrenntsein zu überwinden und zur Einheit zu gelangen. Die Liebe zu Gott hat nach dem biogenetischen Grundgesetz onto- und phylogenetische Aspekte. Dieses biogenetische Grundgesetz besagt, dass jeder Mensch in seiner individuellen Entwicklung die Entwicklung der Gattung wiederholt. Das hat für die Liebe folgende Bedeutung: Das Kind beginnt mit der symbiotischen Liebe zur Mutter. Die Menschheit beginnt mit dem Totemkult und mit dem Götzendienst. Die Menschheit entwickelt dann menschliche Gottesbilder, erst weiblicher und dann männlicher Gottheiten, die das Kind in der Idealisierung seiner Eltern auch erlebt. Erst am Ende der Pubertät wird die Liebe des Jugendlichen sich auf Prinzipien der Moral beziehen. Die Menschheit selber erreicht schließlich ein Stadium, „wo Gott aufhört eine Person zu sein, er wird zum Symbol der Einheit hinter der Mannigfaltigkeit der Erscheinungen." (E. Fromm: Gesamtausgabe, Bd. 9, S. 480) Gott wird nun „das namenlose Eine", das nur noch eine negative Theologie benennen kann in dem, was er nicht ist. Gott wird zum unbekann-

17. Erich Fromm

ten X. Die göttlichen Prinzipien aber, wie Gerechtigkeit, Wahrheit und Liebe, werden im Erwachsenenalter zu den Lebensprinzipien des produktiven Charakters.

Übung:
Welche Gottesbilder haben Sie im Laufe Ihres Lebens entwickelt? Erlebten Sie Totembilder, Götzen, menschliche Gottesbilder oder schließlich auch das namenlose X?

Für Erich Fromm erreicht allerdings nur der produktive Charakter die Form einer mystischen Liebe zu Gott als X. Der autoritäre Charakter sucht in der Gottesliebe die Symbiose mit der Muttergottheit oder die Unterwerfung unter eine Vatergottheit. Der nekrophile Charakter entwickelt die Lust, Gott zu töten oder teuflische Götter der Zerstörung zu verehren. Der Marketing-Charakter versteht Gott als Geschäftspartner. „Die Liebe zu Gott und Gebete werden vom Marketing-Charakter benutzt, um seine Erfolgsmöglichkeiten zu verbessern, anstatt eins mit Gott zu werden in Liebe, Gerechtigkeit und Wahrheit." Für den Marketing-Charakter ist Gott als Objekt der Gottesliebe „ein weit entfernter Generaldirektor der Universum GmbH." (E. Fromm: Gesamtausgabe, Bd. 9, S. 502)

Übung:
Stellen Sie sich noch einmal Ihr Gottesbild vor. Versuchen Sie dann herauszufinden, welcher Sozial-Charakter sich hinter Ihrem Gottesbild versteckt. Finden Sie einen autoritären Charakter vor, einen nekrophilen oder den Marketing-Charakter? Entwickeln Sie einige Thesen.

Fromm stellt also fest, dass es mit der Liebe im kapitalistischen System nicht weit her ist. Auch die Verbreitung der sexuellen Orgastizität wird unter der Einschränkung der Liebe im Kapitalismus erheblich leiden.

Allerdings bleibt Fromm bei dieser negativen Analyse nicht stehen. Um sich in den Spielräumen des kapitalistischen Systems von einer entfremdeten Charakterstruktur zum produktiven und liebesfähigen Charakter zu entwickeln, bietet Fromm folgende Methoden an: Die Übung von Disziplin, Konzentration und Geduld. Diese Fähigkeiten entstehen nach Fromm durch tägliches Meditieren, Lesen, Musik hören, durch das positive Erleben von Einsamkeit und den Verzicht von Nikotin und Alkohol. Als Konzentrationsübung rät Fromm: „Schließen Sie die Augen. Versuchen Sie sich eine weiße Fläche vorzustellen und dabei alle störenden Bilder und Gedanken auszuschließen." (E. Fromm: Gesamtausgabe, Bd. 9, S. 506)

Übung:
Schließen Sie bitte die Augen. Stellen Sie sich eine weiße Fläche vor. Beschreiben Sie dann Ihre Erfahrungen.

Die gewonnene Konzentration, Disziplin und Geduld sollte dann in der Liebesbeziehung und auch im Liebesakt praktiziert werden. Außerdem lässt sich die Liebes- und Orgasmusfähigkeit fördern, wenn man seinen Narzissmus verringert und die inzestuösen Beziehungen zu seinen Eltern abbaut. Durch Selbstanalyse, rät Erich Fromm, die eigene Egozentrik aufzudecken und zu ihrer Relativierung beizutragen. (R. Funk: Mut zum Menschen. Stuttgart 1978, S. 157)

Übung:
Fangen Sie gleich mit der Selbstanalyse an: Analysieren Sie Ihre Tagträume in Bezug auf das Vorkommen von Größenideen Ihrer Selbst. Überprüfen Sie, wie stark diese Größenideen Ihren Alltag bestimmen und Ihre Beziehung zu anderen Menschen stören.

Die Meditation der geliebten Person und die Meditation des unbekannten Gottes als großes X können nach Fromm den Glauben und den Mut zur Liebe auch in ihren metaphysischen Dimensionen fördern.

Übung:
Wie oft meditieren Sie über Ihre geliebte Bezugsperson, und wie weit gelingt es Ihnen, über Gott als großes X zu meditieren?

Mit seiner letzten Frau Annis hat Fromm wohl seine Idee der Liebe, nach seiner Rückkehr aus Mexiko in die Schweiz, am besten realisieren können. Gemeinsam lasen sie oft den Mystiker Meister Eckhart, um gemeinsam ihr Ich zu transzendieren und ihre gemeinsame Liebe in die mystische Liebe zum großen X zu transformieren.

Übung:
Praktizieren Sie Formen gemeinsamer Meditation vor oder nach der sexuellen Begegnung mit Ihrem Partner bzw. mit Ihrer Partnerin?

1976 löste Fromms Schrift „**Haben oder Sein**" große Begeisterung aus. Lieben, entwickelt Fromm nun, hat nichts mit Haben zu tun. Eine Liebe, die haben will, ist „erwürgend, lähmend, erstickend, tötend statt liebend." (E. Fromm: Gesamtausgabe, Bd. 2, S. 304) Für Fromm ist am Ende seines Lebens Liebe ein produktives Tätigsein zusammen mit dem geliebten Menschen.

17. Erich Fromm

Übung:
Wie gehen Sie mit den Besitzansprüchen des Haben-Wollens in Beziehungen um? Konkreter: Wie stark ist Ihre Beziehung durch Eifersucht geprägt?

1977 erlitt Fromm den ersten Herzinfarkt. Am 18. März 1980 ist Erich Fromm in der Schweiz gestorben. Fromms sehr kritische Theorie der begrenzten Liebesmöglichkeiten im kapitalistischen System ist schon ein Vorgriff auf die später in Erscheinung tretende feministische Liebesphilosophie. Die folgenden feministischen Liebestheorien sprechen den Männern prinzipiell die Liebesfähigkeit ab und weisen auf prinzipielle Unmöglichkeiten heterosexueller Liebesbeziehungen im Patriarchat hin.

Das Bild der widerständigen Liebe bei Erich Fromm

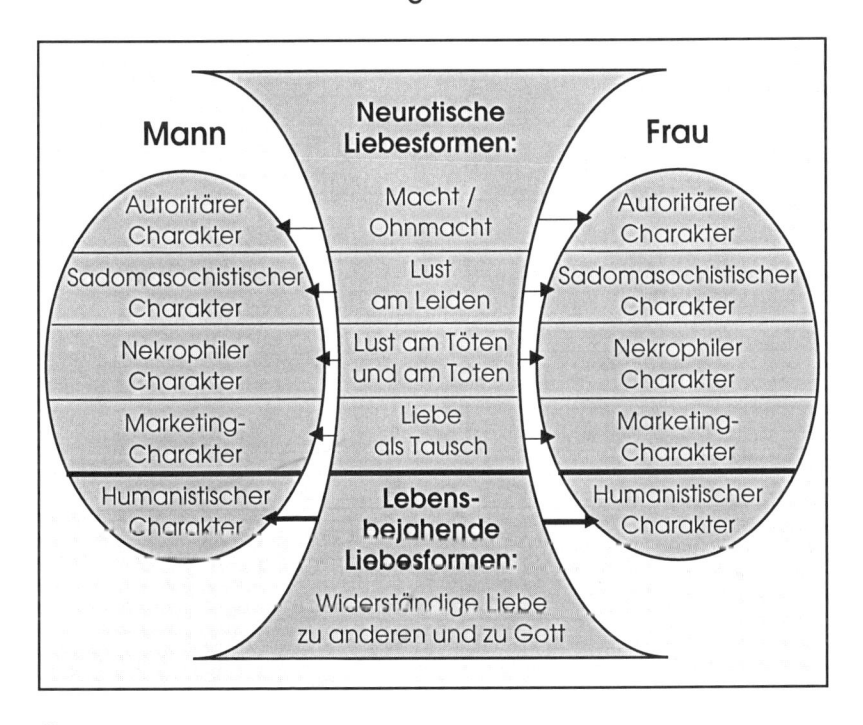

Mann	Neurotische Liebesformen:	Frau
Autoritärer Charakter	Macht / Ohnmacht	Autoritärer Charakter
Sadomasochistischer Charakter	Lust am Leiden	Sadomasochistischer Charakter
Nekrophiler Charakter	Lust am Töten und am Toten	Nekrophiler Charakter
Marketing-Charakter	Liebe als Tausch	Marketing-Charakter
Humanistischer Charakter	**Lebensbejahende Liebesformen:** Widerständige Liebe zu anderen und zu Gott	Humanistischer Charakter

Übung:
Geben Sie eine Definition der neurotischen Liebesformen und der widerständigen Liebe. Diese Definition sollte auch die Bedingungen enthalten, unter denen eine widerständige Liebe entstehen kann.

Literatur zu Erich Fromm

Fromm, E.: Gesamtausgabe. Stuttgart 1981, Bd. 1-10
Daniel, C.: Theorien der Subjektivität. Frankfurt 1981
Funk, R.: Erich Fromm. Reinbek 1983
Funk, R.: Mut zum Menschen. Stuttgart 1978
Klein, E.: Die Theorie des Subjekts bei E. Fromm. Frankfurt 1987
Rubins, J.L.: Karen Horney. München 1980
Weber, M.: Die protestantische Ethik und die Entstehung des Kapitalismus. München 1974
Wehr, H.: Fromm zur Einführung. Hamburg 1990
Werder, L.v.: Der unbekannte Fromm. Frankfurt 1987

„*Nicht zu stürmisch!*
Ihre Leidenschaft kann meinetwegen alles ruinieren,
bloß nicht meine Robe!"

18. Simone de Beauvoir (1908-1986): Die kontingentierte Liebe

Simone de Beauvoir vollzieht eine Revolution in der abendländischen Sexual- und Liebesphilosophie. Simone de Beauvoir ist die erste Philosophin, die die Liebe nicht vom männlichen Standpunkt aus untersucht. Ihre Untersuchungen enthüllen, vom weiblichen Standpunkt, in der Liebe eine Welt der Gewalt und der Unterdrückung der Frau. Nach Simone de Beauvoir lässt sich über Liebe nicht mehr ohne den Blick auf die Frau und ohne den Frauenblick auf die Liebe denken. Das männliche Philosophieren über die Liebe zeigt durch Simone de Beauvoir seine engen Grenzen. Zur revolutionären Erweiterung des Philosophierens über die Liebe konnte nur eine Frau beitragen, die ein sehr unkonventionelles Liebesleben auf bisexueller Basis führte.

Simone de Beauvoir, 1908 geboren und in Paris aufgewachsen, teilte in der Jugend noch die konventionelle Meinung, „dass Mädchen und Jungen unberührt in die Ehe gehen sollten." (C. Francis, F. Gontier: Simone de Beauvoir. Reinbek 1993, S. 99) Simone de Beauvoir, rebellisch und intelligent, machte bald an der Universität beste Examen. Sie wurde die erste Frau in Frankreich, die als Lehrerin der Philosophie Schüler im Philosophie-Unterricht begleiten durfte. Als sie 1929 Jean-Paul Sartre kennen lernte, begann eine außergewöhnliche Beziehung, die im gemeinsamen Interesse an Philosophie ihre lebenslängliche Grundlage hatte. Sartre war zu dieser Zeit ein Verführer und ein Frauenheld. Er liebte es sein Leben lang, Frauen zu erobern und „wie ein wildes Tier zu bezwingen." (C. Francis, F. Gontier, a.a.O., S. 120) Sartre hielt nichts von Monogamie und Ehe. Deshalb wurde die Beziehung Beauvoir-Sartre durch ständige Seitenbeziehungen beider Partner geprägt. Ihre Seitenbeziehungen waren aber immer kontingentierte, begrenzte Beziehungen, die ihre Hauptbeziehung nicht in Frage stellen sollte. Sie versprachen sich die ständige Offenheit aller Seitenbeziehungen. Beide betrachteten sich immer als gleichberechtigt und frei, ihren sexuellen Interessen zu folgen.

Simone de Beauvoir

J.-P. Sartre (1905-1980) hat 1943 seine Liebesphilosophie in seinem Hauptwerk „Das Sein und das Nichts" dargestellt. Liebe ist für ihn Freiheit. Die Liebenden wollen „Freiheit als Freiheit besitzen." (J.-P. Sartre: Das Sein und das Nichts. Reinbek 1995, S. 643) Geliebte schaffen sich in Freiheit dauernd gegenseitig selbst. Jede Liebende ist für den Geliebten auch die „absolute Grenze der Freiheit." (J.-P. Sartre, a.a.O., S. 646) Der Dialektik zwischen Liebenden entspricht die hegelsche Dialektik zwischen Herr und Knecht: „Aber hier hört die Analogie auf, denn der Herr verlangt bei Hegel die Freiheit des Knechtes nur lateral,... während der Liebende zunächst die Freiheit des Geliebten verlangt. In diesem Sinn muss ich, wenn ich vom Anderen geliebt werden soll, als Geliebter frei gewählt werden." (J.-P. Sartre, a.a.O., S. 648) Die freie Wahl kennzeichnet Beginn und Ende jeder Liebe. Dazwischen heißt Liebe „reine Hingabe. Ich bin, weil ich mich verschwende." (J.-P. Sartre, a.a.O., S. 649) Liebe schafft die Freude, „uns gerechtfertigt zu fühlen, dass wir existieren." (J.-P. Sartre, a.a.O., S. 650) Aus Sartres Liebestheorie leuchtet ein, dass Freiheit in der Liebe das Entscheidende für Sartre war. Oft zum Liebhaber gewählt zu werden, war auch der letzte Sinn seiner Existenz. Kein Wunder, dass Sartres Leben eine unendliche Kette von kontingentierten Beziehungen war, neben der aber weiterhin die primäre Beziehung zu Simone de Beauvoir existierte.

Simone de Beauvoir und Jean-Paul Sartre 1929

Die erste Dreiecksbeziehung erlebte de Beauvoir, als Sartre sich mit der minderjährigen Olga für zwei Jahre verband. Simone de Beauvoir merkte nun, wie sie bald an sich selbst und ihrer Liebe zu Sartre zu zweifeln begann.

Übung:
Wie gehen Sie mit Dreiecksbeziehungen in der Liebe um? Welche Modelle haben Sie praktiziert?

Ihre Liebe zu dritt wurde für alle drei bald zur Folter. Eifersüchte, Rivalitäten und Streitereien lösten sich ab. De Beauvoir versuchte Entspannung in langen Spaziergängen. Sie wanderte mit Jacques-Laurent Bost in Südfrankreich und begann dabei ein Liebesverhältnis mit ihm, das Sartre nicht störte. Denn Sartre hatte gerade eine Reihe von Affären mit Wanda, Martine und anderen

Frauen. Gegenüber Simone de Beauvoir sagte Sartre: „Ich habe es weder verstanden, mein Sexualleben noch mein Gefühlsleben ordentlich zu führen. Ich fühle mich im Grunde und in aller Ehrlichkeit als Schwein." (C. Francis, F. Gontier, a.a.O., S. 194)

Übung:
Wie fühlen Sie sich bei Seitenbeziehungen, als Mann oder als Frau?

Während also Sartre 1939 eine weitere Eroberung machte, wanderte de Beauvoir mit Bost wieder im Sommer durch die Provence. Der Überfall Deutschlands auf Frankreich 1940 änderte die Situation. Jean-Paul Sartre wurde zur Wehrmacht eingezogen, kämpfte und geriet in Gefangenschaft. Simone de Beauvoir wartete in Paris auf seine Rückkehr und studierte in dieser Zeit die Philosophen Kierkegaard und Heidegger.

Als de Beauvoir 1940 eine Beziehung zu der minderjährigen Nathalie aufnahm, wurde sie nach 12 Jahren Lehrtätigkeit aus dem Schuldienst entlassen. Sie begann zu schreiben. Schreiben wurde nun die „Große Sache" in ihrem Leben, die Therapie für die Ängste ihrer Freiheit.

Nach dem Krieg 1945 wurde Simone de Beauvoir sofort zur führenden Vertreterin des Existentialismus, wie man nun die Philosophie von Sartre und ihr nannte. De Beauvoir sagte: „Der Mensch ist nichts anderes als wozu er sich macht." „Nachdem Gott tot ist, hat der Mensch alle Möglichkeiten der freien Selbstbestimmung."

Übung:
Was bedeutet die Propagierung des „Todes Gottes" für Sie?

Mit ihren Büchern wurden Simone de Beauvoir und Jean-Paul Sartre besonders nach dem 2. Weltkrieg in Frankreich schlagartig berühmt. Sie wurden das bekannteste und außergewöhnlichste Paar der existentialistischen Epoche der 50er und 60er Jahre.

1947 flog de Beauvoir in die USA zu Vorlesungen an Universitäten. Sie lernt in Chicago den Schriftsteller Nelson Algren kennen und lieben. Sie verliebten sich so sehr ineinander, dass die Beziehung zu Jean-Paul Sartre in die Krise geriet. Da aber Sartre gerade mit der Amerikanerin Dolores Vanetti eine leidenschaftliche Beziehung hatte, wurde das Paar Beauvoir-Sartre von den Besitzansprüchen ihrer Seitenbeziehungen stark unter Druck gesetzt. Simone de Beauvoir gab diesem Druck nach. Sie fuhr in Tränen aufgelöst nach Paris zurück. Aber sie hielt trotzdem Jahre an Algren fest. Tag und Nacht dachte sie an ihn. Sie besuchte Algren auch vier mal in Chicago. Als aber Sartre bei ihrem fünften Aufenthalt in Chicago bei Algren anrief und de Beauvoir zur Rückkehr nach Paris aufforderte, entschloss sich Simone de Beauvoir erneut, zu Jean-Paul Sartre zurückzukehren. Algren konnte diese Wechselbäder der Gefühle nicht verkraften. Er konnte keine Frau lieben, die ihm nicht ganz gehörte, „die Sartre vorzog, ohne ihm die geringste Hoffnung zu lassen, jemals der erste und einzige zu sein." (C. Francis, F. Gontier, a.a.O., S. 296)

Übung:
Müssen Sie in jeder Liebe der oder die erste und einzige sein? Sind Sie zu parallelen kontingentierten Liebesbeziehungen fähig? Entwickeln Sie einige Thesen.

Die Beziehung zu Algren hatte auf ihre philosophische Tätigkeit tiefgreifende Auswirkungen. Die kontingentierte Liebesbeziehung zu Algren wurde nun zur Grundlage ihres Hauptwerkes „**Das andere Geschlecht**". Es besteht nämlich kein Zweifel, „dass die Intensität ihrer sexuellen Leidenschaft für Algren Beauvoir half, die Sexualität entschlossen in den Mittelpunkt ihres neuen Buches ‚Das andere Geschlecht' zu stellen." (T. Moi: Simone de Beauvoir. Frankfurt 1996, S. 291) Simone de Beauvoir umreißt in ihrem Hauptwerk „Das andere Geschlecht" von 1950 die Situation der Frau als minderwertig, abhängig und dem Respekt und dem Gehorsam gegenüber dem Mann unterworfen. Die Frau unterliegt im Haushalt einer endlosen Wiederholung ihrer Tätigkeiten. Sie kann nur schwer aufgrund ihrer Verstrickung in die konkreten Alltagsbeziehungen der abstrakten männlichen Logik folgen. Die Frau führt eine kontingentierte beschränkte und begrenzte Existenz ohne die Möglichkeit, diese zu transzendieren. Die Frau versteht die Geschichte nicht und lebt in der Gegenwart. Sie akzeptiert, was sie ist. „Die Welt scheint ihr von einem dunklen Schicksal beherrscht, gegen das sich zu erheben, eine Anmaßung ist." (S. de Beauvoir: Das andere Geschlecht. Reinbek 1997, S. 753) Aber Schritt für Schritt erkennt die Frau „die wunden Punkte des männlichen Systems und sie beeilt sich diese aufzudecken." (S. de Beauvoir, a.a.O., S. 762)

Übung:
Beschreiben Sie die existentielle Lage der Frau heute.

Der Hauptschwachpunkt des patriarchalischen Systems ist der männliche Sexualakt, der „immer eine Art von Vergewaltigung ist." (S. de Beauvoir, a.a.O., S. 453) Der Sexualakt macht die Frau abhängig vom männlichen Geschlecht und von den Ansprüchen der Gattung. Der Mann spielt im Akt die aggressive Rolle und die Frau leidet. Da die Frau im Bett Objekt ist, kümmert es den Mann nicht, „ob die Frau ... den Koitus will oder ihn nur über sich ergehen lässt." (S. de Beauvoir, a.a.O., S. 455)

18. Simone de Beauvoir

Übung:
Ist der Koitus eine Vergewaltigung? Schreiben Sie den Satz weiter: „Der Koitus ist..."

Zwischen Mann und Frau bestehen entschiedene Differenzen. Der Mann hat behaarte Haut, strengen Geruch und harte Muskeln. Er macht den Frauen Angst. Jeder Koitus, jede Penetration lässt die Träume der Frauen verfliegen, die Erregung vergeht schnell „und die Liebe wird zu einem chirurgischen Eingriff." (S. de Beauvoir, a.a.O., S. 466) Der Mann setzt beim Koitus mit seinem Penis ein äußeres Organ ein. „Die Frau dagegen ist bis in ihr Inneres durch die Vagina beim Akt betroffen." (S. de Beauvoir, a.a.O., S. 468)

Vertumnus und Pomona.
Radierung von Pablo Picasso 1930

Übung:
Aus welchen Gründen kann für Sie der Koitus zu einem „chirurgischen Eingriff" werden? Legen Sie eine Liste an.

Die Frauen sind beim Koitus benachteiligt. Sie brauchen länger als der Mann, um zum Orgasmus zu kommen. Frauen lehnen oft den klitoralen Orgasmus ab, „weil er ihnen noch mehr zugefügt erscheint als der vaginale Orgasmus." (S. de Beauvoir, a.a.O., S. 479) Viele Frauen haben Angst vor der männlichen manuellen klitoralen Stimulierung, weil „die Hand ein Werkzeug ist, das an der erzeugten Lust nicht teil hat, weil sie Aktivität und nicht Fleisch ist." (S. de Beauvoir, a.a.O., S. 479)

Übung:
Wie erscheint Ihnen das Verhältnis von vaginalem und klitoralem Orgasmus? Teilen Sie die Ablehnung der klitoralen Stimulierung, wie sie sich Simone de Beauvoir vorstellt?

Der Orgasmus der Frau ist ganz anders als der Orgasmus des Mannes. Der Mann ist auf kurzfristige Ejakulation aus. Für die Frau ist der Koitus eigentlich nie zu Ende. Die Lust des Mannes steigert sich rasch und erstirbt plötzlich. Die Lust der Frau beschränkt sich nicht auf die Genitalzonen, sondern ereignet sich „als ein System anschwellender Wellen." (S. de

Beauvoir, a.a.O., S. 483) Selbst wenn sich die Frau nach der Liebe matt und glücklich fühlt, „fühlt sie sich nie vollständig befriedigt." (S. de Beauvoir, a.a.O., S. 484) Jeder Versuch des Mannes bei der Frau, den Orgasmus zu erzwingen, scheitert kläglich.

Übung:
Ist der gemeinsame Orgasmus von Mann und Frau nur eine patriarchalische Utopie? Legen Sie eine Stellungnahme vor.

Die Frau sucht im Orgasmus die Verschmelzung: „Vor allem möchte sie die Trennung aufheben, die den Mann ihr gegenüberstellt, sie möchte mit ihm verschmelzen." (S. de Beauvoir, a.a.O., S. 484) Der Mann sucht dagegen im Orgasmus einen Triumph seiner Stimulierungstechniken und seiner physischen Gewalt.

Übung:
Scheitert die Verschmelzungslust der Frauen an der Lustgewalt der Männer?

„Mehr als die Verschmelzung und die Wechselseitigkeit sucht der Mann im Koitus die Beherrschung." (S. de Beauvoir, a.a.O., S. 485) Der Koitus ist für den Mann Kampf. Der Mann will in der Sexualität Sieger sein. Sexualität wird durch den Mann zum Feld des Geschlechterkampfes.

Übung:
Wird Sexualität zum permanenten Geschlechterkampf, der nur Verlierer kennt?

Simone de Beauvoir warnt vor der Ehe. Die Ehe nimmt der Frau jegliche Autonomie. „Die Ehe ermutigt den Mann zu einem dauernden Imperialismus." (S. de Beauvoir, a.a.O., S. 583) Die meisten Frauen reagieren auf die sexuelle Gewalt in der Ehe mit Frigidität. Die Frau muss sich ganz für die Ehe opfern. Die Frau wird Opfer der ehelichen Routine.

Übung:
Ist die Ehe heute immer noch ein Gefängnis für die Frau und eine Ursache für Frigidität und Frustration?

Allerdings sieht Simone de Beauvoir Möglichkeiten der Frau vor der Ehe zu fliehen. Die Frau kann der patriarchalischen Sexualität und der kontingentierten Liebe entfliehen als Prostituierte, Narzisstin, Lesbierin, Mystikerin oder, was besser ist, als emanzipierte Frau. Simone de Beauvoir erkennt in der lesbischen Liebe eine Lösung des Geschlechterkampfes. „Unter Frauen ist die Liebe Kontemplation... Die Trennung ist aufgehoben. Es gibt weder Kampf noch Sieg noch Niederlage. In vollkommener Wechselseitigkeit sind beide Subjekt und Objekt, Herrscherin und Sklavin zugleich. Die Dualität der Liebenden ist immer Einvernehmen." (S. de Beauvoir, a.a.O., S. 506) Für Simone de Beauvoir ist die Frau von Natur aus immer homosexuell. „Unter Frauen ist die körperliche Zärtlichkeit gleichmäßiger und kontinuierlicher." Simone de Beauvoir zeichnet ein eindringliches Bild der lesbischen Liebe: „Die Frauen werden nicht von fieberhafter Ekstase erfasst und empor getragen, fallen aber auch nie in feindselige Gleichgültigkeit zurück. Sich sehen, sich berühren, ist eine stille Wonne, in der die im Bett erlebte Lust sich leise fortsetzt." (S. de Beauvoir, a.a.O., S. 511) Lesbiertum ist im patriarchalischen System durchaus ein Weg in die Freiheit. Lesbisch sein „ist eine aus der Situation heraus gewählte Haltung, eine Haltung also, die begründet und frei angenommen ist." (S. de Beauvoir, a.a.O., S. 515)

Übung:
Wird das sanfte Lesbiertum frei gewählt als Alternative zur brutalen Heterosexualität? Sichten Sie Ihre Biographie und Ihre Umwelt, um auf diese Frage eine alltagsgemäße Antwort zu finden.

Simone de Beauvoir ist auch vom Sadismus fasziniert. Sie sieht in dem Marquis de Sade einen männlichen Vorläufer, der die Sexualität als Gewalt enthüllt hat. De Sade ist für Simone de Beauvoir ein verzweifelter Sadist, denn für de Sade ist der Koitus „nur schmutzig und negativ." (S. de Beauvoir: Soll man de Sade verbrennen? Reinbek 1997, S. 36) Der Marquis de Sade hat mit dem Sadismus das Wesen der Sexualität durchaus um wichtige Dimensionen erweitert. Für Simone de Beauvoir hat de Sade „einige bis dahin nicht deutlich erkannte Formen der Sexualität grandios erforscht." (S. de Beauvoir, a.a.O., S. 47)

Übung:
Was hat für Sie der Marquis de Sade in Sachen Sexualität entdeckt? Schreiben Sie den Satz weiter: „Der Marquis de Sade..."

1952 lernte Simone de Beauvoir Claude Lanzmann kennen. Ihre Liebe dauerte von 1952 bis 1959. Da Claude Lanzmann 13 Jahre junger war, hat diese Beziehung sie vor der Angst vor dem Alter in besonderer Weise geschützt. Aber die Angst vor dem Alter setzte sich bei Simone de Beauvoir seit ihrem 50. Lebensjahr immer stärker durch. Sie erlebte häufiger Angstanfälle. Sie sagte: „Es ist nun soweit, wir sind auf der anderen Seite angelangt, alte Leute." (C. Francis, F. Gontier, a.a.O., S. 332) Als die Beziehung zu Lanzmann zu Ende ging, fand sich de Beauvoir von der Liebe abgeschnitten, der Liebe, die sie ohne Hemmung ausgelebt hatte. Auch die Beziehung zu Sartre, zu dem sie schon lange keine sexuellen Kontakte mehr hatte, gestaltete sich schwierig. Sartre lernte 1956 die 17-jährige Schülerin Arlette kennen, adoptierte sie 1965 und setzte sie als seine Testamentsvollstreckerin ein. Nach dem Bruch mit Lanzmann durchlebte Simone de Beauvoir eine lange Phase der Melancholie. 1961 tauchte für sechs Monate plötzlich wieder Algren in Paris auf. Algren hoffte auf einen Neuanfang, der aber bald scheiterte. Empört verbreitete Algren später: „Simone de Beauvoir und Sartre haben seit den 30er Jahren keine sexuelle Beziehung mehr gehabt. Ihr Liebesleben haben sie immer getrennt geführt." (C. Francis, F. Gontier, a.a.O., S. 341)

Übung:
Unter welchen Bedingungen ist eine Freundschaft zwischen Mann und Frau ohne Sexualität möglich? Listen Sie Gründe für heterosexuelle Freundschaften auf.

Simone de Beauvoir mit Jean-Paul Sartre, 1970

Simone de Beauvoir beschäftigte sich nun stärker mit der Sexualität im Alter. 1970 erschien ihr zweites Hauptwerk **„Das Alter"**, das das Tabu der Alterssexualität aufhebt. Sie erkennt in den alten Menschen Parias, die von der Gesellschaft ausgestoßen werden. Die Alten stehen außerhalb der entlohnten Arbeit und werden nicht mehr in das gesellschaftliche Leben integriert. Vor allem wird die Sexualität der alten Menschen systematisch unterdrückt. Allerdings macht sich dabei der Unterschied von Mann und Frau bemerkbar. „In biologischer Hinsicht wird die Sexualität der Frau weniger durch das Alter beeinträchtigt als die des Mannes." (S. de Beauvoir: Das Alter. Reinbek 1997, S. 295)

Übung:
Gibt es im Alter geschlechtsspezifische Unterschiede in der Sexualität? Schreiben Sie zwei Sätze weiter: „Die Sexualität des alten Mannes ist..."
„Die Sexualität der alten Frau ist..."

18. Simone de Beauvoir

Die soziale Abwertung der Alterssexualität führt dann dazu, dass die Sexualität verdrängt wird oder auf frühere Stufen der oralen und analen Triebbedürfnisse regrediert. Die Alterssexualität macht sich oft an der erotischen Lektüre, am Fetischismus, am Sadomasochismus oder am Voyeurismus fest. „Wenn das genitale Lustgefühl geschwächt ist, nehmen diese Elemente den ersten Platz ein." (S. de Beauvoir, a.a.O., S. 276) Mann und Frau bleiben aber bis zu ihrem Tod sexuell aktiv. „Die Frau bleibt deshalb bis zu ihrem Lebensende ihrer Situation als erotisches Objekt unterworfen." (S. de Beauvoir: Das Alter, a.a.O., S. 297) Bis zu ihrem Lebensende bleibt die Frau aber orgasmusfähig, „vor allem, wenn ihr regelmäßige und wirksame Stimulierung zuteil wird." (S. de Beauvoir, a.a.O., S. 296) Im Alter ist auch bei beiden Geschlechtern die Masturbation im großen Stil verbreitet. Besonders lesbische Frauen, die in den Augen von Männern längst nicht mehr begehrenswert sind, „behalten über ihr 80. Lebensjahr hinaus viele erotische Aktivitäten bei." (S. de Beauvoir, a.a.O., S. 297) Im Alter verstärkt sich auch zwischen den Geschlechtern die Eifersucht. Die Partner brauchen sich nun mehr und erfahren sich aber weniger. „Die permanente Unzufriedenheit zwischen heterosexuellen Partnern führt zur Forderung nach ständiger Gegenwart des anderen und zu ausufernder Eifersucht und entsprechenden Quälereien." (S. de Beauvoir, a.a.O., S. 300)

Übung:
Was wissen Sie über die Probleme der heterosexuellen Liebe im Alter? Schreiben Sie drei Sätze.

Heterosexuelle Paare, die ein langes glückliches Leben hatten, „bringt das Alter oft aus dem Gleichgewicht." (S. de Beauvoir, a.a.O., S. 308) Die sexuellen Einschränkungen im Alter fordern bei alten Menschen Neurosen und Psychosen. Besonders verbreitet sind bei alten Menschen Angstneurosen und Hypochondrie. (Vgl. Simone de Beauvoir, a.a.O., S. 424)

Anhand einiger Fallgeschichten zeigt Simone de Beauvoir in ihrem Buch „Das Alter", dass die Leidenschaften im Alter bei Männern wie Frauen keineswegs an Dramatik verlieren. Der französische Dichter Victor Hugo hatte jede Menge Außenbeziehungen ab seinem 70. Lebensjahr. (S. de Beauvoir, a.a.O., S. 434ff.) Die Psychoanalytikerin Lou Andreas-Salomé hatte „noch mit über 80 Jahren eine wertvolle Freundschaft mit jungen Männern." (S. de Beauvoir, a.a.O., S. 446) Diese Beispiele lassen sich endlos erweitern.

Die Statistik zeichnet für Simone de Beauvoir folgendes Bild der Sexualität alter Menschen:

- Die Häufigkeit der sexuellen Kontakte bei Menschen über 60 Jahren schwankt zwischen einmal alle zwei Monate und dreimal in der Woche.
- Die Männer sind sexuell aktiver als die Frauen.
- Auch zwischen dem 70. und 80. Lebensjahr bewahrten die verheirateten Männer eine nur leicht verminderte sexuelle Aktivität. (S. de Beauvoir, a.a.O., S. 273f., 496f.)

Übung:
Stellen Sie eine Liste von leidenschaftlichen alten Menschen zusammen, die sich ihre Sexualität im Alter bewahrt haben und denen Sie in Ihrem Leben begegnet sind.

Um die Last des Alterns zu bewältigen, sollten die alten Menschen „irgendwelche Tätigkeiten beibehalten, gleichgültig welcher Art diese sind, alle Lebensfunktionen werden dadurch verbessert" (S. de Beauvoir, a.a.O., S. 230)

Übung:
Welche Aktivitäten planen Sie für Ihr Alter? Sammeln Sie Ihre Ideen.

Simone de Beauvoir wurde in ihrem eigenen Alter zur Gallionsfigur zweier neuer Emanzipationsbewegungen: der Frauen- und der Altenbewegung. Sie beteiligte sich 1970 an feministischen Kampagnen gegen das Verbot der Abtreibung, organisierte „Tage der Anklage von Verbrechen an den Frauen" und plädierte für das Selbstverteidigungsrecht der Frauen gegen aggressive Männer.

1963, als Simone de Beauvoir 55 Jahre alt war, begann sie eine Beziehung mit der 35 Jahre jüngeren Sylvie le Bon, die bis zu ihrem Tode 1986 andauerte. Sylvie wurde von de Beauvoir adoptiert und zur Verwalterin ihres Nachlasses ernannt. Simone de Beauvoir ließ sich auch im Alter nicht auf die Heterosexualität festlegen. Sie bekannte sich aber auch nie zu ihren lesbischen Erfahrungen. „Ideal wäre, ebenso gut eine Frau lieben zu können wie einen Mann, einfach ein menschliches Wesen. Ohne Angst, ohne Zwänge, ohne Verpflichtungen." (A. Schwarzer: Simone de Beauvoir. Köln 1999, S. 96)

Übung:
Können Sie sich vorstellen, im Alter ohne Angst, ohne Zwänge und ohne Verpflichtungen lieben zu können? Schließen Sie die Augen und lassen Sie die Bilder zu, die diese Frage bei Ihnen in meditativer Versenkung auslösen. Beschreiben Sie dann diese Bilder.

18. Simone de Beauvoir

Am Ende ihres Lebens ist sich Simone de Beauvoir auch im klaren, dass sie ähnlich wie Jean-Paul Sartre in ihren sexuellen Beziehungen ziemlich egoistisch verfahren ist. Gegenüber Alice Schwarzer äußert Simone de Beauvoir, dass sie sich in der Liebe „anderen Leuten gegenüber nicht sehr korrekt verhalten hat." (A. Schwarzer, a.a.O., S. 65f.)

Simone de Beauvoir hat ein revolutionäres anarchistisches Modell der Liebe gelebt, indem sie alle Kontrollmechanismen der Heterosexualität wie Ehe, Monogamie und Moral durchbrochen hat. Sie wurde für viele Frauen Anlass zur sexuellen Emanzipation, aber auch Zielscheibe heftiger Kritik. Sechs Jahre nach dem Tod Sartres ist Simone de Beauvoir in Paris 1986 gestorben.

Sehen wir uns nun das Bild der kontingentierten Liebe bei Simone de Beauvoir noch einmal in einer Grafik an:

Das Bild der kontingentierten Liebe bei Simone de Beauvoir

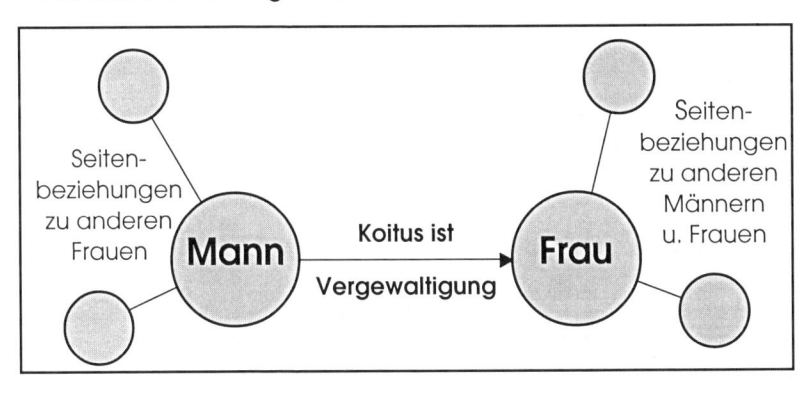

Seitenbeziehungen zu anderen Frauen — **Mann** — Koitus ist Vergewaltigung → **Frau** — Seitenbeziehungen zu anderen Männern u. Frauen

Übung:
Definieren Sie die kontingentierte (beschränkte) Liebe.

Literatur zu Simone de Beauvoir

Beauvoir, S.de: Das andere Geschlecht. Reinbek 1997
Beauvoir, S.de: Das Alter. Reinbek 1997
Beauvoir, S.de: Soll man de Sade verbrennen? Reinbek 1997

Francis, C., Gontier, F.: Simone de Beauvoir. Reinbek 1993
Moi, T.: Simone de Beauvoir. Frankfurt 1996
Schwarzer, A.: Simone de Beauvoir. Köln 1999
Zehl Romero, C.: Simone de Beauvoir. Reinbek 1996

19. Alice Schwarzer (*1942):
Die patriarchalische Liebe

Der philosophische Blick der Frauen auf die Sexualität enthüllte mehr und mehr die Grenzen von Liebe und Sexualität im Patriarchat. Alice Schwarzer wurde zur schärfsten Kritikerin der Liebe im Patriarchat in Deutschland. Sie wurde zugleich zur gehasstesten Frau überhaupt. Ihre feministische Sexualphilosophie entlarvt alle männlichen Liebestheorien als bloßes Instrument der Macht. Mit ihrer radikalen Kritik am männlichen Orgasmus wurde Alice Schwarzer zur Wegbereiterin der Frauenbewegung in Deutschland.

Alice Schwarzer wurde 1942 in Wuppertal-Elberfeld geboren. Ihre Großeltern zogen sie auf, weil ihre Mutter für sie nicht so viel Zeit erübrigen konnte. In der Schule war sie bald die Beste. Ihre Großeltern hassten die Nazis und achteten darauf, dass Alice sich früh an politischen Diskussionen beteiligte. Mit 16 Jahren war für Alice Schwarzer die Durchsetzung von „Gerechtigkeit" ein zentraler Denkimpuls.

Übung:
Wann haben Sie sich für „Gerechtigkeit" interessiert? Für wessen Gerechtigkeit haben Sie sich bisher in Ihrem Leben eingesetzt?

Alice Schwarzer

1959 begann Alice Schwarzer eine kaufmännische Lehre in einer Autohandlung in Barmen. Diese Lehre brach sie bald ab. Sie übernahm dann einen anderen Bürojob und begann vom großen Ausbruch zu träumen. Sie hasste das untergeordnete Frauenleben im Büro und das Leiden unter den Hierarchien, die meistens in den besten Positionen von Männern besetzt waren. Mit 21 Jahren verließ sie Deutschland und ging nach Paris. 1961 traf sie Bruno in Paris. Er wurde bis 1971 für 10 Jahre ihre große heterosexuelle Beziehung. In Paris begann sie mit journalistischen Arbeiten. Sie schrieb für die „Düsseldorfer Nachrichten". Von der Studentenbewegung in Deutschland der Jahre 1967-68 bekam sie zuerst wenig mit. Ein halbes Jahr dauerte ihr Gastspiel als Journalistin bei der Zeitschrift „Pardon". Schwarzer ging wieder zu Bruno nach Paris und bekam

19. Alice Schwarzer

nun Kontakt zu der französischen Frauenbewegung. Neben ihrer Arbeit als Journalistin begann Schwarzer 1970 ein Studium der Psychologie und Soziologie an der „Roten Universität" von Vincennes. Sie wurde in Vincennes mit der Erkenntnis konfrontiert: „Frauen? Kennen wir nicht. Frauen sind eine Erfindung des Patriarchats... Auf der Ungleichheit von Mann und Frau beruhen alle anderen Machtverhältnisse. Wird dieses Machtverhältnis zerstört, stürzen alle anderen Hierarchien wie ein Kartenhaus zusammen." (A. Dünnebier; G.v. Paczensky: Das bewegte Leben der Alice Schwarzer. München 1999, S. 62f.)

Übung:
Sind Frauen eine Erfindung des Patriarchats? Schreiben Sie den Satz weiter: „Frauen sind im Patriarchat..."

Der Widerspruch von Mann und Frau wurde für Schwarzer der gesellschaftliche Hauptwiderspruch im Kapitalismus. Sie engagierte sich in der französischen „Bewegung zur Befreiung der Frau". An Bruno lernte sie, wie sich die Männer z.b. vor der Hausarbeit drücken und den Frauen die untergeordneten sozialen Rollen in Haus, Küche und Kirche zuschanzen.

Übung:
Wie regeln Sie mit Ihrem Partner/Ihrer Partnerin die Haus- und Küchenarbeit?

1971 beteiligte sich Alice Schwarzer an der Kampagne gegen das Abtreibungsverbot in Frankreich. Sie half mit, dass sich 343 bekannte Frauen öffentlich der Abtreibung bezichtigten. In diesem Zusammenhang interviewte Alice Schwarzer Simone de Beauvoir und Jean-Paul Sartre. Sie verstand sich bald als „geistige Tochter" von Simone de Beauvoir. Alice Schwarzer trieb dann auch die Kampagne gegen das Abtreibungsverbot in Deutschland voran. Mit der Zeitschrift „Stern" und deren Reportage „Wir haben abgetrieben" trat Alice Schwarzer in Deutschland einen Proteststurm los.

Übung:
Würden Sie heute für das radikale Recht der Frauen auf Abtreibung kämpfen? Was für Aktionen wären heute opportun?

Alice Schwarzers heterosexuelle Beziehung zu Bruno ging 1971 zu Ende. Frauen nahmen nun in Alice Schwarzers Leben einen immer größeren Raum ein. Seit die Homosexualität nicht mehr so stark tabuisiert wurde, „hat sich bei mir", sagte Alice Schwarzer, „ganz natürlich das Begehren nach einer Frau entwickelt." (A. Dünnebier, G.v. Paczensky, a.a.O., S. 77)

Übung:
Kennen Sie in Ihrer Phantasie das Begehren nach gleichgeschlechtlicher Liebe? Schreiben Sie ein kleines Gedicht. Überlegen Sie sich vier Kernworte zu diesem Thema und verwandeln Sie diese Kernworte in eine vierzeilige Reimstrophe.

Schwarzer ging 1972 nach Berlin und engagierte sich für die sanfte Abtreibung. Als die Absaugmethode, deren Durchführung Alice Schwarzer arrangiert hatte, gefilmt und im Fernsehen verbreitet wurde, gab es in Deutschland einen der größten Medienskandale der Nachkriegszeit. Das bayerische Fernsehen und andere Fernsehstationen weigerten sich strikt, diesen Film zu senden. Für Alice Schwarzer verstärkte sich die Einsicht, dass der Zwang der Frauen zur Heterosexualität das entscheidende Mittel zur Stabilisierung der Männermacht ist. Als Alice Schwarzer mit Esther Vilar 1975 im Fernsehen ein Streitgespräch über den „dressierten Mann" führte, wurde Schwarzer über Nacht zur Stellvertreterin vieler unterdrückter Frauen.

Esther Vilar (*1935) bezog Partei für die von den Frauen „dressierten Männer". In Vilars Buch „Der dressierte Mann" (1971) charakterisiert Vilar den Mann, nicht wie Alice Schwarzer als sadistisch und machtgeil, sondern als masochistisch und von Frauen ausgebeutet. Für die „exklusive Nutzung der weiblichen Vagina muss der dressierte Mann Wahnsinnspreise zahlen." (E. Vilar: Der dressierte Mann. München 1993, S. 60) Um den Mann ausbeuten zu können, sagt Vilar, putzt sich die Frau ständig als sexuellen Köder heraus. „Die weibliche Macht ist der Unterbau aller Machtstrukturen", behauptet Esther Vilar. (E. Vilar, a.a.O., S. 160) Bei der Sexualität geht es der Frau nur um Geld, weil sie gar keine echten sexuellen Bedürfnisse hat. „Ökonomischer wäre es für den Mann auf jeden Fall, seinen Sexualtrieb bei Prostituierten zu befriedigen, statt sich in eine Ehe zu stürzen." (E. Vilar, a.a.O., S. 62) Sex in der Ehe ist nur die von der Frau gnädig gewährte „Belohnung" des Mannes für die zugestandene finanzielle Ausbeutung durch die Frau. „Die Frau lässt sich auch noch im Bett ... vom Mann bedienen." (E. Vilar, a.a.O., S. 66) Die Frau will nicht Sex. Sie will Kinder und Geld für die Aufzucht des Nachwuchses. Esthers Vilars Bild vom durch die Frau dressierten Mann steht konträr zu Schwarzers Männerbild, in dem der Mann die Frau zerstört. Alice Schwarzer griff deshalb das Bild vom durch Frauen dressierten Mann frontal an.

19. Alice Schwarzer

Im September 1975 erschien Alice Schwarzers erstes Buch über die Bedeutung der Sexualität bei der Domestizierung der Frau durch den Mann. Es hieß: "**Der kleine Unterschied und seine großen Folgen**". Dieses Buch versucht die heterosexuelle Liebe im Patriarchat als Frauenunterdrückung zu entlarven.

Schwarzers brisante Thesen zur Unterdrückung der Frau durch Heterosexualität lauten:
1. Sexualität besitzt eine zentrale Rolle im Geschlechterkampf.
2. Frau-sein ist kein biologisches sondern nur ein soziales Schicksal.
3. Die Männer haben ein Monopol auf die sexuelle Liebe mit Frauen, deren Aufgabe darin besteht, die Männer zu umsorgen, den Haushalt zu führen und die Kinder großzuziehen.
4. Frauen akzeptieren aus Liebe zum Mann, Gratisarbeit im Haus und zweitklassige Jobs im Beruf.
5. Mit dem sexuellen Orgasmus ist es in heterosexuellen Beziehungen überhaupt nicht weit her. Der Mann erlebt den Orgasmus nur bei vaginaler Penetrierung der Frau, die Frau aber nur bei klitoraler Stimulierung. Mann und Frau können sich auf orgastischer Ebene überhaupt nicht begegnen.
6. Der vaginale Orgasmus der Frau, auf den die männliche Sexualität scheinbar komplett angelegt ist, ist nichts als ein Mythos, um die Vorherrschaft des männliches Phallus zu begründen. Frauen, die keinen vaginalen Orgasmus haben, werden als unnormal und frigide abgewertet. "Je männlicher und potenter ein Mann sich gebärdet, umso geringer ist die Wahrscheinlichkeit, dass die Frau mit ihm eine befriedigende Sexualität erleben kann." (A. Schwarzer: Der kleine Unterschied und seine großen Folgen. Frankfurt 2001, S. 185)

Übung:
Schließen Sie die Augen. Stellen Sie sich den Geschlechterkampf in der patriarchalischen Gesellschaft vor. Welche Rolle spielt für Sie die geschlechtsspezifische Differenz zwischen vaginalem und klitoralem Orgasmus im Geschlechterkampf? Entwickeln Sie ein Bild.

In heterosexuellen Beziehungen gibt es für Alice Schwarzer überhaupt keine Liebe. "Vor allem anderen macht die Abhängigkeit vom Mann Frauen völlig unfähig sexuelle Lust zu empfinden ... Die herrschenden sexuellen Normen der vaginalen Zeugung gehen total an den körperlichen Bedürfnissen der Frau vorbei ... Die Klitoris ist das eigentliche Geschlechtsorgan, die Scheide dient nur der Fortpflanzung. Nicht die Penetrierung der Vagina, sondern die Stimulierung der Klitoris und des Penis führt zu lustvoller Sexualität." (A.

Schwarzer, a.a.O., S. 205) Die Penetration, betont Alice Schwarzer, sichert den Männern „das Sexualmonopol über Frauen." (A. Schwarzer, a.a.O., S. 206)

Übung:
__Schließen Sie die Augen. Stellen Sie sich die Penetration als aktiver oder passiver Teilnehmer vor. Beschreiben Sie ihre Bedeutung für Ihr Liebesleben.__

Der Kampf um die Verbesserung der Stellung der Frau im Geschlechterkrieg beginnt für Alice Schwarzer mit dem Kampf gegen die männlichen Privilegien. Er beginnt für jede Frau mit dem Kampf gegen die sozialen Privilegien des eigenen Mannes.

Übung:
__Welche Strategien und Taktiken verfolgen Sie im Geschlechterkrieg? Entwickeln Sie drei Sätze.__

Das Buch „Der kleine Unterschied..." löste überwältigende Reaktionen aus. Er wurde zum ersten deutschen feministischen Bestseller und wurde in 11 Sprachen übersetzt. Er brachte soviel Geld ein, dass Alice Schwarzer 1977 die Zeitschrift „Emma" gründen konnte, die heute mit einer Auflage von rund 60.000 Stück pro Heft die größte feministische Zeitschrift der Welt ist. Alice Schwarzer wurde für ihre Kritik der patriarchalischen Liebe besonders von der deutschen Linken angegriffen.

Übung:
__Welche Kritik bzw. welche Unterstützung geben Sie der Schwarzer'schen These: Die Penetration ist die Hauptsäule der Macht des Patriarchats." Entwickeln Sie eine Zwei-Spalten-Argumentation in Pro und Contra.__

Auch die Aktivistinnen der deutschen Frauenbewegung wendeten sich gegen Alice Schwarzer. Sie luden Alice Schwarzer in Frauenzentren ein und machten ihr dort den Prozess. Besonders zentral war hier der Vorwurf, dass Alice Schwarzer mit feministischen Ideen gutes Geld verdiente. Alice Schwarzer lehnte es schließlich ab, sich von der Frauenbewegung verhören und verhöhnen zu lassen. Sie begann die Frauenbewegung zu meiden. 1980 traten 32 Mitarbeiterinnen von „Emma" an die Öffentlichkeit mit der These: Alice Schwarzer ist ein Boss wie alle anderen, Sie unterdrücke die Frauen bei „Emma" und beute sie schamlos aus. Alice Schwarzer ist schlimmer als jeder Chef.

19. Alice Schwarzer

Alice Schwarzer und die „Emma" überlebten diese Kampagne. Schwarzer zog sich in ein Landhaus im Bergischen Land zurück und leitete von dort aus die „Emma"-Redaktion weiter.

Mit der „Emma" griff Schwarzer jetzt verstärkt die Tabus der patriarchalischen Liebe an. Sie schrieb gegen die sexuelle Gewalt in der Ehe, gegen Pornographie, Inzest, Sexualmoral und Kindesmissbrauch. Sie wandte sich auch gegen die Frauen- und Sexualfeindlichkeit des islamischen Fundamentalismus im Iran.

Mit Hilfe von Jan-Philipp Reemtsma, dem Hamburger Millionär und Gründer des „Institut für Sozialforschung", entstand eine Stiftung für ein feministisches Archiv, das 1989 im „Frauen-Media-Turm" in Köln eine Heimstatt fand.

Alice Schwarzer war nun in vielen Talkshows zu sehen. Sie veröffentlichte Biographien über Marion Gräfin Dönhoff und die tödliche Beziehung der grünen Aktivistin Petra Kelly mit dem General Gert Bastian. Diese Beziehung endete mit der Ermordung von Kelly und dem anschließenden Selbstmord von Bastian.

Alice Schwarzer wohnt seit den 90er Jahren allein. „Wenn ich z.b. schreibe, muss ich allein sein." (A. Dünnebier, G.v. Paczensky, a.a.O., S. 191) Trotzdem erlebte Alice Schwarzer in den 90er Jahren eine „glückliche Liebesbeziehung und viele stabile Freundschaften." (A. Dünnebier, G.v. Paczensky, a.a.O., S. 192)

Im Jahr 2000 veröffentlichte Alice Schwarzer mit dem Buch **„Der große Unterschied"** ihren größten Angriff auf die patriarchalische Liebe. Für Alice Schwarzer verknüpft die heterosexuelle Liebe: Hass und Liebe, Gewalt und Begehren. Die Gewalt in der Sexualität aber, „ist das dunkle Herz aller Machtverhältnisse". (A. Schwarzer: Der große Unterschied. Köln 2000, S. 20) Dass zwischen den Geschlechtern Gewalt statt Liebe herrscht, das belegt Alice Schwarzer mit folgenden Zahlen: „Jedes 3. bis 4. Mädchen wird sexuell missbraucht, jede 4. Frau wird vergewaltigt, jede 3. Frau wird vom Mann geschlagen." (A. Schwarzer, a.a.O., S. 32)

Übung:
Schreiben Sie den Satz weiter: „Die Gewalt in der Liebe ist..."

Die Hauptkonsequenz, die Alice Schwarzer aus dieser Situation zieht, lautet: „Je besser eine Frau einen Mann kennt, umso gefährlicher ist er für sie." (A. Schwarzer, a.a.O., S. 81) Frauen sind für Alice Schwarzer „das gefolterte Geschlecht." (A. Schwarzer, a.a.O., S. 84) Die Sexualgewalt „ist ein zentraler Bestandteil der abendländischen Geschichte." (A. Schwarzer, a.a.O., S. 89)

Übung:
Betrachten Sie die abendländische Geschichte als Geschichte der Unterdrückung, der Versklavung der Frau durch den Mann. Entwickeln Sie eigene Thesen zu den Konsequenzen dieses Versklavungsverhältnisses.

Ein besonderer Auswuchs der patriarchalischen Liebe stellt für Alice Schwarzer die Pornographie dar. „Pornographie ist die Kriegspropaganda im Krieg der Geschlechter." (A. Schwarzer, a.a.O., S. 131) Pornographie hilft den Männern, ihr abwertendes Frauenbild zu stabilisieren und zu restaurieren.

Übung:
Welche Rolle schreiben Sie der Pornographie im Geschlechterkrieg zu?

Prostitution liefert den Männern nicht Sexualität sondern Macht. Prostitution ist neben Drogen und Waffenhandel das Männergeschäft Nummer 1. Kein Wunder, dass Prostitution auch im christlichen Abendland immer bestanden hat.

Übung:
Was kann man/frau gegen Prostitution tun?

„Drei von vier Männern in Deutschland besuchen Prostituierte. Männer mit Abitur gehen doppelt so häufig zu Prostituierten wie Männer mit Hauptschulabschluss." (A. Schwarzer, a.a.O., S. 145)

Übung:
Was kann man/frau tun, um das Freiertum zurückzudrängen? Entwickeln Sie einen Plan zur Emanzipation der Prostituierten.

Die Frauen beginnen heute die patriarchalische Liebe abzulehnen. „Jede dritte heute 35-Jährige ist kinderlos, Tendenz steigend." (A. Schwarzer, a.a.O., S. 195) Die Familie ist nicht mehr das Zentrum, sondern nur noch ein Teil des Lebens. „Am häufigsten lassen sich junge Paare drei bis vier Jahre nach der Geburt des ersten Kindes scheiden. Die Streitigkeiten nehmen in den ersten drei Jahren zu." (A. Schwarzer, a.a.O., S. 209)

Übung:
Welche Möglichkeiten sehen Sie, um das Patriarchat und seine perverse Liebe zu stürzen? Antworten Sie als Mann und als Frau.

Das größte Hindernis auf dem Weg zur Gleichheit von Mann und Frau im Orgasmus ist und bleibt die „patriarchalische Liebe".

Sehen wir uns nun das Liebesbild bei Alice Schwarzer noch einmal in einer Grafik an:

Das Bild der patriarchalischen Liebe bei Alice Schwarzer

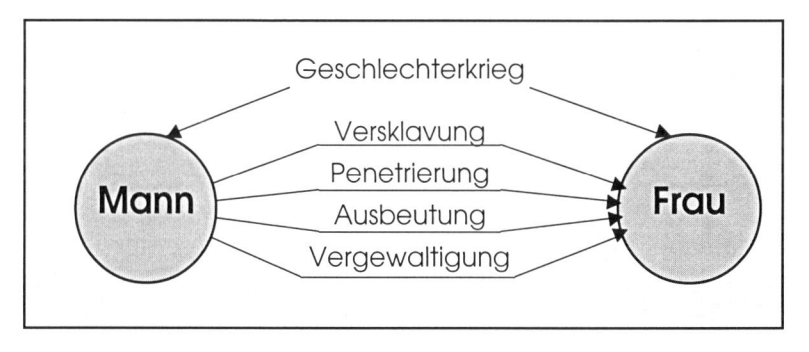

```
         Geschlechterkrieg
           Versklavung
           Penetrierung
  Mann                        Frau
           Ausbeutung
          Vergewaltigung
```

Übung:
Definieren Sie die patriarchalische Liebe.

Aber das Patriarchat schlägt zurück. Der Rückschlag der Frauenbewegung wird in den USA von einem breiten Brain-Trust vorgetragen. George Gilder, der Philosoph, wettert gegen „die Untergrabung der Rolle des Mannes." (S. Faludi: Backlash. Die Männer schlagen zurück. Reinbek 1995, S. 390) Allan Bloom, der Antifeminist, behauptet: „Der Feminismus habe die Männer um ihre Erektion gebracht." (S. Faludi, a.a.O., S. 397) Michael und Margarita Levin, führende Soziologen, sagen: „Der Feminismus ist eine antidemokratische, wenn nicht sogar totalitäre Ideologie." (S. Faludi, a.a.O., S. 398) Warren Forrell, das Haupt der Männerforschung, meint: „Männer leiden mehr als Frauen." (S. Faludi, a.a.O., S. 403) Er stellt auch fest: „Gesetze gegen sexuelle Belästigung durch Männer sind sexistisch." (W. Farrell: Mythos Männermacht. Frankfurt 1995, S. 368) Robert Blay, der Männertherapeut, schreibt: „Die Autorität der großen Mutter ist zu groß geworden... Die Identität des Mannes verschwindet. Es gibt nur noch sanfte Jungen." (S. Faludi, a.a.O., S. 414) Sylvia Ann Hewlett, die Ex-Feministin schreibt: „Der Feminismus hat dem weiblichen Geschlecht nur geschadet." (S. Faludi, a.a.O., S. 420) Germain Greer, als frühere Avantgardistin der Frauenbewegung, tritt heute für „Vernunftehe, Keuschheit und den Tschador" ein. (S. Faludi, a.a.O., S. 428) Schließlich wettert Betty Friedan, Aktivistin der ersten

Frauenbewegung, heute gegen den vorherrschenden „Macho-Feminismus".
(S. Faludi, a.a.O., S. 433)

Übung:
Wo stehen Sie im Kampf von Feminismus und Anti-Feminismus? Begründen Sie Ihre heutige Position in diesem Konflikt.

Literatur zu Alice Schwarzer

Schwarzer, A.: Der kleine Unterschied und seine großen Folgen. Frankfurt 2001
Schwarzer, A.: Der große Unterschied. Köln 2000
Schwarzer, A.: Simone de Beauvoir. Köln 1999
Schwarzer, A.: Lohn: Liebe. Frankfurt 1985
Schwarzer, A.: Eine tödliche Liebe – Petra Kelly und Gert Bastian. Köln 1993
Schwarzer, A.: Marion Dönhoff – Ein widerständiges Leben. Köln 1996

Dünnebier, A., Paczensky, G.v.: Das bewegte Leben der Alice Schwarzer. Die Biographie. München 1999
Faludi, S.: Backlash. Die Männer schlagen zurück. Reinbek 1995
Mika, B.: Alice Schwarzer. Reinbek 1998

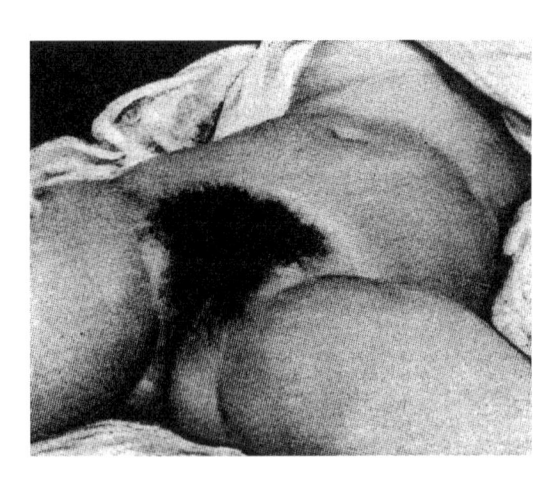

Courbet: „L'origine du monde" 1866

20. Margot Anand (*1950):
Die ekstatische Liebe

Die feministische Liebestheorie wird in der Gegenwart durch neue Forschungen zum Orgasmus bestritten. Bis heute wurde in der expandierenden Sexualwissenschaft zwischen männlichem und weiblichem Orgasmus unterschieden. Die These vom geschlechtsspezifischen Unterschied beim Orgasmus findet sich bei S. Freud, W. Reich sowie bei S. de Beauvoir und A. Schwarzer.

Neuere Forschungen beweisen aber das Gegenteil. So stellten William Masters und Virginia Johnson in umfangreichen empirischen Untersuchungen fest, dass „der Orgasmus bei beiden Geschlechtern auftritt." (W. Masters, V. Johnson: Liebe und Sexualität. Frankfurt 1993, S. 79) Zwar gibt es anatomische sexuelle Unterschiede zwischen Mann und Frau, stellt der Sexualforscher E.J. Haeberle fest, „aber ihre sexuellen Reaktionen sind sehr ähnlich. Es gibt einige wichtige biologische Unterschiede, aber sie sind in Sachen Orgasmus nicht entscheidend." (E.J. Haeberle: Die Sexualität des Menschen. Hamburg 1985, S. 36) Die Entdeckung des orgastischen G-Punktes in der weiblichen Scheide half die Kluft zwischen den Orgasmusmöglichkeiten beider Geschlechter weiter zu verringern.

Der in Deutschland geborene und in die USA ausgewanderte Ernst Gräfenberg hatte schon um 1950 den G-Punkt entdeckt. Er schrieb: „Eine erotische Zone konnte immer nachgewiesen werden an der Vorderwand der Vagina entlang der Harnröhre... Die Harnröhre schwillt beim Ende des Orgasmus erheblich an." (E.J. Haeberle, a.a.O., S. 557) Damit wurde das weibliche Pendant zur männlichen Prostata entdeckt und zugleich die Orgasmusfunktion der weiblichen Vagina, die von den Feministinnen entschieden bestritten wurde, bewiesen. Bei der weiblichen Vagina wurde außerdem die Ausbildung einer „orgastischen Manschette" entdeckt, die die Wichtigkeit der Bedeutung der Vagina beim sexuellen Verkehr betont. (Vgl. E.J. Haeberle, a.a.O., S. 62)

Der konkurrierende Vergleich zwischen der männlichen und weiblichen sexuellen Reaktion und die Behauptung der Überlegenheit des einen Geschlechtes über das andere ist überholt. Die moderne Sexualforschung stellt fest: „Der Orgasmus ist nicht mehr und nicht weniger als eine erfreuliche Unterbrechung im Verlaufe gegenseitiger Stimulierungen. Sehr wichtig ist dabei, dass die Partner lernen, dass es nicht notwendig ist, bei jeder sexuellen Begegnung gleichzeitig zum Orgasmus zu kommen ... Geschlechtsverkehr zu haben, ist kein Kampf, auch kein sportlicher Wettkampf. Begriffe wie

Erfolg und Leistung sind in einer glücklichen sexuellen Beziehung fehl am Platz." (E.J. Haeberle, a.a.O., S. 273)

Übung:
Hat die moderne Sexualforschung Recht darin, den Geschlechterkampf abzublasen? Begründen Sie Ihre Meinung.

Die neue Sexualforschung hat zwar erkannt, dass „die Männer meist der Fähigkeit ihrer weiblichen Partner zu wiederholter Sexualität nicht gewachsen sind" (W. Masters, V. Johnson, a.a.O., S. 88), sie hat aber auch Vorschläge entwickelt, wie die verbleibenden Unterschiede in der orgastischen Sexualität von Mann und Frau aufgehoben werden können.

Solche Vorschläge heißen:
- Schaffen Sie eine romantische Stimmung.
- Dehnen Sie als Mann das Vorspiel so lange wie möglich aus.
- Sprechen Sie mit ihrer Partnerin über Sexualität.
- Glauben Sie nicht, dass „Sexualität immer im genitalen Geschlechtsverkehr münden müsse. Es gibt auch andere, ebenso aufregende Freuden zu entdecken." (W. Masters, V. Johnson, a.a.O., S. 493)
- Phantasie und Wunschträume sind die besten Stimuli für sexuelle Begegnungen.

Auch die neue **„Philosophie der Lebenskunst"** von W. Schmid (*1953) versucht sich in Überlegungen zur Steigerung der Lust in der Liebe. Schmid meint, alle Methoden der Luststeigerung sollten „die allzu starr gewordene Form des Selbst wieder in Bewegung bringen und sprengen." (W. Schmid: Philosophie der Lebenskunst. Frankfurt 1998, S. 334) Schmid rät, die Lüste „zu vervielfältigen und zu intensivieren, sie jedoch auch in Maßen zu halten und nicht auf einmal aufzuzehren." (W. Schmid, a.a.O., S. 334) Genauer geht es ihm dabei darum, „mit der Nähe und Distanz im Liebesverhältnis zueinander zu spielen." (W. Schmid, a.a.O., S. 335) Auf jeden Fall sollte man nach Schmid in der Wahl der Mittel zur Steigerung der Lüste „wählerisch sein", denn der Traum „vom immer währenden Eins-Sein" kann sich für Schmid nicht erfüllen. (W. Schmid, a.a.O., S. 338) Die Lüste der Liebe können aber gebraucht werden, „um neue Beziehungsformen zu entdecken und zu erfinden." (W. Schmid: Auf der Suche nach einer neuen Lebenskunst. Frankfurt 2000, S. 342) Eine Theorie des Orgasmus oder konkrete Vorschläge zur Steigerung der Lust für beide Geschlechter sucht man bei W. Schmid allerdings vergebens.

20. Margot Anand

Übung:
Entwickeln Sie weitere Vorschläge zur Angleichung der Lust zwischen den Geschlechtern.

Dieser Stand der Sexualforschung hat in der westlichen Liebesphilosophie neuerdings einen Boom an esoterischen, tantristischen, hinduistischen und taoistischen sexuellen Ekstase-Methoden ausgelöst, weil diese östlichen Traditionen immer schon von der Gleichheit der Geschlechter im Orgasmus ausgingen. „Buddhisten begreifen Sex als wichtige Energievermehrung, die einem bei der spirituellen Umwandlung hilft." (J. Joannides (Hrsg.): Sextips for Boys and Girls. München 2000, S. 348) Manjushri, der Bodhisattva der Weisheit, sagte: „Es ist unmöglich, einen erleuchteten Geist zu erlangen, ohne in den Ozean der Begierden einzutauchen." (J. Stevens: Lust und Erleuchtung. Sexualität im Buddhismus. Bern 1993, S. 73)

Tibets berühmter Heiliger Drukpa Künleg (16. Jh.) soll 5000 Freundinnen gehabt haben. Seine Liebeslehre fasst er in folgendem Gedicht zusammen:

„Ich nehme Zuflucht zu dem schlaffen Penis eines alten Mannes,
an der Wurzel vertrocknet liegt er da, wie ein abgestorbener Baum.

Ich nehme Zuflucht zu der welken Möse einer alten Frau,
ihre bodenlose Tiefe gleicht einem steinigen Abgrund.

Ich nehme Zuflucht zu dem starken Donnerkeil eines kräftigen Jünglings –
Stolz richtet er sich auf, ohne den Tod zu fürchten.

Ich nehme Zuflucht zu dem Lotus eines jungen Mädchens –
Ist er von Scham und falschen Hemmungen frei,
lässt er die Wogen der Verzückung rollen."

(K. Dowman: Der heilige Narr. München 1984, S. 149f.)

Japans anti-asketischer Zen-Mönch Ikkyu Sôjun („Verrückte Wolke") pries im 15. Jahrhundert die Liebe als Weg ins Nirvana in vielen Gedichten. Eines lautet folgendermaßen:

„*Der schönen Frauen*
Liebe
Fluß ist tief.
Im Freudenhaus
Finde ich
Meine Gedichte,
Genieße
Umarmung und Kuss –
Noch gebe ich mich
Und die heiße Sehnsucht
Nicht auf."

(Ikkyu Sôjun. Im Garten der schönen Shin. München 1990, S. 81) Auch für Hinduisten hat die Sexualität einen großen Stellenwert, weil „Sexualität das Sich-Finden des Selbst in einem Anderen" bedeutet. (A.T. Mann, J. Lyle: Mystische Sexualität. Wettswil 1996, S. 67)

Übung:
Wie erklären Sie sich die asiatische Sexualfreundlichkeit? Denken Sie einmal an die Ursprünge des Tantrismus. Entwickeln Sie eine These.

Aber nicht nur die Gleichheit der Geschlechter wird in diesen asiatischen Traditionen behauptet, sondern auch die Möglichkeit, durch sexuelle Lust zu metaphysischer Erfahrung zu gelangen. „In der Tat praktizieren ergebene Taoisten ... Geschlechtsverkehr als einen wesentlichen Teil ihrer Meditation. Kein Mann kann Erleuchtung erreichen ohne reiche Gaben von Yin- und keine Frau ohne Yang-Essenzen." (P. Rawseon, L. Legeza. TAO. Die Philosophie von Sein und Werden. München 1974, S. 35) Die alten Chinesen z.b. betrachteten ihre Sexualität als eine Form „von Gebet oder Meditation, eine spirituelle Technik, die den Einzelnen mit einer universellen Lebenskraft verbinden kann." (F. Dumas, P. Goldberg: Chinesische Liebesgeheimnisse. München 2000, S. 32)

Der zeitgenössische Taoist Mantak Chia schreibt: „Die Macht der Sexualenergie ist winzig, wenn man sie mit der kosmischen Energie des Tao vergleicht. Doch für den Menschen ist die Sexualität machtvoll, eine Brücke zu den gewaltigen Kräften des Universums und den spirituellen Bereichen des Bewusstseins." (M. Chia: Tao-Yoga der heilenden Liebe. Interlaken 1990, S. 260)

20. Margot Anand

Innerhalb des Booms der asiatischen Liebesphilosophie für den Westen ragt Margot Anand heraus. Margot Anand hat sich die Aufgabe gestellt, tantrische Liebesphilosophie für den Westen praktizierbar zu machen. Diese Transformation asiatischer Liebesphilosophie in europäische Verhältnisse wird auch von anderen Vertretern der mystischen Sexualität für möglich gehalten: „Tantrische Philosophie beinhaltet eine erleuchtete Haltung gegenüber der Sexualität als wichtiges Mittel zur Integration sowohl in einem Individuum als auch zwischen Paaren und im Universum selbst. Sie ist ein praktischer und spiritueller Weg, der tiefe Einsichten in die machtvolle Dynamik der Schöpfung und die tiefgreifende Integration ihrer Beziehungen erlaubt. Die Lehren sind zeitlos und passen in unsere Zeit." (A.T. Mann, J. Lyle, a.a.O., S. 79)

Auf Margot Anands Spuren wollen wir nun der mystischen Liebe, die vom Osten nach Westen gewandert ist, folgen.

Margot Anand wurde 1950 in Paris geboren. Als Studentin der Philosophie verliebte sie sich an der Pariser Sorbonne in einen amerikanischen Künstler mit Namen Robert. Robert pflegte sie ganz wild zu lieben, ohne dass Anand das sehr interessant fand. Anand übte damals Yoga und fragte sich, was es bedeuten würde, wenn sie Yoga und Sex verbinden würde. Sie forderte Robert zu äußerst verzögerten Beischlafbewegungen auf. Als Robert ejakulieren wollte, hielt sie ihn ab. Sie drang darauf, dass sie sich erst entspannen und dann von neuem beginnen sollten. Nach mehrmaliger Wiederholung geschah nun etwas außergewöhnliches. „Plötzlich schienen wir beide in einem grenzenlosen Raum voller Wärme und Licht zu treiben... Wir waren eins. Die Erfahrungen wurden zeitlos... Es gab kein Bedürfnis nach einem Orgasmus mehr... Wir waren in Ekstase." (M. Anand: Tantra oder die Kunst der sexuellen Ekstase. München 1990, S. 12f.)

Übung:
Haben Sie diese ekstatische Liebeserfahrung der Grenzenlosigkeit, Zeitlosigkeit und Einheit schon einmal erlebt? Beschreiben Sie sie.

Eine Wiederholung der Erfahrung kosmischen Bewusstseins in der sexuellen Ekstase mit Robert schlug fehl. Anand wurde sich aber nun bewusst, dass der übliche flotte Geschlechtsverkehr nicht alles ist. Die nächsten 15 Jahre von 1970 bis 1985 erforschte sie nun die großen Traditionen ekstatischer Sexualität. Eine wichtige Erfahrung war 1972 die Teilnahme von Anand an einem Forschungsprojekt, das sich der Untersuchung sinnlicher Deprivation und Einsamkeit gewidmet hatte. Sieben Tage befand sich Anand in einem dunklen Raum mit Augenbinde, Ohrenstöpsel und nur Wasser und Reis zum

Essen. Nach einiger Zeit der Unruhe, begann bei ihr ein Selbstklärungsprozess. „Ich fühlte mich eins mit allem, was innen und außen existiert – wie eine Welle, die Teil des Meeres ist." (M. Anand, a.a.O., S. 31)

Übung:
Haben Sie schon derartige Deprivationsübungen gemacht? Stellen Sie sich vor, Sie müssten sieben Tage in einem dunklen Raum ohne Geräusche und bei mäßigem Essen verbringen. Was löst diese Vorstellung bei Ihnen aus?

1972 machte Anand ihren Magister in Philosophie an der Pariser Sorbonne. Sie erprobte nun verschiedene Körpertherapien wie Bioenergetik, Encounter, Rolfing und Gestalttherapie in ihrer Bedeutung für die Sexualtherapie. Sie reiste zwischen London, New York und San Francisco hin und her und baute auch ihre Yoga-Ausbildung aus. 1974 wurde sie Schülerin des südamerikanischen Philosophen Oscar Ichazo. Er lehrte sie die Grundprinzipien der Energie im menschlichen Körper und die Möglichkeiten, diese Energie in bestimmen Körperzentren durch Licht, Farbe, Ton, Symbole und Bilder zu aktivieren.

1975 entdeckte sie dann in New York das Tantra und damit die 5000 Jahre alte Lehre von der Sexualität als Tor zur Ekstase und zur Erleuchtung. Die Geschichte des Tantra kennt viele außergewöhnliche Philosophen, die wegen ihrer sexuellen Freizügigkeit oft von der jeweiligen Gesellschaft geschnitten wurden. Zu diesen Philosophen gehören Sahara, Marpa, Milarepa, Drupka Küleg und der weibliche Buddha Yeshe Tsoquel, die alle in Tibet oder Indien Tantra praktiziert hatten.

Schließlich kam Margot Anand auch zu dem Tantriker Bhagwan (1931-1990), der sich später Osho nannte. Bei Osho im indischen Poona, einer Kommune von tantrischen Ekstatikern, lernte sie „alle erdenklichen Methoden, um die Blockierungen und Hemmungen aufzuheben, die dem natürlichen, freien Fließen der menschlichen Energie und des menschlichen Geistes im Wege sind. Erst dann, so Osho, kann sich der Mensch sehen, die Augen schließen und die innere Reise der Meditation beginnen." (M. Anand: Magie des Tantra. München 1997, S. 171)

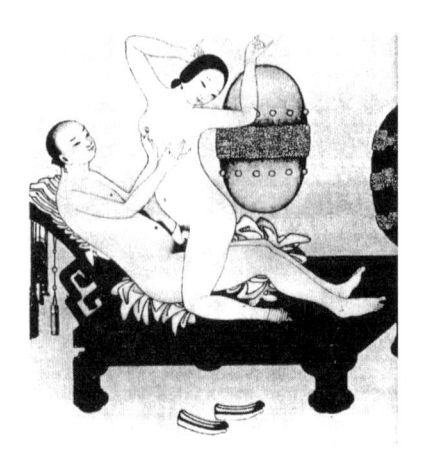

20. Margot Anand

Übung:
Welche Methoden der Entstressung würden Sie benutzen, bevor Sie Liebe machen? Nennen Sie einige Methoden.

Osho hat Anand 1977 auch den Namen Ma Anand Margot, d.h. „Weg zur Seligkeit" verliehen. Er hat sie endgültig in die tantrischen Mysterien eingeweiht. Oshos Buch „**Vom Sex zu kosmischem Bewusstsein**" stellte die These auf: „Der sexuelle Orgasmus gibt einem meiner Ansicht nach zum ersten Mal eine Ahnung von Meditation. Denn der Verstand steht still. Die Zeit steht still. Für wenige Momente gibt es keine Zeit und kein Denken. Du bist einfach völlig still und glücklich... Es war sicherlich der Sex, der den Menschen zum ersten Mal die Erfahrung eines meditativen Zustands vermittelt hat... Der einzige Zustand, wie der Mensch herausfinden kann, dass es eine Tür gibt, einen Weg, wie er über seine Gedanken hinausgeht und ewige Stille findet, ist der sexuelle Orgasmus. Auch wenn er nur einen Moment dauert – dieser Moment ist die Ewigkeit, alles steht still." (Osho: Autobiographie eines spirituellen Provokateurs. München 2001, S. 186f.)

Oshos Buch „**Tantra**" wird noch deutlicher. „Man sollte den Leuten beibringen, wie sie die sexuelle Energie benutzen können, um zu kosmischem Bewusstsein zu gelangen." (Osho: Tantra. München 1999, S. 12) Zu kosmischem Bewusstsein gelangt man im Koitus, wenn man das Gefühl erlebt „eins zu werden." „Auch im Sex gilt die eigentliche Sehnsucht dem Einswerden." (Osho, a.a.O., S. 196) Wenn das kosmische Bewusstsein entsteht, dann auf dem Weg des Tantra. Tantra vermittelt die Erfahrung, dass der Mann nicht mehr Mann und die Frau nicht mehr Frau ist. „Die Formen verschwinden... die Spannung ist aufgehoben." (Osho, a.a.O., S. 182) Tantra transformiert die Sexualität zur höchsten Erfahrung der Lebensenergie. „Sex ist also die erste, die unterste Ebene dieser Energie und Gott die höchste. Aber es ist ein und dieselbe Energie, die sich höher entwickelt." (Osho, a.a.O., S. 103) Für die Verschmelzung dieser Energie von Mann und Frau ist es nötig, dass jeder Mann in der Frau eine Göttin und jede Frau im Mann einen Gott visualisiert. „Liebst du die Frau als Göttin – dann wird eure Liebe zur Meditation" (Osho, a.a.O., S. 126, 170) Um zu kosmischem Bewusstsein zu kommen, muss „aus Sex eine meditative Liebeslust werden." (Osho, a.a.O., S. 131) Die richtige Form der sexuellen Meditation ist, sich selbst und den anderen im Koitus zu vergessen, „dann kommt die Liebe zu ihrem höchsten Gipfel, zum größten Orgasmus." (Osho, a.a.O., S. 135) Wenn Ich und Du im Orgasmus verschwinden, dann öffnet sich eine Tür und „Gott wird da sein." (Osho, a.a.O., S. 143) Tantra ist „Transzendenz". (Osho, a.a.O., S. 209) Diese tantrische Lehre Oshos hat Margot Anand in Poona gelernt. Sie hat diese Lehre aber bedeutend weiter entwickelt.

Eine weitere wichtige Lehrerfahrung erlebte Anand 1975 mit dem amerikanischen Philosophen Alan Watts. Alan Watts war einer der ersten amerikanischen Philosophen, der sich in östlicher Philosophie bestens auskannte. Mit Watts wanderte sie 10 Tage durch Mexiko, führte intensive Gespräche, spielte verrückte Sexualspiele und praktizierte heilige Rituale. Ihr bestes rituelles Spiel lautete: „Der eine Partner äußert seine Wünsche und der andere sorgt dafür, dass diese Wünsche erfüllt werden. Dann werden die Rollen getauscht." (M. Anand: Tantra, a.a.O., S. 213)

Übung:
Schreiben Sie erst Ihre sexuellen Wünsche und dann die Wünsche Ihres Partners bzw. Ihrer Partnerin auf. Überlegen Sie dann, welche Ihrer Wünsche und welche seiner bzw. ihrer Wünsche erfüllt werden können.

Als Alan Watts eines Tages keine Lust auf Sex hatte, entdeckte Anand die Selbstbefriedigung. Sie nahm sich Zeit für ihre Selbstbefriedigung und machte „ein Fest daraus." (M. Anand, a.a.O., S. 169) Sie entdeckte dabei die Möglichkeit: „Nächstes Mal werde ich mir in Alans Gegenwart Selbstlust schenken und ihn damit anregen, das gleiche zu tun." (M. Anand, a.a.O., S. 169)

Übung:
Mit welchen Ängsten ist bei Ihnen die Selbstbefriedigung allein oder zu zweit verbunden? Schreiben Sie einen einminütigen Freewriting-Text über Selbstbefriedigung. Stellen Sie dann fest, über welche Ängste Sie in diesem Text gesprochen haben.

1976 begegnete Anand in Paris dem indischen Tantriker Rampal. Sie suchte ihn zu einer tantrischen Unterweisung auf. Er forderte sie auf, sich ihm gegenüberzustellen und tief in ihren Unterleib hineinzuatmen. Dann begann er sie mit seinen Augen fest zu fixieren. „Er sagte: Wiegen sie nun ihr Becken hin und her. Ich befolgte seine Anweisungen und fühlte eine Woge der Energie in meinem Körper ... Ich fühlte mich tief mit ihm verbunden und zugleich aber unabhängig und in mir selbst verwurzelt." (M. Anand, a.a.O., S. 314)

Übung:
Stellen Sie sich solche rein platonische Liebesverschmelzungen vor. Was für Bilder und Reaktionen erweckt diese Vorstellung in Ihnen?

20. Margot Anand

Kurz darauf hatte Anand ein tantrisches Liebesverhältnis mit einem Lehrer der sexuellen Magie, der ungenannt bleiben wollte. Anand schildert ihre Begegnung folgendermaßen: „Er kam in den geheimen Stunden der Nacht unerwartet zu mir und forderte mich zu intensiven Atemübungen auf, die sehr schnell in meinem Körper eine feurige Energie erzeugten. Während er mich dann sehr langsam und bewusst liebte, wies er mich an, diese feurige Energie in den Bereich des Herzens zu lenken. Nach einiger Zeit stellten sich bei mir intensive Visionen ein. Bei einer besonders kraftvollen Vision sah ich mich als Buddha oder geistiges Wesen, das in Meditation versunken in seliger Wonne in einer Höhle saß... Dann begann sich eine Empfindung intensiver Wonnen auszudehnen..., bis sie die ganze Welt erfüllte. An diesem Punkt gelang es mir, Liebe und Mitgefühl bedingungslos an alle lebenden Wesen auszusenden." (M. Anand: Magie des Tantra. München 1997, S. 49)

Übung:
Kennen Sie im Orgasmus den Wunsch, alle Menschen mit Liebe und Mitgefühl zu beschenken? Versuchen Sie sich einmal an eine derartige Erfahrung zu erinnern und machen Sie über diese Erfahrung einen kleinen Text.

1977 weilte Anand mit ein paar Freunden für 21 Tage in Australien. Sie wollten alle zusammen schweigen, fasten und nichts tun. Für Anand wurden diese 21 Schweigetage ein entscheidendes Erlebnis. Sie erlebte, wie sie nach einiger Zeit starb. Sie erlebte ihre Süchte nach Liebe. Sie hatte aber auch eine Vision: Sie sah sich doppelt, als Mann und als Frau in liebender Umarmung. Sie erlebte die Integration des Männlichen und Weiblichen in ihr. (M. Anand: Ekstase für jeden Tag. München 2000, S. 111) Eine solche Vereinigung von männlichen und weiblichen Anteilen in der eigenen Psyche ist eine wichtige Unterstützung jeder zwischenmenschlichen Ekstase.

Übung:
Haben Sie sich als Frau schon mal mit Ihren männlichen Anteilen und als Mann mit ihren weiblichen Anteilen bekannt gemacht? Schreiben Sie als Frau „Mein innerer Mann ist..." und als Mann „Meine innere Frau ist..." und führen Sie diese Satzanfänge weiter aus.

Ende der 70er Jahre war für Margot Anand die tantrische Lehrzeit beendet. Sie begann nun, Seminare zum Tantra anzuleiten. Sie entwickelte bald ein umfassendes Lehrprogramm für ein Jahr, das alle von ihr bisher absolvierten Übungen umfasste. Im Zentrum dieses Programms steht die Praxis der Verzögerung der männlichen Ejakulation. Diese Zurückhaltung ist keine

Askese, sondern die Voraussetzung für die Beseitigung der letzten Differenzen zwischen dem männlichen und weiblichen Orgasmus. Der Kern der „synchronen Ekstase ist die visualisierende Ableitung der Energie vom Unterleib in den Kopf und vom Kopf in das Universum. Wenn sie diese Methode beherrschen, fühlen sie sich wie ein Segelflugzeug, das still in die Weite des Himmels gleitet." (M. Anand: Tantra, a.a.O., S. 305)

Übung:
Schreiben Sie den Satz weiter: „Ich bin ein Segelflugzeug, das..."

Nach den „Tantra-Seminaren" entwickelte Anand Seminare für die „Magie des Tantra". Diese Magie betont das Rituelle und Strukturelle der sexuellen Begegnung stärker. Sexuelle Magie, die sie von den Magiern Aleister Crowley und Pascal Randolph übernahm, umfasst für Vorspiel, Akt und Nachspiel folgende Schritte:

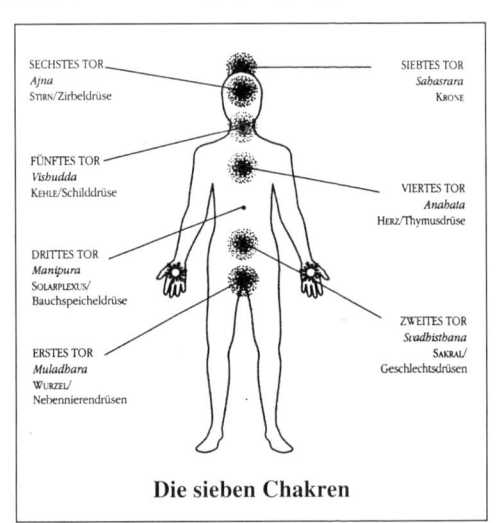

Die sieben Chakren

SECHSTES TOR
Ajna
STIRN/Zirbeldrüse

SIEBTES TOR
Sahasrara
KRONE

FÜNFTES TOR
Visbudda
KEHLE/Schilddrüse

VIERTES TOR
Anahata
HERZ/Thymusdrüse

DRITTES TOR
Manipura
SOLARPLEXUS/
Bauchspeicheldrüse

ZWEITES TOR
Svadhisthana
SAKRAL/
Geschlechtsdrüsen

ERSTES TOR
Muladhara
WURZEL/
Nebennierendrüsen

Vorspiel:
- Eine Vision des Gewünschten erzeugen.
- Die Vision zu einem machtvollen Symbol verdichten.
- Die orgastische sexuelle Energie im Vorspiel erwecken.
- Das Symbol mit dieser Energie aufladen.

Akt:
- Das Symbol im Akt durch die 7 Chakren vom Sex-Chakra bis zum Scheitel-Chakra durch den Körper führen.
- Das Symbol im Orgasmus ins All entlassen.

Nachspiel:
- Nach dem Akt sollte man versuchen, das im Symbol Gewünschte im eigenen Leben zu verwirklichen.

(M. Anand: Magie des Tantra, a.a.O., S. 70f.)

20. Margot Anand

Übung:
Schließen Sie die Augen. Imaginieren Sie erst ein machtvolles Symbol. Stellen Sie sich dann vor, dass Sie dieses Symbol energetisch durch den Körper führen und dann ins All entlassen. Stellen Sie dann fest, was Sie von dem im Symbol Gewünschten im eigenen Leben verwirklichen wollen.

Einen besonderen Schwerpunkt legt die „**Magie des Tantra**" auf die Entwicklung des weiblichen und männlichen Orgasmus. Beim weiblichen Orgasmus unterscheidet Margot Anand 1. den Klitoris-Orgasmus, 2. den Scheiden-Orgasmus durch Stimulierung des G-Punktes und 3. den kombinierten Orgasmus durch Stimulierung von Klitoris und G-Punkt.

Übung:
Können Sie als Frau diese 3 Orgasmus-Typen als selbst erlebte unterscheiden?

Alle drei Orgasmen werden stufenweise durch Massage und Berührung aufgebaut und bis zum vollständigen Orgasmus geführt. Beim kombinierten Orgasmus werden Klitoris und G-Punkt gleichzeitig stimuliert.

Beim männlichen Orgasmus unterscheidet Anand 1. den Penis-Orgasmus, 2. den Prostata-Orgasmus und 3. den kombinierten Orgasmus durch Stimulierung von Penis und Prostata. Dabei weist sie deutlich auf die Schwierigkeiten der Männer hin, auf den kurzen ejakulativen Penis-Orgasmus zu verzichten. „Die Männer werden frustriert oder sogar zornig sein... Sie müssen aber bereit sein, eine Zeit der aufgeschobenen Befriedigung zu überstehen, um zu lernen, ihre sexuellen Empfindungen zu erweitern und um sich auf den Ganzkörper-Orgasmus vorzubereiten." (M. Anand: Magie des Tantra, a.a.O., S. 366)

Übung:
Haben Sie als Mann schon Erfahrung mit aufgeschobener Befriedigung? Wie bewerten Sie diese Technik? Entwickeln Sie eine These. Schreiben Sie den Satz weiter: „Die aufgeschobene Befriedigung ist..."

Auch beim kombinierten männlichen Orgasmus werden Prostata und Penis gleichzeitig stimuliert, „bis der strömende orgastische Reflex ausgelöst wird." (M. Anand, a.a.O., S. 407)

In der wechselseitigen Hilfe zur Erlangung des kombinierten Orgasmus lösen sich die weiblichen und männlichen Sexualstereotypen auf. Diese Auflösung der patriarchalischen Blockierung der heterosexuellen Orgastizität tritt aber nur bei ständiger Übung ein. Wenn aber der Partner fehlt oder selber kein Interesse an Sexualität hat, dann schlägt Anand folgende Übung vor: „Ich gehe dann an eine ruhige Stelle in meinem Garten und beginne zu meditieren. Wenn sich die Leere in mir öffnet, genieße ich es, einige Minuten in ihr zu verharren. Dann beginne ich mich auf die Vision zu konzentrieren, die ich erzeugt habe und die in mein Leben eintreten soll. Ich stelle mir das magische Symbol vor, ich sehe, wie das Symbol sanft durch meinen Körper schwebt, durch die sieben Energiezentren geht und das alles geschieht in einer weiten, stillen, einhüllenden Leere." (M. Anand, a.a.O., S. 470)

Übung:
Schließen Sie die Augen. Öffnen Sie sich der Leere. Konzentrieren Sie sich auf Ihre Wunsch-Vision. Lassen Sie das Wunsch-Symbol durch Ihre Energiezentren schweben. Verharren Sie noch eine Zeit in Stille. Schreiben Sie dann Ihre Erlebnisse mit dieser Übung auf.

Das magische Tantra erinnert an schwierige Yoga-Techniken. „Sollten Sie aber die Grundlagen dieser Techniken gelernt haben, so können Sie auch im magischen Tantra ganz spontan agieren. Allerdings sollte auch im spontanen Tantra der Weg durch die sieben Energiezentren praktiziert werden." (M. Anand, a.a.O., S. 462)

Anands neueste Seminare widmen sich der **„Ekstase für jeden Tag"**. Sie orientiert sich an der Möglichkeit des amerikanischen transpersonalen Psychologen Abraham Maslow, neben dem sexuellen Orgasmus, auch im Alltag „Gipfelerfahrungen" zu erleben. Um diesen Weg der alltäglichen Ekstase zu gehen, fordert Anand ihre Kunden zu folgender Übung auf: „Rufe dir die ekstatische Erfahrung deines Lebens in Erinnerung. Schreibe diese Erfahrung dann in dein Tagebuch." (M. Anand: Ekstase für jeden Tag. München 2000, S. 58)

Übung:
Praktizieren Sie einmal diese Übung.

Margot Anand hat in jüngster Zeit ihre Erkenntnisse der sexuellen Ekstase erweitert. Sie weiß nun, dass die Gesellschaft diese Ekstase ablehnt oder Sexualität liebend gerne als Gewalt praktiziert, denn in der Ekstase steht das Licht im Mittelpunkt, aber neben dem Licht gibt es die Nacht. Anand weiß also, dass die Integration von Progression und Regression von Liebe und Zerstörungstrieb in der westlichen Sexualität meistens nicht vermittelt wird. Diese Vermittlung hält sie aber für möglich, wenn man die Nachtseiten der

Sexualität mit den Lichtseiten zusammenbringt. „Der Weg ins Licht führt durch die Schatten des Todestals." (M. Anand: Ekstase für jeden Tag, a.a.O., S. 416) Der Weg ins Licht, das die Nacht des Todes integriert, kann nur erreicht werden, wenn man eine Utopie hat. Diese Utopie heißt für Anand die Utopie des neuen Mannes und der neuen Frau, die im 21. Jahrhundert entstehen werden. Mit dieser Utopie kann man die berechtigte Angst in der Ekstase „den Ego-Verlust zu erleiden oder in den Wahnsinn abzugleiten, bewältigen." (M. Anand: Ekstase für jeden Tag, a.a.O., S. 415)

Andere Tantriker haben deshalb M. Anands Konzept der sexuellen Ekstase, um die Dimension der spirituellen Krise und deren Heilung ergänzt: Ekstatische Sexualität kann in seltenen Fällen Verwirrungszustände auslösen: „Wenn ein Mensch, der sich in seiner sexuellen Identität nicht sicher ist, sich für die innere archetypische Welt öffnet, indem das Männliche und Weibliche eins sind, dann kann diese Entwicklung zu verheerenden Verwirrungszuständen führen." (E. Bragdon: Spirituelle Krisen. Wendepunkte im Leben. Freiburg 1991, S. 228)

Für solche ekstatischen sexuellen Krisen wurden deshalb folgende fünf Hilfen entwickelt:
- Man soll die extremen Gefühle im Schutze des Partners kathartisch entladen.
- Über jedes neue ekstatische Gefühl soll man mit dem Partner intensiv kommunizieren.
- Sind die ekstatischen Gefühle zu extrem, sollten sie ihre sexuellen Aktivitäten mit ihrem Partner für eine Weile unterbrechen.
- Sie sollten vielleicht ohne ihren Partner für eine Weile die Einsamkeit suchen.
- Schließlich sollten sie ihre extremen sexuellen Erfahrungen gemeinsam deuten und verstehen.

(Vgl. E. Bragdon, a.a.O., S. 229-233)

Übung:
Haben Sie Erfahrung mit Verwirrungszuständen bei sexuell-ekstatischen Erfahrungen? Wie haben Sie sie bewältigt?

Heute ist die Lehre Margot Anands in ihren „Sky-Dancing-Instituten" weit verbreitet. Dabei sind echte sexuelle Vereinigungen nicht Bestandteil der Kursarbeit dieser Institute. Alle sexuellen Praktiken werden nur imaginiert. Die ekstatische Liebe steht im scharfen Gegensatz zur heute wieder aufflammenden Sexualfeindlichkeit und zur verbreiteten Sexualität als Gewalt. Wie weit die ekstatische Liebe Sexualität als Gewalt zurückdrängen kann, bleibt abzuwarten. Hier ist jeder Liebende zum Widerstand aufgerufen.

Sehen wir uns nun das Liebesbild bei Margot Anand noch einmal in einer Grafik an:

Das Bild der ekstatischen Liebe bei Margot Anand:

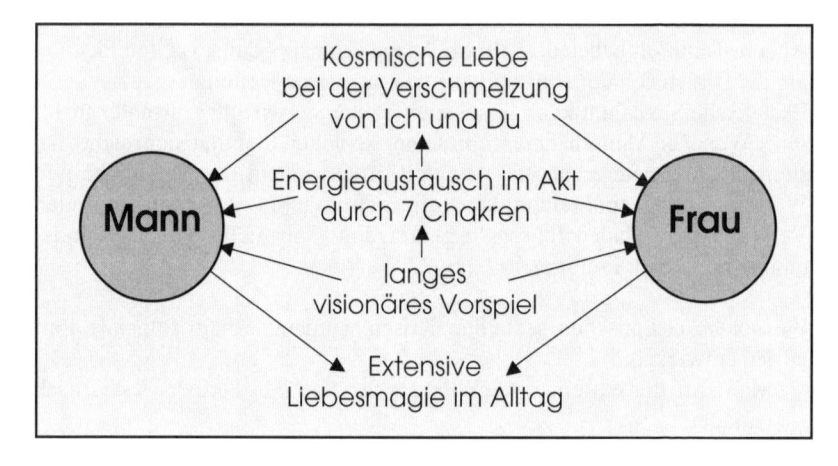

```
                Kosmische Liebe
              bei der Verschmelzung
                von Ich und Du
                       ↑
              Energieaustausch im Akt
   Mann  ←      durch 7 Chakren      →  Frau
                       ↑
                     langes
                visionäres Vorspiel

                   Extensive
              Liebesmagie im Alltag
```

Übung:
Definieren Sie die ekstatische Liebe.

Literatur zu Margot Anand

Anand, M.: *Tantra oder die Kunst der sexuellen Ekstase. München 1990*
Anand, M.: *Magie des Tantra. Skydancing. Die hohe Schule der Erotik. München 1997*
Anand, M.: *Ekstase für jeden Tag. München 2000*

Bragdon, E.: *Spirituelle Krisen. Wendepunkte im Leben. Freiburg 1991*
Chang, J.: *Das TAO für liebende Paare. Reinbek 1998*
Chang, S.T.: *Das TAO der Sexualität. München 1995*
Chia, M.: *TAO-Yoga der heilenden Liebe. Interlaken 1990*
Dowman, K.: *Der heilige Narr. München 1984*
Dumas, F., Goldberg, P.: *Chinesische Liebesgeheimnisse. München 2000*
Haeberle, E.J.: *Die Sexualität des Menschen. Hamburg 1985*
Haich, E.: *Sexuelle Kraft und Yoga. Ergolding 1993*

Joannides, J. (Hrsg.): Wild Things. Sextips for Boys and Girls. München 2000
Johnson, R.A.: Ekstase. München 1991
Mann, A.T., Lyle, J.: Mystische Sexualität. Wettswil 1996
Maslow, A.: Psychologie des Seins. Frankfurt 1986
Osho: Die tantrische Vision. Köln 1993
Osho: Tantra. München 1999
Rawseon, P., Legeza, L.: TAO. Die Philosophie von Sein und Werden. München 1974
Schmid, W.: Philosophie der Lebenskunst. Frankfurt 1998
Schmid, W.: Auf der Suche nach einer neuen Lebenskunst. Frankfurt 2000
Sôjun, J.: Im Garten der schönen Shin. München 1990
Stevens, J.: Lust und Erleuchtung. Sexualität im Buddhismus. Bern 1993
Watts, A.: Einführung in den Taoismus. Frankfurt 1995

Plakat aus San Francisco zur Verbreitung „sicherer" Formen des Geschlechtsverkehrs unter Homosexuellen

Nachwort: Erkenntnisse für Verliebte

Die heutige Situation von Liebe und Sexualität in Deutschland zeigt prekäre Dimensionen: Die Zahl der Scheidungen steigt, die Zahl der Seitensprünge steigt, die Zahl der Alleinwohnenden und Alleinerziehenden steigt, die Zahl der Lieben, die schnell scheitert, steigt, die Zahl der unbefriedigenden Beziehungen steigt. Es gibt gravierende Meldungen. Jedes dritte Mädchen wird sexuell missbraucht. Jede vierte Frau wird vergewaltigt. Jede dritte Frau wird von ihrem Mann geschlagen. (Vgl. A. Schwarzer: Der große Unterschied. Köln 2000, S. 232) Drei von vier Männern besuchen häufig Prostituierte. (A. Schwarzer, a.a.O., S. 145)

Gleichzeitig wächst die Sexualisierung der Werbung, des Fernsehens, der öffentlichen Events, der Moden, der Liebesparaden mit Millionen von Teilnehmern. Zwischen öffentlichem sexuellen Anspruch und privater sexueller Realität klafft ein großer Widerspruch. Deshalb macht es für Verliebte Sinn, den Weg der philosophischen Lebenskunst zu gehen.

Wer diesen Weg in unserem Buch gegangen ist, hat nicht nur gelesen, sondern auch geschrieben. Er hat seine erste Philosophie der Liebe in Kurztexten verfasst.

Dabei werden vielleicht folgende erste Erkenntnisse gewonnen worden sein:
- Die Liebe ist ein körperliches wie geistiges Erleben.
- Die Liebe ist immer eine Krise des eigenen Ichs und des Du's mit der Chance der Ich-Überschreitung.
- Die Gründe für das Verlieben sind in präindividuellen und transindividuellen Ursachen zu finden.
- Die Dauer der Liebe hängt sicherlich auch von der Praxis der Methoden der Liebessteigerung, jenseits der Fortpflanzung, ab.
- Liebeskummer und Trennung der Liebenden lassen sich durch Methoden der Ablenkung und Neuorientierung leichter überleben.
- Die Liebe eröffnet gerade durch Sexualität den Weg zur Metaphysik, aber auch zum Nihilismus: zum Himmel und zur Hölle.
- In der Liebe eröffnet sich ein Weg zur Erkenntnis des Weltwillens, das Unbewusste und Überbewusste dieses Willens zum Sein.
- Liebe erschließt aber auch die eigenen Charakterstrebungen, richten sie sich nun nach oben oder nach unten, in die pränatalen oder transpersonalen Bereiche des Bewusstseins.
- Liebe eröffnet auch einen Blick in die gesellschaftlichen Machtstrukturen, in die sexuellen Methoden der Stabilisierung des Patriarchats und in seine Überwindung.

Solche Erkenntnisse entbanalisieren die Sexualität, die heute zur schnellen Tauschware degradiert wird. Dabei ist die Sexualität äußerst vielfältig.

Ein genauer Rückblick auf die Philosophie der abendländischen Sexualität enthüllt vier Typen der Sexualität.

Diese Typen heißen:
- Sexualität als metaphysischer Weg
- Sexualität als Sinnenlust
- Sexualität als Zeugung
- Sexualität als Gewalt

Als Grundmodell der zwischenmenschlichen Beziehungen in Kommunikation und Interaktion können Liebende in ihrer Liebe mit folgenden Beziehungen rechnen. Sehen wir uns dazu die folgende Grafik an:

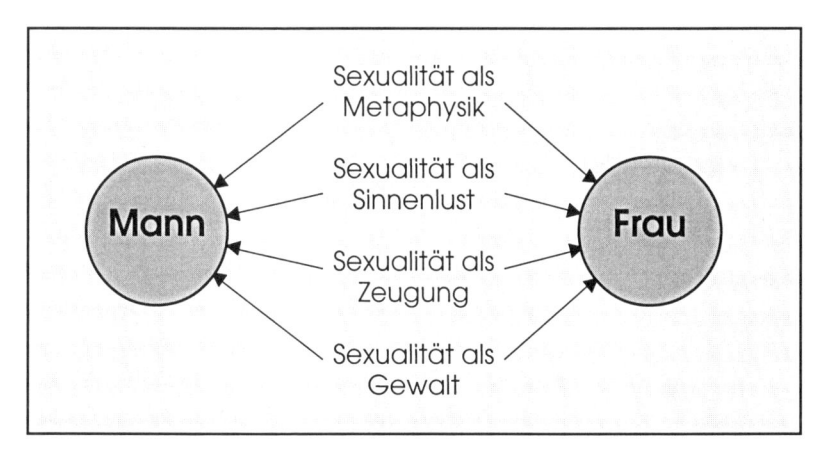

```
        Sexualität als
         Metaphysik
        Sexualität als
  Mann ─ Sinnenlust ─ Frau
        Sexualität als
          Zeugung
        Sexualität als
          Gewalt
```

Für alle diese vier Typen lassen sich aus unserer vorgestellten Geschichte zahlreiche Beispiele finden. Diese philosophischen Typen der Sexualität im Abendland und ihre Beispiele sind in der Grafik auf der folgenden Seite detailliert dargestellt.

Übung:
Wählen Sie die Philosophie, die Ihrer sexuellen Alltagspraxis heute und die Philosophie, die Ihren sexuellen Wünschen entspricht. Begründen Sie Ihre doppelte Wahl.

Philosophie der Sexualität

	Typen der Sexualität	Formen der Sexualität	Philosoph	Zeit	Ihre Wahl
1.	Sexualität als metaphysischer Weg	Die platonische Liebe Die tantrische Liebe Die romantische Liebe Die metaphysische Liebe Die widerständige Liebe Die ekstatische Liebe	Platon Indische Yoginen Novalis J. Evola E. Fromm M. Anand	427-347 v.Chr. 8.-12. Jh. 1772-1801 1898-1974 1900-1980 * 1950	
2.	Sexualität als Sinnenlust	Die hedonistische Liebe Die verspielte Liebe Die narzisstische Liebe Die wollüstige Liebe Die große Liebe Die orgastische Liebe	Aristipp Ovid La Rochefoucauld H.v. Hofmannswaldau La Mettrie W. Reich	435-350 v.Chr. 43 v. – 17 n.Chr. 1613-1680 1617-1679 1709-1751 1897-1957	
3.	Sexualität als Zeugung	Die asketische Liebe Die zeugende Liebe Die entfremdete Liebe Die ambivalente Liebe	Augustinus T.v. Aquin A. Schopenhauer S. Freud	354-430 1225-1274 1788-1860 1856-1939	
4.	Sexualität als Gewalt	Die sadistische Liebe Die verhasste Liebe Die kontingentierte Liebe Die patriarchalische Liebe	Marquis de Sade F. Nietzsche S. de Beauvoir A. Schwarzer	1740-1814 1844-1900 1908-1986 *1942	

Erkenntnisse für Verliebte 225

Wandlung der Bewertung der Sexualität in der Philosophie des Abendlandes

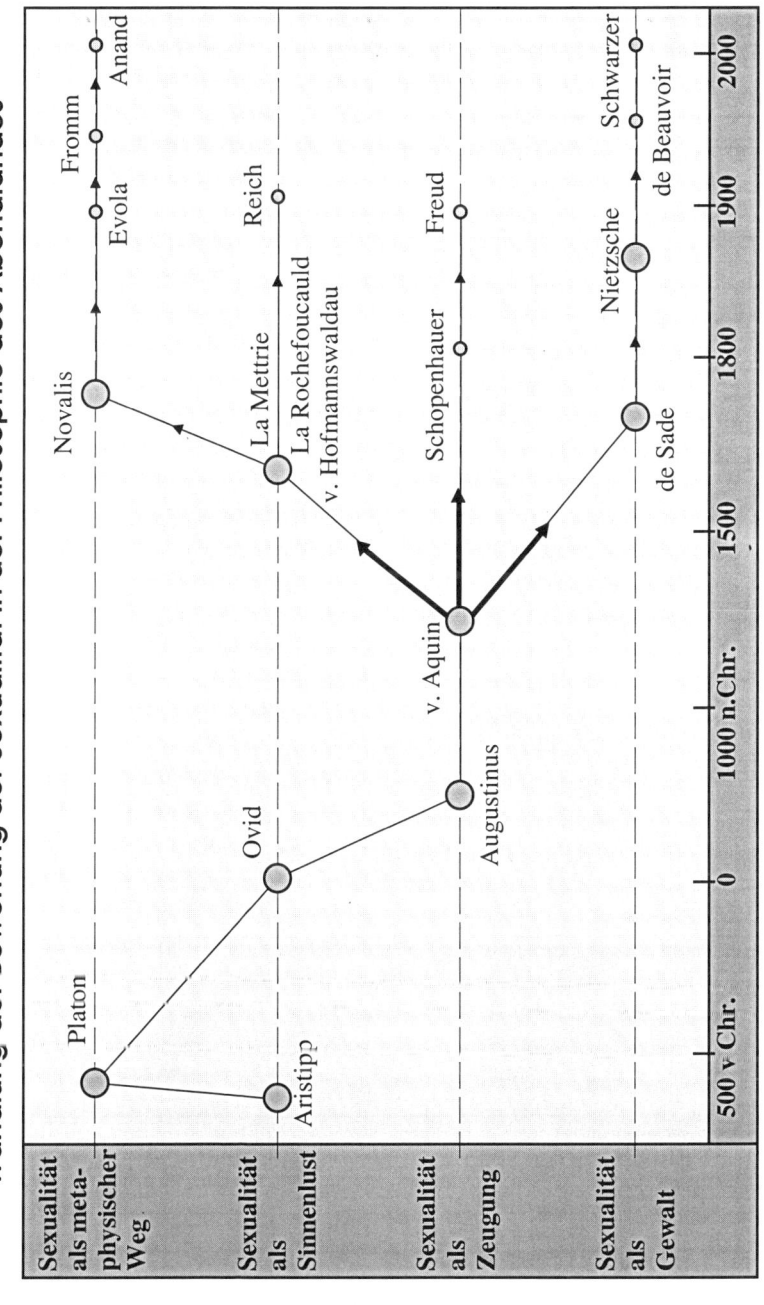

	500 v. Chr.	0	1000 n.Chr.	1500	1800	1900	2000
Sexualität als metaphysischer Weg	Platon				Novalis	Evola	Fromm / Anand
Sexualität als Sinnenlust	Aristipp	Ovid			La Rochefoucauld / v. Hofmannswaldau / La Mettrie	Reich	
Sexualität als Zeugung		Augustinus	v. Aquin			Schopenhauer	Freud
Sexualität als Gewalt					de Sade	Nietzsche	de Beauvoir / Schwarzer

Die Geschichte der Philosophie der Sexualität zeigt zugleich starke Auf- und Abschwünge, was die Bewertung der metaphysischen Qualität der Sexualität anbelangt.

Während in der Antike bei Aristipp, Platon und Ovid noch übersinnliche und sinnliche Qualitäten der Sexualität erkannt werden, ist der große Teil der Geschichte des Abendlandes mit philosophischen Ideen über den bloß zeugungsmäßigen oder gewalttätigen Charakter von Liebe und Sexualität geprägt.

Seit der Renaissance ergibt sich in der Bewertung der Sexualität ein gravierender Widerspruch: Einerseits wird für die Wiedergewinnung der metaphysischen Dimension der Sexualität plädiert, zum anderen vertieft sich die Einsicht in den zeugungsmäßigen oder gewalttätigen Charakter von Sexualität und Liebe.

Besonders im 20. Jahrhundert stehen die Verdammung und die metaphysische Heiligung der Sexualität ganz dicht beisammen.

Betrachten wir diese Geschichte in der Grafik auf der vorherigen Seite 225.

Übung:
Geben Sie Gründe an für die radikale Auf- und Abwertung der Sexualität im Laufe der abendländischen Geschichte. Begründen Sie z.B.
1. die Abwertung der Sexualität beim Einbruch des Christentums,
2. die Aufwertung der Sexualität im Barock und in der Aufklärung,
3. die Abwertung der Sexualität im 19. Jahrhundert,
4. das Nebeneinander von Auf- und Abwertung im 20. Jahrhundert.

Die Verliebten sollten die verschiedenen Orgasmusmodelle der unterschiedlichen Sexualtheorien genau studieren. Sie sollten sich den metaphysischen Orgasmus, die Sinnenlust, die Zeugung und die Gewalt, die in der Sexualität liegen können, genauer ansehen und auch die Methoden zur Steigerung von übersinnlicher und sinnlicher Erfahrung wie die Methoden zur Überwindung reduzierter Zeugung und zu pervertierter Gewalt beachten. Zur Orientierung der verschiedenen Liebestypen und ihrer übersinnlichen, sinnlichen, zeugenden oder gewalttätigen Qualitäten sehen wir uns nun die Grafiken auf den folgenden Seiten an:

1. Typen des metaphysischen Orgasmus

Liebestyp	Typen des metaphysischen Orgasmus	Mittel der Stimulierung
Platonische Liebe (Platon)	Platonischer Orgasmus: Knabenliebe wird transzendiert zur Meditation	Gemeinsame Meditation der Partner über die Idee des Schönen
Tantrische Liebe (Trantrismus)	Tantrischer Orgasmus: Intensives Vorspiel führt zur Vereinigung und zur Erfahrung der Nicht-Dualität	Gemeinsame Mandala-Meditation
Romantische Liebe (Novalis)	Romantischer Orgasmus: Sechs Stufen bis zur Aufgabe des Ichs und zur Verschmelzung des Ichs mit der „Sophia"	Meditation der „Sophia" als kosmischer Geist
Metaphysische Liebe (Evola)	Metaphysischer Orgasmus: Hinauszögern des Orgasmus durch Mann und Frau	Meditation über den gemeinsamen Weg zur Einheit
Widerständige Liebe (Fromm)	Widerständiger Orgasmus: Orgastische Liebe zu Gott und zu anderen	Überwindung neurotischer Charakterstrukturen, die die Liebe zerstören
Orgastische Liebe (Reich)	Orgastischer Orgasmus: Den Wechsel von Anspannung und Entladung gemeinsam gekonnt praktizieren	Die erogenen Phantasien bis in die kosmische All Einheits-Phantasie steigern
Ekstatische Liebe (Anand)	Ekstatischer Orgasmus: Anwendung von neuester Sexualforschung und Tantrismus auf magischer Grundlage	Schaffung eines gemeinsamen Symbols, das durch alle sieben Chakren steigt.

Übung:
Wählen Sie ein Modell des metaphysischen Orgasmus aus. Praktizieren Sie ihn mit ihrem Partner bzw. Ihrer Partnerin. Schreiben Sie danach einen gemeinsamen Text, der Ihre Erfahrungen dokumentiert.

Nach der Erprobung der Orgasmus-Modelle sollten die Verliebten auch die Modelle der Sinnenlust ausprobieren. Zur Orientierung folgende Grafik:

2. Typen der Sexualität als Sinnenlust

Liebestyp	Typen der Sinnenlust	Mittel der Stimulierung
Die hedonistische Liebe (Aristipp)	Einsatz aller Sinne: Gehör, Augen, tastende Hände, Geruch, Gefühl	Aufhebung aller moralischen Begrenzungen
Die verspielte Liebe (Ovid)	Die Liebe sollte alle Kriegs- und Leidenslüste ausschöpfen	Wechsel der Stellungen, gegenseitiges Loben, gemeinsamen Höhepunkt erleben
Die narzisstische Liebe (La Rochefoucauld)	Die Liebe als Fieber feiern	Die erogene Selbstdarstellung gekonnt steigern und den Narzissmus des Partners stimulieren.
Die wollüstige Liebe (H.v. Hofmannswaldau)	Alle körperlichen Kontaktmöglichkeiten vom Mund bis zum Schoß auskosten.	Den Orgasmus gemeinsam in Gedichte fassen.
Die große Liebe (La Mettrie)	Ohne Schuldgefühle alle sexuellen Phantasien ausleben	Die erogenen Phantasien gegenseitig steigern.

Übung:
Wählen Sie ein Modell der sexuellen Sinnenlust. Praktizieren Sie es. Beschreiben Sie seine Wirkung.

Nach Orgasmus und Lust sollten die Liebenden auch die Prägung und Durchdringung ihrer Liebe durch das Zeugungsprimat als Folge christlicher repressiver Sexualpolitik untersuchen. Dazu folgende Grafik:

3. Typen der zeugenden Sexualität

Liebestypen	Typen der Zeugung	Mittel der Lusterweiterung
Die asketische Liebe (Augustinus)	Grundstellung	Keine
Die zeugende Liebe (T.v. Aquin)	Grundstellung	Keine
Die entfremdete Liebe (A. Schopenhauer)	Verneinung des Willens zum Leben, Verweigerung der Zeugung	Keine
Die ambivalente Liebe (S. Freud)	Ambivalenz und Balance der aggressiven und libidinösen Gefühle	Akzeptanz der Frustration in der Liebe

Übung:
Beschreiben Sie, wie weit Sie sich in der Liebe durch das christliche Zeugungsprimat geprägt fühlen und in der Liebe mit Angst und Schuld reagieren. Schreiben Sie den Satz weiter: „Meine Liebe ist christlich, weil..."

Nach den Aspekten der Zeugungsliebe sollten die Verliebten auch den Anteil der Gewalt in ihrer Liebe untersuchen. Dazu folgende Grafik auf Seite 230:

4. Typen der Sexualität als Gewalt

Liebestypen	Typen der Gewalt	Mittel der Bewältigung
Die sadistische Liebe (Marquis de Sade)	Völlige Unterwerfung der Frau durch den Mann, Zerstörung der Frau, Benutzung des Anus anstelle der Vagina	Aufarbeitung der eigenen sadistischen Phantasien
Die verhasste Liebe (F. Nietzsche)	Männliche Tyrannei und Mitleid mit der Frau	Bewusstmachung der Ambivalenz der Sexualität
Die kontingentierte Liebe (S. de. Beauvoir)	Frau wird zum minderwertigen Menschen degradiert, der Koitus wird als Vergewaltigung praktiziert	Unterstützung der Frauenemanzipation
Die patriarchalische Liebe (A. Schwarzer)	Versklavung der Frau Penetrierung als Unterwerfung Ausbeutung der weiblichen Arbeitskraft	Erprobung gleichgeschlechtlicher Liebe

Übung:
Überprüfen Sie Ihre aktive oder passive Einbeziehung in die gewalttätige Liebe. Entwickeln Sie Bewältigungsschritte. Legen Sie kurz und mittelfristige Pläne an. Kontrollieren Sie den Effekt dieser Pläne.

Abschließend können die Verliebten auch einen Blick auf die Methoden werfen, die den metaphysischen Weg zur philosophischen Lebenskunst in der sexuellen Praxis steigern und auf die Methoden, die diesen Weg verbauen können. Sehen wir uns dazu die folgenden Listen an:

1. Methoden zur Steigerung des Orgasmus als metaphysi-sches Erlebnis

- Aufgabe jeder Moral, aber Beherrschung der Sexualität durch Vernunft. (Aristipp)
- Von der Sublimierung der Leidenschaft für den schönen Partner zur gemeinsamen metaphysischen Schau des Schönen. (Platon)
- Beherrschung der Lust als Spiel. (Ovid)
- Verschmelzung von Ich und Du als phantasierte Götter. (Tantrismus)
- Gemeinsam das ideale Selbst lieben. (La Rochefoucauld)
- Vom Mund bis zum Schoß mit allen Sinnen lieben. (H.v. Hofmannswaldau)
- Die lustvollen erogenen Phantasien steigern. (La Mettrie)
- Die Seelen vereinigen im körperlichen Akt. (Novalis)
- Kosmische Phantasien zulassen. (W. Reich)
- Erleben der Nicht-Dualität. (J. Evola)
- Die sexuelle Verschmelzung durch Magie steigern. (M. Anand)

Übung:
Stellen Sie fest, welche Methoden Sie in Zukunft in Ihrer sexuellen Praxis anwenden wollen.

Es überrascht, dass die Philosophie gar nicht auf die Steigerung des Orgasmus durch Drogen, so genannte Aphrodisiaka, eingeht. Allerdings tut sie gut daran. Neueste Forschungen der Stimulierung der Sexualität durch Drogen hat gezeigt, dass die Wirkung von Drogen auf die sexuelle Erregung sehr begrenzt ist. Morphium und Heroin schalten das „körperliche Empfinden so drastisch aus, dass allenfalls narzisstische erotische Phantasien, wenn überhaupt, ins Bewusstsein treten." (W. Schmidbauer, J.v. Scheidt: Handbuch der Rauschdrogen. Frankfurt 1998, S. 65) Auch Marihuana und Haschisch verbessern eher das „selbstbezogene Träumen als eine Beziehung zu anderen Menschen." (W. Schmidbauer, J.v. Scheidt, a.a.O., S. 65) Das Kokain steigert nicht den Orgasmus. Auch LSD, das den Konsumenten sehr stark mit sich selbst konfrontiert, produziert beim Sex eher einen Horrortrip als die Erfahrung des orgastischen Überbewusstseins. Die erfolgreiche Anwendung von

Drogen in der Sexualität scheint aber in frühen Gesellschaften eher gelungen zu sein. (C. Müller-Ebeling, Chr. Rätsch: Isoldes Liebestrank. München 1986) Es ist deshalb sinnvoller, sich mit den Methoden der Verhinderung des Orgasmus auseinander zu setzen, die die Philosophie aufgedeckt hat.

Kommen wir deshalb zu den Methoden, die den metaphysischen Orgasmus verhindern. Dazu eine zweite Grafik:

2. Methoden zur Verhinderung des Orgasmus

- Sich keine Lust erlauben, nur einige Kinder zeugen. (Augustinus)
- Nur ganz schnell zeugen und dann das Liebeslager verlassen. (T.v. Aquin)
- Das Lustobjekt quälen. (Marquis de Sade)
- Die Liebe als Willen zum Leben verneinen. (A. Schopenhauer)
- Die Frau mit allen Mittel beherrschen. (F. Nietzsche)
- Dem Verbot des ozeanischen Gefühls unterliegen. (S. Freud)
- Die Liebesbeziehungen gnadenlos neurotisieren. (E. Fromm)
- Die Frau einfach penetrieren. (S. de Beauvoir)
- Den Akt als Versklavung der Frau nutzen. (A. Schwarzer)

Übung:
Stellen Sie fest, welche positiven Methoden Sie als Verliebte zur Steigerung Ihres gemeinsamen Orgasmus in Zukunft benutzen wollen und welche negativen Methoden Sie überwinden wollen. Legen Sie für diesen Zweck einen Zweispalter an: 1. Spalte: Unsere Steigerungsmethoden, 2. Spalte: Was wir überwinden wollen.

Vorschlag für ein Journal der mystischen Liebe

Die gemeinsame Arbeit an der mystischen Liebe und am metaphysischen Orgasmus sollte jedes Paar in einem gemeinsamen Tagebuch festhalten. Auch Singles sollten ein Tagebuch der mystischen Sexualität führen.

Das Journal könnte mit einer Liebesbiographie beginnen, in der alle mystischen Gipfel- und höllischen Abgrundserfahrungen der Liebe zur Sprache kommen. Dafür folgenden Arbeitsbogen:

Die eigene Liebesbiographie

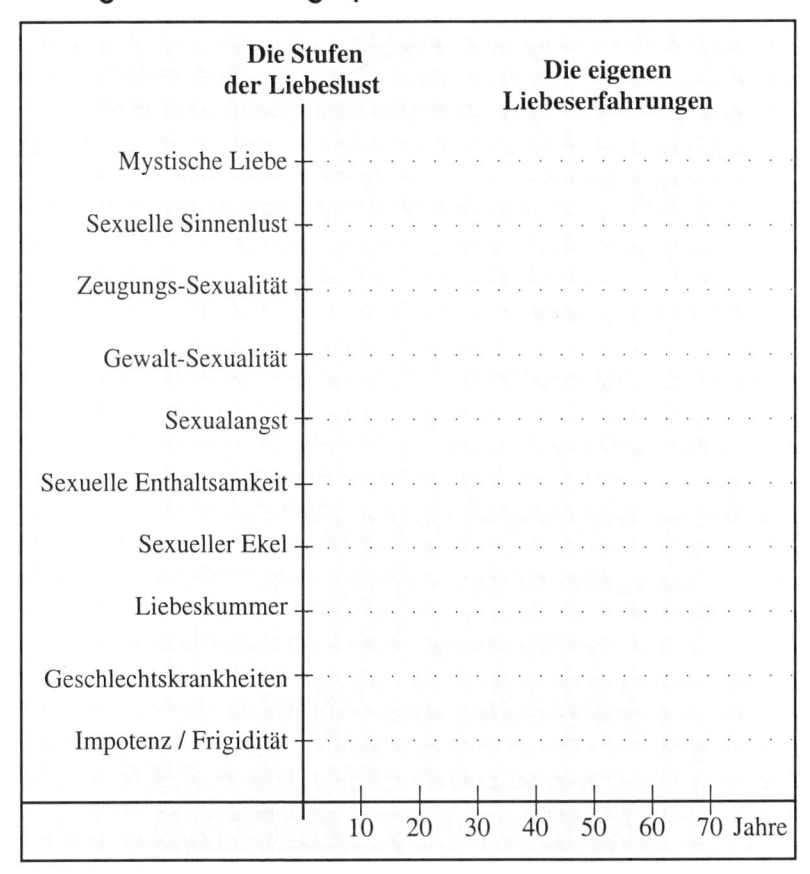

	Die Stufen der Liebeslust	Die eigenen Liebeserfahrungen
Mystische Liebe		
Sexuelle Sinnenlust		
Zeugungs-Sexualität		
Gewalt-Sexualität		
Sexualangst		
Sexuelle Enthaltsamkeit		
Sexueller Ekel		
Liebeskummer		
Geschlechtskrankheiten		
Impotenz / Frigidität		
		10 20 30 40 50 60 70 Jahre

Übung:
Kreuzen Sie in der Grafik an, welche sexuellen Erfahrungen Sie im Laufe Ihrer Liebesjahrzehnte erlebt haben. Verbinden Sie die Kreuze zu einer Linie. Die entstandene Linie sollten Sie im Hinblick auf Ihre Auf- und Abschwünge in der Liebe interpretieren. Greifen Sie dabei auch auf die Typen der philosophischen Liebe in unserem Buch zurück. Als Paararbeit können Sie auch beide Liebesbiographie-Linien vergleichen.

Sicherlich werden die Verliebten nicht viel mehr von ihrer Liebe haben, wenn sie nur einmal ein philosophisches Buch über Liebe lesen. Dauerhafte Wirkung einer philosophischen Lebenskunst für Verliebte entsteht nur dann, wenn die Verliebten die philosophischen Methoden der Liebessteigerung immer wieder üben, erneuern, variieren und verfeinern. Die gemeinsame Arbeit an der mystischen Liebe und am metaphysischen Orgasmus sollte jedes Paar in einem gemeinsamen Tagebuch festhalten. Auch Singles sollten ein Tagebuch der mystischen Sexualität führen.

Anhang

1. Allgemeines Literaturverzeichnis

*A*mendt, G.: *Haschisch und Sexualität. Stuttgart 1974*
Aries, P., Bejin, A. (Hrsg.): *Die Masken des Begehrens und die Metamorphosen der Sinnlichkeit. Zur Geschichte der Sexualität im Abendland. Frankfurt 1984*
Aries, Ph. u.a.: *Die Masken des Begehrens und die Metaphern der Sinnlichkeit. Frankfurt 1984*

*B*alzer, P.: Rippe, K.P.: *Philosophie und Sex. München 2000*
Bergmann, M.S.: *Eine Geschichte der Liebe. Frankfurt 1999*
Bornemann, E.: *Das Patriarchat. Frankfurt 1976*
Bornemann, E.: *Die Zukunft der Liebe. Frankfurt 1994*
Bragdon, E.: *Spirituelle Krisen. Wendepunkte im Leben. Freiburg 1991*

*C*anitz, H.-L.v.: *Droge und Sexualität. München 1973*

*D*aniel, L.: *Theorien der Subjektivität. Frankfurt 1981*
Denzler, G.: *2000 Jahre christliche Sexualmoral. Weyarn 1997*
Dunas, F., Goldberg, P.: *Chinesische Liebesgeheimnisse. München 2000*

*E*llenberger, H.F.: *Die Entdeckung des Unbewussten. Bern 1973, Bd. 1-2*
Evola, J.: *Die große Lust. Bern 1989*

*F*oucault, M.: *Geschichte und Sexualität. Frankfurt 1989, Bd. 1-3*
Fromm, E.: *Die Kunst des Liebens. Berlin 2000*

1. Allgemeines Literaturverzeichnis 235

Goedde, G.: Traditionslinien des Unbewussten. Schopenhauer, Nietzsche, Freud. Tübingen 1999

Haeberle, E.J.: Die Sexualität des Menschen. Hamburg 1985
Holinski, P.: Poetische Religion der Liebe. Bochum 1976

Joannides, P. (Hrgs.): Sextips for Boys and Girls. München 2000
Johnson, R.A.: Ekstase. München 1991

Kimmich, D.: Epikureische Aufklärungen. Darmstadt 1993
Kinsey, A. u.a.: Das sexuelle Verhalten der Frau. Frankfurt 1967
Kinsey, A. u.a.: Das sexuelle Verhalten des Mannes. Frankfurt 1967
Klötter, Ch.: Liebesvorstellungen im 20. Jahrhundert. Gießen 1999
Kondylis, P.: Der Philosoph und die Lust. Frankfurt 1981
Krafft-Ebing, R.v.: Psychopathia sexualis. Stuttgart 1886

Mann, A.T., Lyle, J.: Mystische Sexualität. Wettswil 1996
Maslow, A.: Psychologie des Seins. Frankfurt 1986
Masters, W.H., Johnson, V.E.: Die sexuelle Reaktion. Reinbek 1970
Masters, W.H., Johnson, V.E.: Liebe und Sexualität. Frankfurt 1993
Müller-Ebeling, C.; Rätsch, Chr.: Isoldes Liebestrank. München 1986

Onfray, M.: Philosophie der Ekstase. Frankfurt 1993
Onfray, M.: Der sinnliche Philosoph. Frankfurt 1992

Rawson, P., Legeza, L.: TAO. Die Philosophie von Sein und Werden. München 1974

Schmidbauer, W.; Scheidt, J.v.: Handbuch der Rauschdrogen. Frankfurt 1998
Stevens, J.: Lust und Erleuchtung. Sexualität im Buddhismus. Bern 1993

Weber, M.: Die protestantische Ethik und die Entstehung des Kapitalismus. München 1974
Weininger, O.: Geschlecht und Charakter. München 1992
Werder, L.v.: Einführung in die philosophische Lebenskunst Asiens: China, Indien, Arabien. Berlin 2001
Werder, L.v.: Lehrbuch der philosophischen Lebenskunst für das 21. Jahrhundert. Berlin 2000

2. Lesekurs: Philosophie der Liebe und Sexualität

Zur Vertiefung der Liebe und der Liebes- und Sexualitätsphilosophie wird im Folgenden ein Lesekurs für Einzelne und für Gruppen vorgestellt. Das Gruppensetting heißt: Die angegebenen Titel sollten von allen Teilnehmern pro Sitzung gelesen werden. Ein Teilnehmer sollte dann den angegebenen Text in Thesen formen, Kritik anregen und die Diskussion leiten.

Sitzung	Buchtitel
1. Sitzung: Die hedonistische Liebe	Aristipp: Fragmente. In: Diogenes Laertius: Leben und Meinungen berühmter Philosophen. Hamburg 1992, Bd. 2, S. 105-124
2. Sitzung: Die platonische Liebe	Platon: Das Trinkgelage. Frankfurt 1985
3. Sitzung: Die verspielte Liebe	Ovid: Ars amatoria. Stuttgart 1999
4. Sitzung: Die asketische Liebe	Augustinus: Das Gut der Ehe. Würzburg 1994
5. Sitzung: Die tantrische Liebe	Shaw, M.: Frauen, Tantra und Buddhismus. Frankfurt 2000
6. Sitzung: Die zeugende Liebe	Thomas v. Aquin: Summe der Theologie. Stuttgart 1995, Bd. 3
7. Sitzung: Die narzisstische Liebe	La Rochefoucauld: Maximen und Reflexionen. Stuttgart 2000
8. Sitzung: Die wollüstige Liebe	Kiermeier-Debre, J.; Vogel, F.F.: Die Entdeckung der Wollust. München 1995
9. Sitzung: Die große Liebe	Julien Offray de la Mettrie: Die Kunst, Wollust zu empfinden. Nürnberg 1987
10. Sitzung: Die sadistische Liebe	Marquis de Sade: Die Philosophie im Boudoir. Gifkendorf 1995

2. Lesekurs: Philosophie der Liebe und Sexualität

11. Sitzung: Die romantische Liebe	Novalis: Über die Liebe. Frankfurt 1999
12. Sitzung: Die entfremdete Liebe	A. Schopenhauer: Die Metaphysik der Geschlechtsliebe. In: A. Schopenhauer: Die Welt als Wille und Vorstellung. Zürich 1997, Bd. 2,2, S. 598-669
13. Sitzung: Die verhasste Liebe	F. Nietzsche: Über die Frauen. Frankfurt 1992
14. Sitzung: Die ambivalente Liebe	S. Freud: Drei Abhandlungen zur Sexualtheorie. In: S. Freud: Gesammelte Werke. Bd. V. Frankfurt 1992
15. Sitzung: Die orgastische Liebe	W. Reich: Die Funktion des Orgasmus. Köln 1997
16. Sitzung: Die metaphysische Liebe	J. Evola: Die große Lust. Bern 1998
17. Sitzung: Die widerständige Liebe	E. Fromm: Die Kunst des Liebens. Berlin 2001
18. Sitzung: Die kontingentierte Liebe	S. de Beauvoir: Das andere Geschlecht. Reinbek 1997
19. Sitzung: Die patriarchalische Liebe	A. Schwarzer: Der kleine Unterschied und seine großen Folgen. Frankfurt 2001
20. Sitzung: Die ekstatische Liebe	M. Anand: Tantra oder die Kunst der sexuellen Ekstase. München 1990

3. Die schönsten Übungen in der Geschichte der Liebesphilosophie im Abendland

Vielleicht wollen Sie nach der Arbeit mit diesem Buch noch einmal die schönsten Übungen wiederholen. Hier ein Vorschlag für Einzelne, Pärchen und für Gruppen:

1. Die hedonistische Liebe des Aristipp: eine Frage
   Wie kann man die sexuelle Lust lenken, wohin man will? Vervollständigen Sie deshalb folgenden Satzanfang: „Mit meiner Vernunft kann ich..."

2. Die platonische Liebe: eine Geschichte
   Gestalten Sie die metaphysische Liebe bei Platon als 5 Phasen einer Liebesgeschichte:
   1. Teil der Geschichte: Die körperliche Begegnung zweier Liebender.
   2. Teil: die Entdeckung der Schönheit des Geliebten.
   3. Teil: die Entwicklung der körperlichen Liebe zur seelischen Liebe
   4. Teil: die gemeinsame Liebe zum Philosophieren als Weg zum Schönen an sich
   5. Teil: die gemeinsame Meditation des Schönen

3. Die verspielte Liebe des Ovid: ein Brief
   Schreiben Sie an Ihre größte Liebe einen Liebesbrief. Benutzen Sie dabei 10 ausgesuchte Liebes- und Koseworte.

4. Die asketische Liebe des Augustinus: ein Gebet
   Schreiben Sie ein Gebet mit der Bitte um sexuelle Enthaltsamkeit. Legen Sie den Adressaten des Gebetes fest, den genauen Inhalt der Bitte und die Formulierung des Dankes.

5. Die tantrische Liebe: eine Visualisierung
   Schließen Sie die Augen. Stellen Sie sich ein Mandala aus reinem Licht vor. (Ein Mandala ist ein Kreisbild mit Zentrum und vier Schwerpunkten in einem Quadrat, das den Kreis umschließt) Beschreiben Sie das Mandala aus Licht, das Sie sich vorgestellt haben.

6. Die zeugende Liebe des Thomas von Aquin: ein Einwurf
   Verteidigen Sie Ihr Recht auf abweichende Sexualitätsformen in einer Verteidigungsrede vor einem imaginären Publikum des katholischen Klerus unter Vorsitz des Papstes.

7. Die narzisstische bei La Rochefoucauld: ein Konflikt
   Was erregt Sie mehr beim Lieben, die eigene Leidenschaft oder die des Partners? Beschreiben Sie diesen Konflikt.

3. Die schönsten Übungen in der Geschichte der Liebesphilosophie 239

8. Die wollüstige bei Christian Hofman von Hofmanswaldau: ein Gedicht
   Schreiben Sie ein Vierzeilen-Reimgedicht auf den Kuss, der mit der Zeile beginnt: „Dein Mund, der ist mein Wollust-Keller"

9. Die große Liebe bei Julien Offray de la Mettrie: eine Assoziation
   Beschreiben Sie Ihre Stimmung nach einem guten Orgasmus. Assoziieren Sie 10 Worte zum Begriff Orgasmus. Schreiben Sie 3 Sätze, in denen dann 3 der assoziierten Worte vorkommen müssen.

10. Die sadistische Liebe des Marquis de Sade: eine Tagebuchnotiz
    Schreiben Sie nur für sich in Ihr Tagebuch eine Notiz über Ihre schlimmste sadistische Phantasie.

11. Die romantische Liebe bei Novalis: ein Text nur in Farben
    Beschreiben Sie die Berührung eines Menschenleibes nur in Farben. Schöpfen Sie dabei das gesamte Farbspektrum aus.

12. Die entfremdete Liebe bei Arthur Schopenhauer: eine Minute Freewriting
    Beschreiben Sie in einer Minute Freewriting, was Sie während des Liebesaktes erleben.

13. Die verhasste Liebe bei Friedrich Nietzsche: ein Bild
    Stellen Sie sich den Einfluss Ihrer Mutter auf Ihre Sexualität vor. Schließen Sie die Augen. Welches Bild fällt Ihnen zu diesem Thema als erstes ein. Beschreiben Sie dieses Bild.

14. Die ambivalente Liebe bei Sigmund Freud: serielle Lyrik
    Beschreiben Sie die Geschichte Ihrer Lieben von der Geburt bis zum Ende Ihrer Pubertät. Beginnen Sie jeden Satz Ihrer seriellen Lyrik mit den Worten: „Ich erinnere mich an…"

15. Die orgastische Liebe bei Wilhelm Reich: eine Formel
    Entwickeln Sie eine Formel, die nach Ihrer Erfahrung die wichtigsten Phasen des Orgasmus abbildet.

16. Die metaphysische Liebe bei Julius Evola: eine Beschreibung
    Beschreiben Sie die Steigerung im Liebesakt in 4 Sätzen:
    1. Satz: die Trennung des Körpers von der Seele
    2. Satz: die Verschmelzung zweier Körper
    3. Satz: die Begegnung der Körper als „wildeste Natur"
    4. Satz: die Auflösung der Körper im Geist

17. Die widerständige Liebe bei Erich Fromm: eine Definition
    Definieren Sie die Aspekte der sozialen Marketing-Charaktere der Gegenwart, die die meisten Liebesverhältnisse scheitern lassen.

18. Die kontingentierte Liebe bei Simone de Beauvoir: eine Utopie
    Beschreiben Sie einen Mann und eine Frau, die gemeinsam zum Orgasmus kommen.
19. Die patriarchalische Liebe bei Alice Schwarzer: eine Vision
    Schließen Sie die Augen. Stellen Sie sich den heutigen Geschlechterkampf vor. Beschreiben Sie diesen Geschlechterkampf an 3 ausgewählten Paaren. Ein heterosexuelles Paar, ein lesbisches Paar und ein schwules Paar. Benutzen Sie für die 3 Paarbeschreibungen nicht mehr als 12 Sätze.
20. Die ekstatische Liebe bei Margot Anand: ein Spiel
    Schreiben Sie erst Ihre sexuellen Wünsche und dann die Wünsche Ihres Partners bzw. Ihrer Partnerin auf. Überlegen Sie dann gemeinsam, welcher Ihrer und seiner bzw. der gemeinsamen Wünsche gleich erfüllt werden können.

4. Glossar der wichtigsten Begriffe der Liebes- und Sexualphilosophie

Analcharakter: Sozialcharakter, der auch in der Liebe auf Ordnung und Sauberkeit ausgerichtet ist.
Anus: After
Aphrodisiaka: Mittel wie Drogen, Düfte, Kleidungsstücke usw., die die sexuelle Lust steigern oder einen anderen Menschen zur sexuellen Erregung animieren sollen.

Ejakulation: Ausstoßung des Samens aus dem männlichen Glied
Ekstase: Erlebnis einer „Gipfelerfahrung" an Lust
Erektion: Versteifung des männliches Gliedes

Fetischismus: Ersetzen der Sexualorgane durch andere Objekte (Fetische), die den Fetischisten erregen
Frauenemanzipation: Befreiung der Frauen von der Männerherrschaft
„Freier": Kunde der Prostituierten
Frigidität: mangelnde sexuelle Erregbarkeit, Gefühlskälte (meist bei der Frau)

Geschlechterkrieg: Krieg zwischen Mann und Frau um die sexuelle Vorherrschaft
G-Punkt: Weibliches Lustzentrum innerhalb der Scheide, entdeckt von Ernst Gräfenberg 1950

4. Glossar der wichtigsten Begriffe der Liebes- und Sexualphilosophie

Hedonismus: Philosophie, die in der sexuellen Lust des Sinn des Lebens erblickt
Heterosexualität: Liebe zwischen gegengeschlechtlichen Partnern
Himmlische Liebe: Liebe zur Alleinheit, zum Kosmos
Homosexualität: Gleichgeschlechtliche Liebe, insbes. zwischen Männern
Infantile Sexualität: Sexualität des Kindes
Inzest: Liebe zwischen engen Verwandten
Irdische Liebe: alltägliche Liebe zwischen Menschen
Kastration: Operative Entfernung der Geschlechtsorgane
Klitoraler Orgasmus: Gipfelerfahrung der Frau durch Stimulierung der Klitoris
Klitoris: Weibliches Lustzentrum oberhalb der Scheide
Koitus interruptus: Unterbrochener Geschlechtsverkehr, bei dem der Penis kurz vor dem Samenerguss aus der Scheide der Frau gezogen wird, damit das Sperma des Mannes nicht in die Scheide der Frau gelangt (als Empfängnisverhütung ungeeignet)
Koitus: Geschlechtsverkehr
Kondom: Verhütungsmittel
„Kontingentierte Liebe": Liebe mit beschränkter Fähigkeit, sich auf den anderen einzulassen (S. de Beauvoir)
Kosmisches Bewusstsein: Transindividuelles Bewusstsein, das im Orgasmus den Kosmos als „Gegenstand" erfährt.
Lesbiertum: Liebe zwischen Frauen
Liebesgeschichte: Eine Liebesgeschichte umfasst 5 Stationen: 1. langweiliger Alltag, 2. Ausbruch, 3. Reise in die Liebeswelt, 4. Erfahrungen in der Liebeswelt, 5. Rückkehr in den Alltag
Liebeskunst: Lehre von den luststeigernden Methoden bei Liebesspielen
Magnetismus: Lehre von der Beeinflussung zwischenmenschlicher Beziehungen durch magnetische Energiekräfte (J. Messmer)
Männlicher Orgasmus: Schneller Anstieg der Lust, abruptes Abklingen der Lust nach der Ejakulation
Marketing-Charakter: Sozialcharakter, der die Liebe nach Tauschprinzipien organisieren will
Masochismus: Schmerzen und Erniedrigung werden als sexuelle Lust erlebt.
Metaphysik: Lehre vom Übersinnlichen, vom Kosmos
Metaphysische Liebe: Liebe zum Absoluten, zum Sein, zum Ewigen
Monogamie: Beschränkung auf einen sexuellen Partner
Mystische Sexualität: Sexualität, die in der Liebe die Entwicklung „kosmischen Bewusstseins" erstrebt

Narzissmus: Selbstliebe
Nekrophiler Charakter: Sozialcharakter, der das Erstarrte und Tote liebt
Ödipuskomplex: Heterosexuelle Bindung der Kinder an die Eltern im Alter von 4-6 Jahren
Onanie: Selbstbefriedigung
Orgasmus: Der „kleine Tod", die Aufgabe des Ichs und seine Verschmelzung mit dem „Du" oder dem Kosmos
Orgasmusreflex: ganzkörperliche Muskelentspannung beim Liebesakt (W. Reich)
„Ozeanisches Gefühl": All-Einheits-Bewusstsein, kosmisches Bewusstsein, das bei der Überschreitung des Ichs im Orgasmus auftreten kann (S. Freud)

Päderasterie: Knabenliebe. Seit der Antike weit verbreitet und kriminalisiert
Patriarchat: Herrschende Gesellschaftsform, in der die Männer die Frauen sexuell unterdrücken
Peak-Erfahrung: Höhepunkt des Liebesaktes, auch „Gipfelerfahrung" genannt
Penetration: Einführung des Penis des Mannes in die Scheide der Frau.
Penis: männliches Sexualorgan
Platonische Liebe: Liebe, die sich von der körperlichen zur metaphysischen Beziehung entwickelt
Polygamie: Sexueller Verkehr mit vielen Partnern
Pornographie: Sexuell stimulierende Bilder, in denen Frauen meist das Lustobjekt darstellen
Prostata: Teil des männlichen Sexualorgans
Prostitution: käufliche Liebe

Retterkomplex: Der „starke Mann" will die „schwache Frau" vor dem sozialen Untergang retten

Sadismus: Sexuelle Lust wird durch Schmerzen am Lustobjekt erlebt
Sadomasochistischer Charakter: Sozialcharakter, der in der Liebe Gewalt und Schmerz sucht.
Safer Sex: Risikofreie Sexualpraxis (z.B. Verwendung von Kondomen gegen Geschlechtskrankheiten, z.B. Aids)
„Sex.-Pol.": „Sexualpolitische Aufklärungsbewegung" in der Arbeiterschaft der Weimarer Republik
Sexualbiographie: Die eigene Lebensgeschichte als Kette sexueller Begegnungen
Sexualmagie: Lehre von den suggestiven Sexualritualen
Sexuelle Askese: Enthaltsamkeit

4. Glossar der wichtigsten Begriffe der Liebes- und Sexualphilosophie 243

Sexuelle Meditation: Konzentration auf ein „gemeinsames geistiges Objekt" während der Liebesspiele

„Sexuelle Revolution": Liberalisierung der Sexualität in den 60er Jahren des 20. Jahrhunderts, Lockerung des Abtreibungsverbots, Durchsetzung von Verhütungsmitteln, dritter Anlauf der Frauenemanzipation nach Ansätzen im 19. und frühen 20. Jahrhundert

„Sophia": Geistige Kraft, die als Zentrum kosmischen Bewusstseins beim Liebesakt in Erscheinung treten kann. (Novalis)

Stufen des Orgasmus: Visus (Blicke), allocutio (Gespräch), tactus (Berührungen), basium (Küsse), koitus (Liebesakt)

Tantrismus: Indischer Weg zum Kosmos durch sexuelle Praktiken von Paaren

Todestrieb: Sexueller Impuls, der auf die Tötung des Partners oder der Partnerin abzielt

Transsexualität: starke Identifizierung mit dem jeweils anderen Geschlecht, führt häufig zu (dem problematischen Wunsch nach) einer operativen Geschlechtsumwandlung eines Mannes in eine Frau bzw. einer Frau in einen Mann.

Vagina: weibliches Sexualorgan

Vaginaler Orgasmus: Gipfelerfahrung der Frau durch Stimulierung des G-Punktes

Vampirismus: Liebe, die dem Liebesobjekt „das Blut aussaugen" will

Visualisieren: Vorstellen innerer Bilder

Weiblicher Orgasmus: Längerfristiger Auf- und Abbau von Lustenergie ohne deutliches Ende

Wollust: Name für sexuelle Lust im 16.-18. Jahrhundert

„Wollüstiges Christentum": Ein Christentum auf Basis der romantischen Liebe (nach Novalis)

Zölibat: Sexueller Verzicht der Mönche, Nonnen und Priester

weitere Bücher von Lutz von Werder im Schibri-Verlag:

Das philosophische Radio III: Wege zum Glück im nahen und fernen Orient. 2002
Das philosophische Radio II: Auf der Suche nach einer philosophischen Lebenskunst. 2001
Einführung in die philosophische Lebenskunst Asiens: Chinesische, indische und arabische Wege zum Glück. 2001
Das philosophische Radio. 2000
Lehrbuch der philosophischen Lebenskunst für das 21. Jahrhundert. 2000
Einführung in die philosophische Lebenskunst. 2000
Das philosophische Café. 1998
Ängstige Dich nicht – schreibe. 1998-
Verzweifle nicht - suche! 1997
Beklage dich nicht – philosophiere. 1996 (2. Auflage 2002)
Kreative Einführung in Grundkonzepte der Psychotherapie. 1998
Erinnern, Wiederholen, Durcharbeiten. 1996

Lehrbuch des kreativen Schreibens. 2001[4]
Einführung in das Kreative Schreiben. 2000[2]
Lehrbuch des wissenschaftlichen Schreibens. 1993
Kreative Literaturgeschichte. 1992
Erfolg im Beruf durch kreatives Schreiben. 1995
Kreatives Schreiben in den Wissenschaften. 1995[2]
Wissenschaftliche Texte kreativ lesen. 1994
Brainwriting & Co. 2002
Das kreative Schreiben von wissenschaftlichen Hausarbeiten und Referaten. 2000
Kreatives Schreiben von Diplom- und Doktorarbeiten. 2000[3]
Grundkurs des wissenschaftlichen Schreibens. 1995
Grundkurs des wissenschaftlichen Lesens. 1995
Grundkurs des beruflichen Schreibens. 1995
Der integrative Ansatz im Kreativen Schreiben. 2000[3]
Übungen zur klientenzentrierten Gesprächsführung. 1998[2]
Umrisse einer Berliner Fachhochschuldidaktik. 1994
Rhetorik des wissenschaftlichen Redens und Schreibens. 1995
Übungen zur Psychoanalyse. 1996
Lernsoftware THOT 2002: Wissenschaftliches Schreiben und Lesen. Ein multimediales Lernprogramm